北京市住房和城乡建设委员会　编著

2021
北京市房地产年鉴
BEIJING REAL ESTATE YEARBOOK

中国出版集团　现代出版社

图书在版编目（CIP）数据

北京市房地产年鉴．2021／北京市住房和城乡建设委员会编著．-- 北京：现代出版社，2021.10
ISBN 978-7-5143-9571-6

Ⅰ．①北… Ⅱ．①北… Ⅲ．①房地产业－北京－2021－年鉴 Ⅳ．①F299.271-54

中国版本图书馆 CIP 数据核字（2021）第 210363 号

北京市房地产年鉴．2021

著　　者　北京市住房和城乡建设委员会
责任编辑　刘　刚
出版发行　现代出版社
通讯地址　北京市安定门外安华里 504 号
邮政编码　100011
电　　话　010-64267325　64245264（传真）
网　　址　www.1980xd.com
电子邮箱　xiandai@cnpitc.com.cn
印　　刷　大厂回族自治县德诚印务有限公司
开　　本　787mm×1092mm　1/16
印　　张　17.75
版　　次　2021 年 12 月第 1 版　2021 年 12 月第 1 次印刷
书　　号　ISBN 978-7-5143-9571-6
定　　价　298.00 元

版权所有，翻印必究；未经许可，不得转载

《北京市房地产年鉴2021》编委会

主编单位： 北京市住房和城乡建设委员会

参编单位： 北京市规划和自然资源委员会

北京市统计局

北京市财政局

国家税务总局北京市税务局

中国人民银行营业管理部

北京住房公积金管理中心

国家统计局北京调查总队

北京市城建研究中心（北京市房屋管理事务中心）

主　　任： 隋振江

副 主 任： 邹劲松　王　飞　张　维　孟景伟　吴素芳

张有乾　杨伟中　于鹜隆　蔄　涛　倪　娜

《北京市房地产年鉴2021》编辑部

主　　编： 倪　娜

副 主 编： 杨　浚　张铁军　刘圣国　田　建　姚　力

蒋　然　王　军　张虹波

编撰人员：（按姓氏笔画排列）

于　雷　于佩平　马兴永　王　恺　王　争　王石勇

王守琪　王顺昌　王翠青　方崇兰　田向伟　石春兰

叶向忠　巩红卫　吕潇潇　朱　永　刘　琳　刘　竞

刘　宇　刘忠昌　许殊明　孙荣华　李京凡　李　亮

李　洁　李　梁　李政清　李雪雁　李晶晶　李旭欣

李海成　李攀峰　杨　威　杨家骥　苏　虹　吴　岩

陈剑雄　何　玲　张宝超　林　鹏　林少华　林晓飞

林妍艳　范亚超　周　玮　周征锋　周　岩　岳为众

庞　茜　庞瑞敬　郑　颖　郑　炎　孟湘晖　姚长飞

赵　霆　胡晚潇　哈媛媛　贺　杰　贺雪飞　姜　华

姜　丹　秦　剑　黄　晨　曹浩彬　韩晓华　曾　佳

温　慧　窦连增　管世军　薛　宁

目　录

第一章

特稿

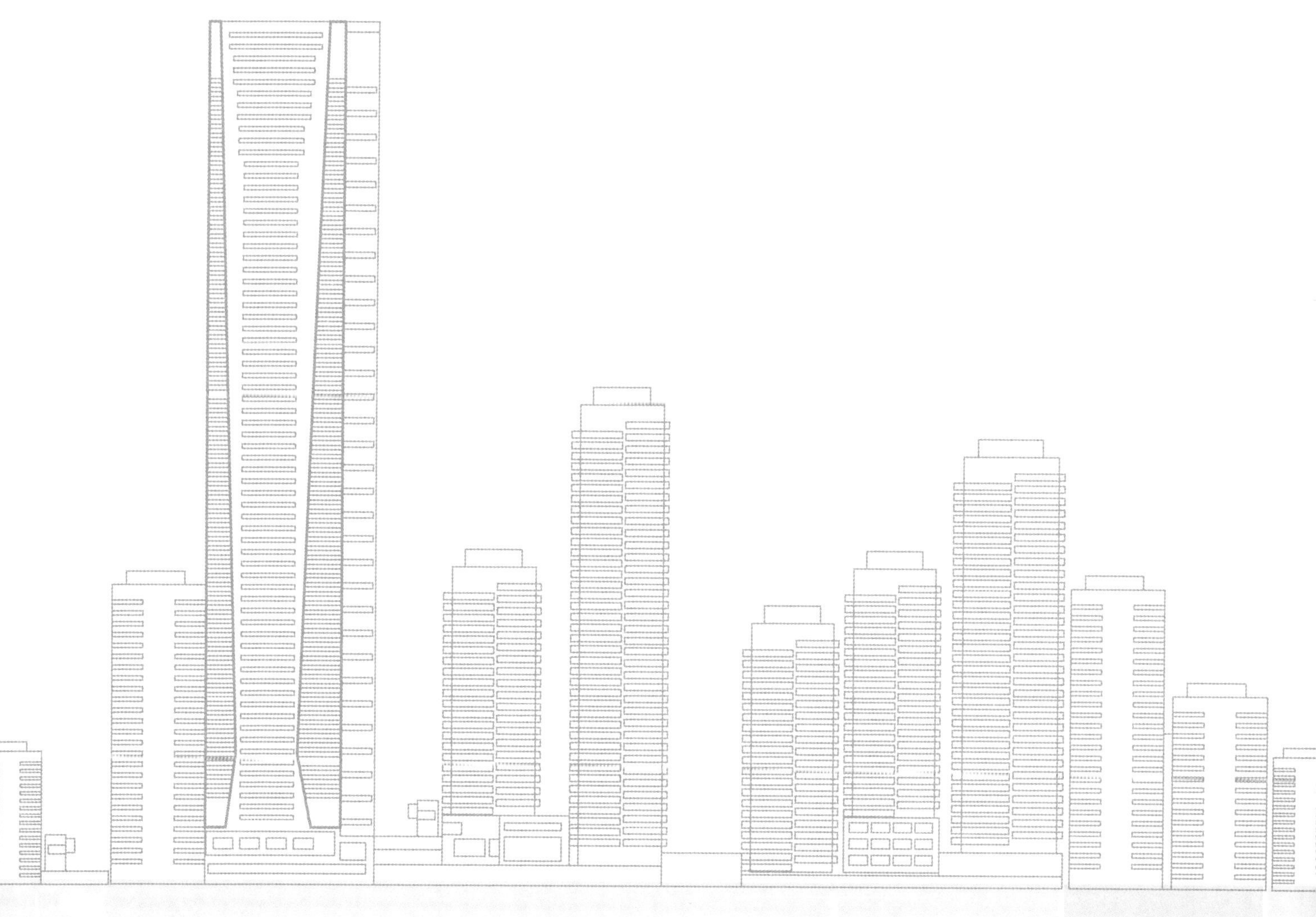

住房城乡建设系统 2020 年工作总结与 2021 年工作思路

一、2020 年工作总结

2020 年是极不平凡的一年，也是披荆斩棘、砥砺前行的一年。全市住建系统以习近平新时代中国特色社会主义思想为指导，全面落实市委市政府决策部署，坚持抗击疫情与推动发展两手抓，振奋精神，砥砺攻坚，各项工作取得新成绩、迈上新台阶，为首都新发展做出新贡献。

（一）统筹疫情防控和复工达产交出高分报表

面对年初突如其来的新冠肺炎疫情，全系统果断采取行动，精心谋划部署，付出艰苦努力，全力以赴抓好疫情防控和建筑工程复工达产，有力支撑了全市“六稳”“六保”任务和经济社会发展目标落实。

一是筑牢防控体系。坚持守土有责、守土负责、守土尽责，快速启动应急反应机制，印发应急预案、复工方案、用工实名制管理等二十余项政策文件，制发施工现场疫情常态化防控工作方案，加强施工现场、中介门店、房屋租赁、普通地下室等重点场所、重点人群、重要环节检查管控，改造升级劳务用工实名制管理系统，严格落实“日报告、零报告”等制度，建立施工现场人员动态大数据筛查机制。组织力量深入施工现场抽查指导疫情防控和复工复产工作，各项防控措施有效衔接、有力落实。

二是强化协调保障。牵头成立市级复工专班，制定建设工程复工协调调度工作方案，落实施工现场“十个从严”管控措施，设立“建设工程复工服务保障直通车”“建设工程运输网上调度平台”，“一对一”“点对点”、二十四小时接需即办，做好“人、材、物”应急保障。截至 2020 年 4 月 9 日，全市 2130 项规模以上建筑工程全部复工，4 月底建设工程到岗人数、房地产施工面积均达到 2019 年同期水平。同时，制定加强建设工程投资调度工作方案，台账管理，一线协调，力促各类项目开复工并形成实物工作量。300 项市重点工程完成投资 2655 亿元，其中建安投资 1261 亿元，完成计划分别为 105.2%、100.6%，支撑全市固定资产投资三成以上。小汤山医院改扩建、市属医院 17 个院区发热门诊、中国服贸会展览设施搭建等任务圆满完成，北京大兴国际机场、冬奥场馆、副中心行政办公区等重点工程和中央在京重点项目协调有力、稳步推进。

三是全力援企稳岗。出台安全生产许可证与施工许可证审批有效期顺延、工程造价和工期调整、开发企业和建设工程企业资质及部分人员证照延期、新建商品房预售许可办理调整等规定，推行全程网办、远程办理等“互联网 +”服务，落实全市各项帮扶政策。市级按承诺办理安全生产许可证 3631 家，88 个重点工程项目参加疫情防控综合保险。率先开展全市安管人员统考，全年达 2.27 万人次。

（二）物业管理和城市更新彰显民生温度

牢固树立以人民为中心发展理念，聚焦“七有”“五性”需求，统筹推进社区治理和城市更新工作，增强群众获得感幸福感安全感。

一是《北京市物业管理条例》（以下简称《条例》）落地见效。《条例》于2020年5月1日起正式施行，标志着本市物业管理工作进入新阶段。抓好《条例》贯彻落实，制订三年行动计划，物业工作纳入蔡奇书记主持的月度点评会及全市街道（乡镇）工作和“吹哨报到”改革工作专班统筹推进。成立工作专班，深入一线指导，建立常态化工作指引制度，起草配套政策指导稿先行先试，物业备案系统赋权街道全面开展，研究推进专项维修资金改革，健全物业突出问题专项治理长效机制。全年实施物业类处罚498起。《条例》实施以来，业委会（物管会）组建率先从11.9%增加到85.1%，党的组织覆盖率由25.2%增加到96.6%，物业服务覆盖率由64.1%增加至90.9%，党建引领社区治理框架下的物业管理体系初步建立。

二是老旧小区综合整治创新推进。推动老旧小区综合整治政策、机制、模式创新，综合整治工作方案、手册及危旧楼改建试点意见、专业管线改造统筹工作方案等一系列政策文件发布实施，引入社会资本参与老旧小区改造工作稳步推进。开展10个危旧楼改建试点项目、6个引入社会资本试点，按照“双纳入”工作机制配合推动部委所属事业单位和央企在京老旧小区改造，政府主导、居民自治、社会力量协同的小区治理体系基本建立。2020年改造计划由年初80个增至200个，实际新开工220个、完工61个。老楼加装电梯新开工476部、完成636部，超额完成400部、200部任务。强化长效机制建设，纳入改造范围的500多个小区中90%成立业委会或物管会。

三是棚改、老城保护工作加力推进。聚力棚改攻坚收尾，搭建“1个任务+3个计划”全过程计划管控体系，完成28个“拔钉子”项目，另有5个项目住宅全部签约；完成棚改1.08万户，为全年任务的124%；完成土地整理地块45个、117公顷；在施棚改安置房项目46个、123个地块完成建安投资209亿元。落实核心区控规三年行动计划，制订牵头任务实施工作方案，开展平房直管公房申请式退租、共生院改造，编制完成北京老城保护房屋修缮技术导则（2019版）。积极配合推进中轴线申遗保护三年行动计划。

同时，加大执法检查力度，保持普通地下室散租住人、直管公房违规转租转借、群租房“动态清零”。开展城镇房屋安全检查7.34亿平方米，实现一批危房解危。完成农村“六类人群”8852户危房改造任务和2018—2020年抗震节能农宅建设任务，2019年中央下达的1900户抗震试点任务全部完成，完成用作经营的农村自建房隐患排查4.48万户。全市88个逾期未安置项目已有65个项目基本协调完成，会同有关部门和各区积极推进征收、拆迁、腾退在途项目清理。

（三）有效满足群众住有所居需求

坚持“房住不炒”定位，加强长效机制建设，深化住房供给侧改革，加大保障工作力度，有效满足居民住房需求。

一是房地产调控持续深化。落实房地产市场平稳健康发展长效机制，制定实施“因区施策”工作方案并认真抓好落实，完成“三稳”目标任务。优化预售许可证办理，完善商品房销售价格引导机制和二手住房“连环单”交易机制。加强市场监测分析，维护市场正常秩序，促开工、促投资、促配套。房地产市场运行平稳，新建商品房销售面积同比增长3.4%，二手住房成交套数同比增长15.4%；新建商品住房和二手住房价格指数保持在合理区间。房地产新开工面积同比增长45.0%，房地产开发投资同比增长

2.6%，占全市固定资产投资 50% 以上，其中各类政策性住房投资同比增长 25.4%。

二是住房保障力度持续加大。坚持“租购补”并举的住房保障体系，完善市场租房补贴调整、集租房规划建设管理等规定，加大公租房配建、人才住房支持、共有产权住房配套政策等政策研究。全年建设筹集各类政策性住房 6.8 万套、竣工 9.8 万套，超额完成 4.5 万套、9 万套（间）的年度任务；累计开工集租房项目 41 个、5.5 万套，开工改建租赁住房项目 13 个、3822 套（间）。家庭申请表由“一本”简化为“一页”，全年分配公租房 1.29 万套，低保、低收入、重残、大病四类家庭依申请实现“应保尽保”。疫情期间为物流快递企业续租公租房 2100 套。放宽市场租房补贴申请条件，由家庭人均月收入不高于 2400 元提高至 4200 元，提高租房补贴标准，全年发放市场租房补贴 2.5 亿元。进一步调整共有产权住房配售政策，新组织共有产权住房配售项目 14 个、2.25 万套，供求比显著下降。

三是租赁市场规范发展。完成房屋租赁立法立项论证，出台《北京市发展住房租赁市场专项资金管理暂行办法》《关于规范管理短租住房的通知》。持续开展执法检查和租赁矛盾纠纷化解，针对蛋壳公寓“爆雷”问题成立专班，稳妥有效开展工作。加强租赁平台建设应用，平台备案突破 300 万笔。市区两级累计检查经纪机构、租赁企业 8005 家（次），行政处罚 425 起，移交公安部门涉黑涉恶线索 13 条、涉及企业 19 家，清理整治上账违法群租房 3407 处。

（四）建筑业治理能力稳步提升

持续推进建筑业发展改革，逐步完善建筑业监管模式，激发市场活力，提升治理效力。全年全市建筑业企业完成总产值 1.29 万亿元，同比增长 7.6%；施工总承包工程项目数、交易额分别同比增长 1.5%、2.6%，施工许可审批项目数、合同价同比分别增长 5.6%、5.0%。安全质量管理、行业改革、建筑节能等工作走在全国前列。

一是安全质量管理水平全面提升。推进安全生产标准化创建工作，全面提升施工现场和生活区标准化水平，创建绿色安全工地 296 项，绿色安全样板工地 149 项，22 个工地被评为“全国建设工程安全生产标准化工地”。加强专项执法和隐患排查，狠抓危大工程、重点工程和重点时期安全管理。建立健全工程质量保障体系、风险分级管控和隐患排查治理体系，开展住宅工程质量提升行动，组织预拌混凝土质量专项治理，完善竣工联合验收制度。消防验收工作顺利推进，受理 1415 项，办结 1363 项。全年共获得中国建设工程鲁班奖（国家优质工程）9 大项（15 子项）、工程国家优质工程奖 12 项、中国土木工程第十八届詹天佑大奖 2 项；詹天佑大奖优秀住宅小区金奖 3 项。

二是“放管服”改革深化落实。推进实施办理建筑许可方面的改革措施，优化施工许可、施工登记制度，推行告知承诺制。建立工程质量风险分级管控平台，优化简易低风险工程监督检查频次，出台可不聘用工程监理建设项目工程质量潜在缺陷保险暂行管理办法。优化社会投资简易低风险项目竣工联合验收，出台《北京市房屋建筑和市政基础设施工程竣工联合验收管理暂行办法》，825 项工程办结通过联合验收。二级建造师增项注册试行告知承诺制，1195 家建设工程企业按告知承诺制方式申请了资质。建设工程电子化招投标和施工许可证全程网办纳入供全国借鉴的改革举措。出台《北京市建筑市场主体失信联合惩戒对象名单管理暂行办法》，初步建立打击“挂证”常态化机制。强化建设工程合同履约管理，推进工程造价管理市场化改革试点。

三是建筑科技管理成效明显。完成重点科技成果鉴定 107 项，21 项智慧工地示范工程完成验收，12

项工程通过建筑业新技术应用示范工程验收。服贸会期间以“现代信息技术在建筑行业中的应用”为主题的系列活动取得良好效果。评审出108项市工程建设工法，发布6项工程建设地方标准，“京津冀城市综合管廊标准定额体系”初步形成。通过推进区块链、数据汇聚、好差评、电子证照等工作，实现“信息多跑路、群众少跑腿”。

四是行业绿色低碳发展成效显著。2020年新增节能民用建筑2416万平方米，全市节能建筑占全部既有民用建筑总量79.4%；老旧小区节能改造290万平方米，公建节能绿色化改造205万平方米，超低能耗示范项目建成11个、22.5万平方米。大力推广绿色建材，完善供应链建设，采用“公转铁”运输砂石160万吨、水泥52万吨，新能源车运输砂石88万吨；生产建筑垃圾再生产品1071万吨，应用1122万吨。建成绿色建筑2568万平方米，新增绿色建筑标识项目122项、1386万平方米；新开工装配式建筑2207万平方米，占全市新开工建筑面积的40.17%，超额完成年度30%的目标。强化施工扬尘污染管控，开展施工现场扬尘检查12.1万项次，非现场检查65.8万项次，“一微克”行动得到有力落实。在中央环境保护督察组反馈中，本市施工扬尘治理工作受到表扬。

（五）自身建设得到全面加强

着力抓好党建引领，加强政治建设，推进党风廉政建设，落实主题教育整改和巡视整改要求，夯实基层组织基础，促进党建工作与业务工作深度融合。开展先进表彰宣传工作，大力弘扬奋勇拼搏、无私奉献精神，营造积极向上的工作氛围。

优化营商环境成效突出，大力推进“一网通办”，实现45类业务审批结果的电子证照（对接市区344枚印章），通过跨部门数据共享核减500余项材料，实现总体压减政务服务事项申请材料达69.4%、办理时限70%。完成与世行磋商交流和国家营商环境评价迎评工作。

认真落实重点改革任务，完成一批“小切口”“微改革”措施。深入推进依法行政，统筹抓好立法、执法、复议应诉、多元调解等工作，加强行政执法规范化建设，全市实施行政处罚6145起，开展行政执法6.93万次。

坚持问题导向，加强政策研究与调研，加快住房专项规划和“十四五”7个专项规划编制工作，开展长线课题调研和“短平快实”调研。围绕全市重点工作主动引导舆情，发布权威信息，解读政策措施，“安居北京”阅读量达1560万次。

深入落实“接诉即办”要求，及时全面排查化解矛盾纠纷，来信、来访接待信访和网上咨询同比明显下降。仅市住房城乡建设委即办理12345热线工单2477件，及时反应率响应率100%、问题整体解决率90.31%、群众满意率92.52%，与2019年相比大幅提升。持续深入推进扫黑除恶专项斗争，完成平安北京建设各项工作任务。实现全市房屋和在建工程安全度汛工作目标，圆满完成各项重大应急保障任务。

回顾2020年工作，存在的主要问题是：住房工作方面，“三稳”难度较大，政策性住房精准对接群众期待、公租房数量满足实际需求还有较大差距，长租房市场风险不容忽视。城市更新方面，老旧小区改造存量规模较大，建立长效管理机制难度较大，棚改项目“拔钉子”仍是难点问题，老城保护工作涉及历史遗留问题较多。建筑业发展方面，安全生产一刻也不容放松，科技创新、绿色发展、市场规范、信用体系建设、优化营商环境以及事中事后监管等方面还有大量工作要做。队伍建设方面，体制机制和干部能力素质与新形势新任务新要求存在不小差距，住建部门与其他部门分工协调、平台互联互通等方面仍存短板，党风廉政建设有待进一步加强。

二、2021 年工作思路

2021 年是中国共产党成立 100 周年，是我国现代化建设进程中具有特殊重要性的一年，也是“十四五”开局之年。落实“十四五”开好局、起好步要求，做好今年工作：一要以首都发展为统领，切实提高政治站位，树立首都意识，坚持首善标准，全力做好中国共产党成立 100 周年庆祝活动和冬奥筹办服务保障，向党和人民交上满意答卷。二要围绕率先基本实现社会主义现代化远景目标，结合住建工作实际加强学习研究，深刻理解新发展阶段的历史方位，切实增强贯彻新发展理念的思想自觉和行动自觉。三要坚定不移贯彻新发展理念，在率先探索构建新发展格局的有效路径中，聚焦落实总规和建设国际科技创新中心、国际消费中心城市、全球数字经济标杆城市，推进“两区”建设，推动京津冀协同发展等重点工作布局，找准自身定位，主动展现新作为、新担当、新气象。四要始终突出高质量发展主题，推动住建工作与新一轮科技革命和产业变革、与落实“五新”政策和发展数字经济要求、与促进“四个中心”建设提高“四个服务”水平同频共振、同向发力、同步前行。

总的思路是：坚持以习近平新时代中国特色社会主义思想为指导，全面贯彻党的十九大和十九届二中、三中、四中、五中全会及中央经济工作会议精神，深入贯彻习近平总书记对北京重要讲话精神，贯彻落实市委十二届十五次、十六次全会和全国住房城乡建设工作会议精神，坚持稳中求进工作总基调，坚持以首都发展为统领，坚持“以人民为中心”发展理念，深入贯彻人文北京、科技北京、绿色北京战略，加强“四个中心”功能建设、提高“四个服务”水平，大力提升科技创新能力，加快实施城市更新行动，着力解决住房突出问题，持续推动行业转型升级，突出抓党建、精心谋发展、全力促落实，更加奋发有为地推动首都住建工作高质量发展，确保“十四五”开好局、起好步，以优异成绩庆祝中国共产党成立 100 周年。

具体抓好十项重点任务落实：

一是慎终如始抓好疫情常态化防控。要按照市委市政府疫情防控工作总体部署，坚持“外防输入，内防扩散”，落实“三防”“四早”“九严格”，安全有序推动施工现场疫情防控和复工复产工作。坚持施工现场疫情防控常态化措施不放松，落实封闭式管理、进场人员登记测温并查验“健康码”、科学佩戴口罩等措施。要加强日常监督检查，督促参建单位落实防疫主体责任，对落实不力的单位加大处罚和处理力度。依托大数据严格落实“应检必检”及隔离措施，组织施工单位切实做好中高风险地区人员的核酸检测和入场隔离。做好施工现场从业人员疫苗接种工作，确保施工现场一线作业人员“应接尽接”。

二是推动解决住房突出问题。继续坚持“房住不炒”定位，时刻绷紧房地产调控这根弦，加大住房供给侧改革力度，有效增加租赁住房供给，让百姓住有所居、居有所安。

深入落实房地产长效机制工作方案。认真抓好因区施策工作方案落实。完善价格引导、交易保护等措施，重点做好市场监测、趋势研判和政策储备，加强市场监管服务和防风险等工作，确保房地产市场平稳运行，促进住房消费健康发展。开展整治规范房地产市场秩序三年行动，保持执法高压态势，规范市场主体行为。要全力推动已供地商品房开发项目开工，提高在途项目建设效率，保持开发规模和投资力度。

持续完善“租购补”并举的住房保障体系。全年计划建设筹集各类政策性住房5万套（间），其中保障性租赁住房1.5万套（间），竣工8万套（间）。落实基本民生保障责任，公租房备案家庭总体保障率比2020年底提高10个百分点，市场租房补贴新增5000户，全市补贴发放户不低于2万户。增加保障性租赁住房有效供给，推进公租房配建政策优化实施；全力推进集租房建设，列入开工计划项目年内全面开工，提供不低于5000套（间）；推进一批存量商业、办公、厂房等改造为宿舍型或公寓型租赁住房。加快推进市级高层次战略科技人才公寓、国际人才社区公寓项目建设筹集。保持共有产权住房年内新入市项目销售价格稳定，加快研究制定出租、回购等配套政策。完善相关建设导则和标准，从设计源头提升保障房建设品质。

规范和发展住房租赁市场。推进本市住房租赁条例立法调研起草，2021年11月底前向市人大提交审议草案。严格管理使用中央财政专项资金，增加市场供应、带动市场发展。做好住房租赁平台升级建设工作，建立合同网签系统，加强市场监测分析，抓好相关政策宣贯，制定信用监管措施，严厉打击违法违规行为，规范租赁市场秩序。强化长租房管理，落实《关于规范本市住房租赁企业经营活动的通知》，加强有关问题整治，尽快化解风险，特别要加大对“高进低出”“长收短付”、建立资金池等行为整治力度，整顿规范租赁市场秩序。

三是加快实施城市更新行动。统筹推进全市城市更新工作，制订五年行动计划，围绕首都功能核心区平房（院落）申请式退租和保护性修缮与恢复性修建、老旧小区更新改造、危旧楼房改建和简易楼腾退改造、老旧楼宇与传统商圈改造升级、低效产业园区“腾笼换鸟”和老旧厂房更新改造、城镇棚户区更新改造等六类更新改造项目，推进工作落实。

推动老旧小区改造进入新阶段。按照“任务制”与“申报制”相结合的方式，结合“十四五”目标任务，合理确定2021年改造计划，完善工作数据库、项目储备库，滚动推进、分类实施，再上一个台阶。全面开展引入社会资本参与老旧小区改造工作。稳步推进老楼加装电梯、央产老旧小区综合整治工作。

做好棚改工作收尾攻坚。科学合理安排年度“拔钉子”任务，力促安置房尽快开工，推动土地尽快完成整理。加快安置房建设、回迁入住工作。用足用好专项债券等政府支持措施，撬动一批重点项目稳妥推进，推动地块尽快上市，实现资金回笼、滚动开发。进一步清理逾期未安置项目，化解社会矛盾风险。

有序推进危旧楼改建。按照到2025年底实施100万平方米危旧楼房和简易楼腾退改造目标，全面开展摸底清查，研究制订工作计划，分类制订改造方案，推动项目落地实施。重点推进10个危旧楼房改建试点工作。研究完善政府支持下的产权单位、居民、社会机构等多主体改建资金筹集模式。

细化落实核心区控规三年行动计划方案，研究制定各年度工作分解方案，统筹有序推进实施。按照到2025年底完成平房区10000户申请式退租和6000户修缮目标，研究制订五年工作计划。继续推进核心区平房（院落）申请式退租和保护性修缮、恢复性修建，以街区保护更新方式多途径推动老城平房区改善，恢复传统四合院基本格局。2021年完成不少于2000户退租，不少于1200户修缮。配合落实好中轴线申遗保护三年行动计划。

同时，要积极协调有关部门，推进低效楼宇与传统商圈改造升级，加快低效产业园区“腾笼换鸟”和老旧厂房更新改造。

四是继续抓好物业管理这个“关键小事”。紧紧围绕三年行动计划，健全党建引领社区治理框架下的物业管理体系。充分发挥业委会（物管会）作用，引导群众实现自我管理、解决身边难题。完善物业管理配套政策，细化完善已起草完成的政策指导稿并陆续发布实施。加快推进智慧物业建设，升级改造“北京业主”App 系统，加快推进物业区域 GIS 落点落图应用进程。推进专项维修资金管理改革，继续开展物业管理突出问题的专项治理和市民诉求集中问题的综合治理，以点带面提升物业管理水平。加强检查督导，抓好 12345 市民服务热线投诉前 100 名物业项目重点突出问题的专项治理，对 12345 市民服务热线物业管理类诉求响应率、解决率、满意率排名后十名街乡镇进行重点指导。

五是深化推进“疏整促”专项行动。强化提升首都功能、提升人居环境、提升城市品质、提升群众获得感的目标导向，严格落实责任，调动多方力量，积极做好新一轮“疏整促”工作。

积极会同有关部门，开展商品住宅小区配建公服设施建设和移交问题专项整治，对开发企业应建未建、应交未交、建而未用的现象加大治理力度，确保依规依标配建、移交和投运。加强施工围挡、临时建筑管理清理，配合做好代征代建道路移交、违法建设治理工作。

加大执法检查力度，开展地下空间违规住人、群租房、直管公房违规转租转借等违法违规行为综合整治，严控反弹、新增，保持“动态清零”。落实《关于规范管理短租住房的通知》《关于规范本市住房租赁企业经营活动的通知》，会同有关部门推进居住建筑公租设施配置指标、城市公有房屋管理规定的修订工作。配合做好重点村环境整治、安全隐患整治和房屋出租管理。

另外，研究制订“十四五”期间农村危房改造和抗震节能农宅工作方案，持续推进抗震节能农宅建设，不断提升农宅的节能和宜居水平，完善相关标准体系建设，推广应用清洁能源、可再生能源和绿色建材，加快推进绿色农宅、装配式农宅、超低能耗农宅建设。

六是聚焦碳中和目标推动行业绿色发展。坚持以科技创新为发展引擎，完善 BIM 应用、智慧工地建设等相关政策与标准，研究推进科技手段有效运用，提升建筑工程领域科技施管、科技创安水平。落实国家《关于推动智能建造与建筑工业化协同发展的指导意见》，开展互联网、物联网、人工智能、大数据、区块链等现代信息技术与工程建造技术深度融合应用研究，出台本市相关指导意见。2021 年编制完成 15 项京津冀区域协同工程建设标准及智慧工地相关标准。

加快行业绿色发展步伐，发布京津冀协同标准《绿色建筑评价标准》和地方标准《既有工业建筑民用化绿色改造评价标准》，修订《关于加快发展装配式建筑的实施意见》《北京市绿色建筑评价标识管理办法》，推动绿色建筑和装配式建筑发展。提升建筑节能和建材管理水平，研究出台超低能耗建筑发展后续政策，落实居住建筑节能新标准，建立绿色建材推广应用管理机制和供应企业市场行为动态管理机制。继续推进建筑砂石基地建设，提升砂石公转铁和新能源车运输比例，推进建筑垃圾资源化综合利用。健全多部门数据共享的施工扬尘视频监控平台，推行施工现场扬尘治理精细化管理，深化大气污染防治“一微克”行动。

七是促进建设工程建设投资。采取有力措施，加强调度，解决问题，督促落实，保障重大项目建设，力争一季度开复工及投资“开门红”。

积极会同有关部门合力推动 2021 年重点工程计划落实，早部署、早着手、早协调，加快推进前期工作，强化安全质量监管，继续强化分层次协调、专题调度、联席会议等机制功能，落实主体责任、属地管理服务责任，推进重点难点问题解决，保障工程顺利实施。特别是要做好中央在京工程建设的服务工作。

抓好商品房项目促开工、促投资工作，制订实施 2021 年政策住房建设计划。压实责任、研究政策，实行台账管理，加强投资调度，保持房地产开发规模和投资力度。

八是做好优化营商环境工作。持续推进行业管理改革往深里走、往实里走，推动治理体系和治理能力现代化，服务企业、服务群众。坚持数字化、网上办政务服务，推动信息共享和科技手段运用。研究出台“土护降”工程施工准备函实施细则、装饰装修工程施工许可审批管理办法等文件。以承诺事项落实情况为重点，继续推进施工许可审批和建设工程企业资质审批改革。推进安管人员考核机考试点工作，初步形成工程造价市场化形成的支撑体系。促进招投标市区一体化和监管标准化，稳步推行工程总承包，优化完善老旧小区改造等城市更新项目招投标工作。同时，加快构建以信用为基础的新型监管机制，系统推进信用体系建设，制定完善建筑市场、中介行业、消防验收等方面的信用信息管理制度，推动相关协会开展信用评价。完善承诺制实施标准，促进管理重心向事中事后监管全方位转移。

九是持续提升安全质量管理水平。强化安全发展理念，落实专项整治三年行动及违法建设和违法违规审批专项清查整治任务，开展企业主体责任督导检查，抓住突出问题、薄弱环节和风险点，消除重大安全隐患。落实疫情防控常态化措施，促进施工现场生活区标准提升。持续完善质量保障体系，健全双重预防机制，制定落实建设单位首要责任实施细则，筑牢施工现场建设、施工、监理“铁三角”架构。激励科技创新，创建智慧工地，保障各类新技术、新材料、新工艺、新设备安全有效运行。继续加强工程质量执法检查，强化工程质量影像追溯管理、轨道交通盾构施工安全质量管理。用好联合验收服务平台，开展差别化监管。推进轨道交通建设工程安全质量管理立法工作，完善消防验收有关政策措施。

十是高标准做好市民热线诉求接诉即办工作。“街乡吹哨、部门报到”和群众诉求“闻风而动、接诉即办”是解决民生问题的有力抓手，要提高政治站位，严格落实一把手负责制，完善机制，转变作风，对标职责，在如何做好房屋管理、物业管理、工程建设等方面下好先手棋、打好主动仗，实现被动补缺向主动治理转变。全力做好市民热线工单办理，加强行业问题治理，建立有效工作对接机制，推动未诉先办。持续做好物业管理 12345 市民诉求月度监测分析和专报。认真落实市委深改委“接诉即办”“每月一题”工作计划，研究政策、指导基层，结合住建领域“十大专题”治理行动，对主责和协办的工作任务，按照“早计划、早安排、早研究、早部署、早实施、早见效”要求，把工作落到点位上、落到小区上、落到具体事上，有针对性解决一批疑难复杂的重点民生诉求。

保证上述目标任务落实，要以党的政治建设为统领，围绕“服务中心、建设队伍”的总体要求，着力加强理论武装、推进正风肃纪，认真履行管党治党主体责任，推进党建工作与业务工作深度融合，确保上级的决策指示在住建系统落地见底，形成“生龙活虎、奋力争先”的工作新局面。

一要旗帜鲜明讲政治。坚持把学习习近平新时代中国特色社会主义思想作为重大政治任务，巩固“不忘初心、牢记使命”教育成果，不断提高政治判断力、政治领悟力、政治执行力，提升理论素养和政策水平，进一步增强“四个意识”、坚定“四个自信”、做到“两个维护”。认真抓好巡视反馈意见有关问题整改落实，确保整改时效。

二要科学施政重法治。稳步推进立法各项工作，提高执法规范化水平，推动行政执法公示、执法全过程记录、重大执法决定法制审核“三项制度”落地。着眼打造诚信机关，全面推进政务公开，让依法办事蔚然成风。

三要扎扎实实打基础。精心做好住房建设、住房保障、老旧小区综合整治、建筑绿色发展等 7 个专项规划编制。加强形势分析、政策研究，用系统、长远的观点指导工作。聚焦群众身边小事，开展“小切口”“微改革”，加强“短平快实”调查研究，及时破解难题、服务决策、推动工作。继续抓好信访、应急管理、舆论宣传、信息化建设等工作落实。

四要着眼长远建队伍。一抓工作作风，发扬肯干、实干、苦干精神，打起功成不必在我、功成必定有我历史担当，提振锐意进取、开拓创新精气神，见诸埋头苦干、真抓实干自觉行动，形成带头抓落实、善于抓落实、层层抓落实的良好局面。二抓改革创新，主动打破惯性思维，克服守成心态，用活“市场之手”，破除无效制度、改造繁冗流程、清理隐性壁垒，打通为民服务“最后一公里”。三抓能力提升，强化“能力危机”“本领恐慌”意识，增强补课充电的紧迫感，勤学善思、求真笃行，广泛涉猎各种知识，提高调查研究的本领、统筹协调的本领、做好群众工作的本领、在聚光灯下工作的本领，努力锻造与承担职责相匹配的工作能力，以实干、实绩、实效向建党 100 周年献礼！

第二章

国民经济和社会发展

第一节　2020年北京市国民经济和社会发展统计公报

（节选）

2020年，面对新冠肺炎疫情冲击和错综复杂的国际国内形势，在以习近平同志为核心的党中央坚强领导下，全市上下坚持以习近平新时代中国特色社会主义思想为指导，认真贯彻落实党的十九大和十九届二中、三中、四中、五中全会精神，深入贯彻习近平总书记对北京重要讲话精神，全力以赴打好疫情防控阻击战，扎实做好“六稳”工作，全面落实“六保”任务，统筹推进疫情防控和经济社会发展取得积极成效。

一、综合

经济增长：初步核算，全年实现地区生产总值36102.6亿元，按可比价格计算，比上年增长1.2%。其中，第一产业增加值107.6亿元，比上年下降8.5%；第二产业增加值5716.4亿元，比上年增长2.1%；第三产业增加值30278.6亿元，比上年增长1.0%。三次产业构成比为0.4∶15.8∶83.8。

表2-1　2020年地区生产总值

指标	绝对数（亿元）	比上年增长（%）	比重（%）
地区生产总值	36102.6	1.2	100.0
按产业分			
第一产业	107.6	-8.5	0.4
第二产业	5716.4	2.1	15.8
第三产业	30278.6	1.0	83.8
按行业分			
农、林、牧、渔业	110.0	-7.8	0.3
工业	4216.5	1.4	11.7
建筑业	1539.8	4.4	4.3
批发和零售业	2758.9	-2.4	7.6
交通运输、仓储和邮政业	836.5	-12.4	2.3
住宿和餐饮业	391.1	-26.6	1.1
信息传输、软件和信息技术服务业	5540.5	14.4	15.3
金融业	7188.0	5.4	19.8
房地产业	2644.2	0.1	7.3
租赁和商务服务业	2197.6	-14.5	6.1
科学研究和技术服务业	2985.0	0.4	8.3
水利、环境和公共设施管理业	325.4	0.2	0.9

（续表 2-1）

指标	绝对数（亿元）	比上年增长（%）	比重（%）
居民服务、修理和其他服务业	205.8	-12.5	0.6
教育	1978.9	6.0	5.5
卫生和社会工作	976.3	-6.0	2.7
文化、体育和娱乐业	704.1	-7.0	2.0
公共管理、社会保障和社会组织	1504.0	-3.0	4.2

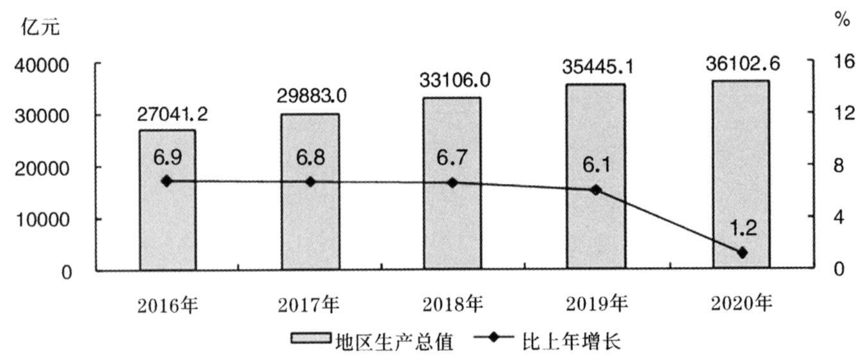

图 2-1　2016—2020 年地区生产总值及增长速度

财政收入：全年全市完成一般公共预算收入 5483.9 亿元，比上年下降 5.7%。其中，增值税 1653.1 亿元，比上年下降 9.2%；企业所得税 1182.5 亿元，比上年下降 3.7%；个人所得税 611.9 亿元，比上年增长 12.5%。

价格：全年居民消费价格总水平比上年上涨 1.7%。其中，食品价格比上年上涨 6.1%，非食品价格比上年上涨 0.9%；消费品价格比上年上涨 2.2%，服务项目价格比上年上涨 1.1%。

表 2-2　2020 年居民消费价格涨跌幅度

指标	比上年涨跌幅（%）
居民消费价格	1.7
食品烟酒	5.7
其中：粮食	1.8
鲜菜	7.5
畜肉类	27.4
鲜果	-13.3
衣着	-0.2
居住	-0.9
生活用品及服务	持平
交通和通信	-4.2

（续表 2–2）

指标	比上年涨跌幅（%）
教育文化和娱乐	2.5
医疗保健	4.9
其他用品和服务	8.3

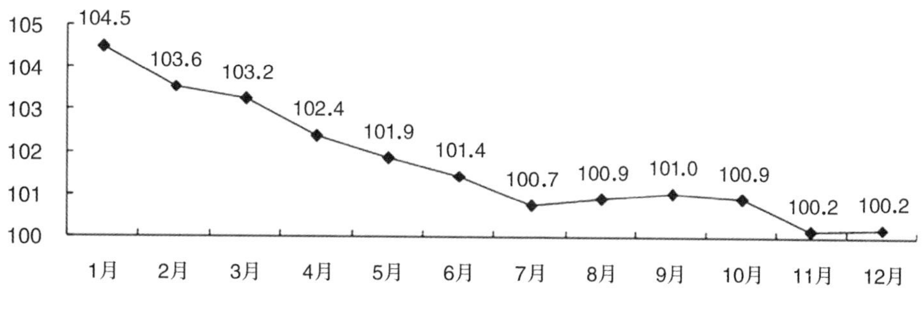

图 2–2　2020 年居民消费价格月度同比指数

全年农产品生产者价格比上年上涨 10.9%。工业生产者出厂价格比上年下降 0.9%，工业生产者购进价格下降 0.5%。

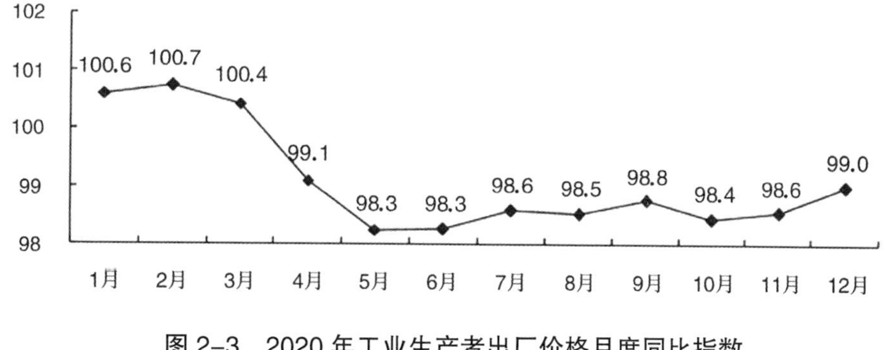

图 2–3　2020 年工业生产者出厂价格月度同比指数

全年新建商品住宅价格总体平稳，二手住宅价格小幅上涨。12 月，新建商品住宅销售价格环比指数为 100.3，价格同比指数为 102.3；二手住宅销售价格环比指数为 100.5，价格同比指数为 106.3。

表 2–3　2020 年新建商品住宅和二手住宅销售价格环比指数

指标	1 月	2 月	3 月	4 月	5 月	6 月	7 月	8 月	9 月	10 月	11 月	12 月
新建商品住宅	100.0	100.1	100.0	99.7	100.5	100.4	100.3	100.6	100.3	100.2	99.9	100.3
二手住宅	100.4	99.8	100.2	101.1	101.8	100.7	100.0	100.7	100.4	100.4	100.5	100.5

二、固定资产投资和房地产开发

固定资产投资：全年固定资产投资（不含农户）比上年增长2.2%。分产业看，第一产业投资下降22.8%；第二产业投资增长28.0%，其中，制造业投资增长66.6%；第三产业投资增长1.0%，其中，科学研究和技术服务业投资增长57.0%，教育投资增长34.9%，卫生和社会工作投资增长22.7%，文化、体育和娱乐业投资增长1.1%。基础设施投资下降12.3%。

房地产开发：全年房地产开发投资比上年增长2.6%。其中，住宅投资增长13.6%，办公楼投资下降17.5%，商业营业用房投资下降8.4%。全市房屋施工面积13918.6万平方米，比上年增长11.2%。其中，本年新开工面积3006.6万平方米。全年房屋竣工面积1545.7万平方米，增长15.1%。

表2-4　2020年房地产开发和销售主要指标

指标	绝对数（万平方米）	比上年增长（%）
房屋施工面积	13918.6	11.2
其中：住宅	6715.3	19.1
其中：本年新开工面积	3006.6	45.0
其中：住宅	1716.4	71.0
房屋竣工面积	1545.7	15.1
其中：住宅	728.5	24.9
商品房销售面积	970.9	3.4
其中：住宅	733.6	-7.0

三、市场消费

全年市场总消费额比上年下降6.9%。其中，服务性消费额下降4.9%；实现社会消费品零售总额13716.4亿元，下降8.9%。限额以上批发和零售业中，通信器材类、体育娱乐用品类、文化办公用品类、家用电器及音像器材类零售额分别增长49.2%、17.3%、3.4%和0.7%。

表2-5　2020年社会消费品零售总额

指标	社会消费品零售总额（亿元）	比上年增长（%）
总计	13716.4	-8.9
按商品用途分		
吃类商品	2795.7	-10.9

（续表 2-5）

指标	社会消费品零售总额（亿元）	比上年增长（%）
穿类商品	697.7	-26.0
用类商品	9766.2	-5.1
烧类商品	456.9	-33.6
按消费形态分		
餐饮收入	871.7	-29.9
商品零售	12844.7	-7.1

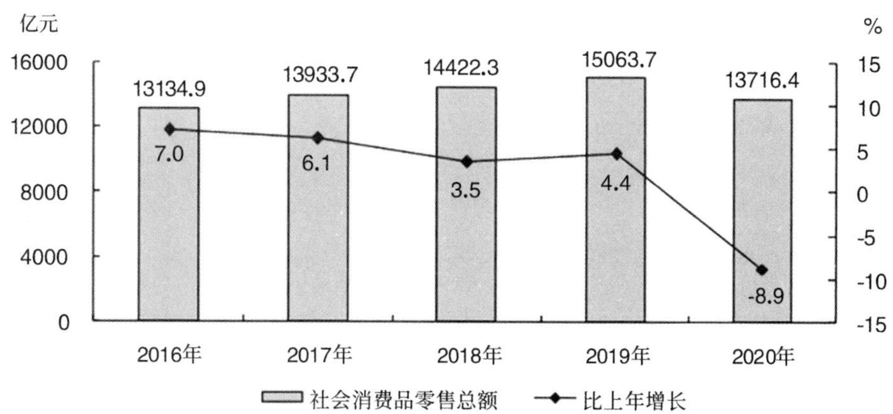

图 2-4　2016—2020 年社会消费品零售总额及增长速度

四、城市建设和安全生产

道路建设：年末全市公路里程 22268.1 千米，其中，高速公路里程 1173.4 千米。年末城市道路里程 6144.7 千米。

公共交通：年末公共电汽车运营线路 1207 条，比上年末增加 49 条；运营线路长度 28418 千米，比上年增加 786 千米；运营车辆 23948 辆，比上年增加 938 辆；全年客运总量 18.3 亿人次，比上年下降 41.7%。

年末轨道交通运营线路 24 条，比上年末增加 1 条；运营线路长度 727 千米，比上年增加 28 公里；运营车辆 6786 辆，比上年增加 337 辆；全年客运总量 22.9 亿人次，比上年下降 42.1%。

公用事业：全年自来水销售量 11.1 亿立方米，比上年下降 7.3%。其中，工业和建筑业用水 1.07 亿立方米，比上年下降 16.4%；服务业用水 3.5 亿立方米，比上年下降 20.5%；居民家庭用水 6.3 亿立方米，比上年增长 5.0%。

全年北京地区用电量达到 1140 亿千瓦时，比上年下降 2.3%。其中，生产用电 860.2 亿千瓦时，比上年下降 6.0%；城乡居民生活用电 279.8 亿千瓦时，比上年增长 11.2%。

全年天然气供应总量 184.7 亿立方米，比上年下降 1.6%；液化石油气供应总量 31.8 万吨，比上年下降 26.7%。年末共有燃气家庭用户 902.2 万户，比上年增长 3.3%；其中天然气家庭用户 715.6 万户，比上年增长 2.2%。年末燃气管线长度达到 30419 公里，比上年增长 3.4%。

全市 10 万平方米以上的集中供热面积 6.45 亿平方米，比上年增长 0.9%。

安全生产：全年共发生工矿商贸生产安全事故、生产经营性道路交通事故、生产经营性火灾事故、铁路交通事故、农业机械事故 383 起，死亡 408 人。亿元地区生产总值安全生产事故死亡率为 0.0113 人 / 亿元。道路交通每万车死亡人数为 1.47 人。

五、人民生活和社会保障

人民生活：全年全市居民人均可支配收入为 69434 元，比上年增长 2.5%；扣除价格因素后，实际增长 0.8%。从四项收入构成看，居民人均工资性收入 41439 元，人均经营净收入 812 元，人均财产净收入 11789 元，人均转移净收入 15394 元。

全年全市居民人均消费支出为 38903 元，比上年下降 9.6%。

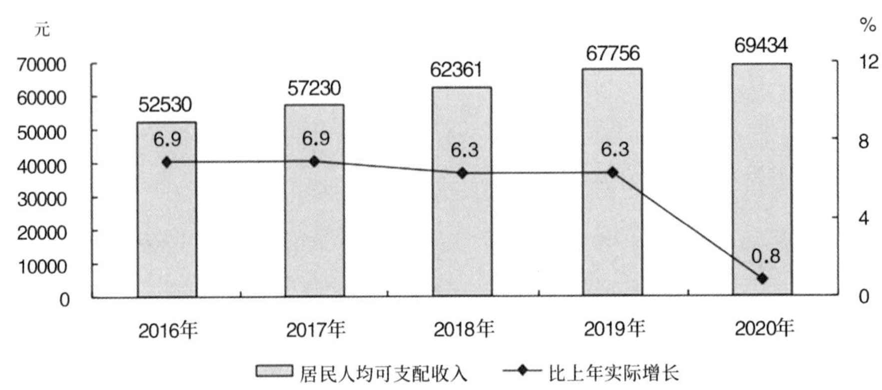

图 2-5　2016—2020 年全市居民人均可支配收入及实际增长速度

社会保障：年末参加企业职工基本养老、职工基本医疗、失业、工伤和生育保险的人数分别为 1680 万人、1741.6 万人、1318.4 万人、1267.2 万人和 1341.1 万人，分别比上年末增长 1.7%、3.5%、1.8%、2.0% 和 15.2%。

年末参加城乡居民养老保障的人数为 200.5 万人，参加城乡居民基本医疗保险的人数为 398.3 万人。

全市享受城市居民最低生活保障的人数为 6.9 万人，享受农村居民最低生活保障的人数为 3.9 万人。

表 2-6　社会保障相关待遇标准

单位：元 / 月

指标	2020 年	2019 年
失业保险金最低标准	1816	1706
城市居民最低生活保障标准	1170	1100
职工最低工资标准	2200	2200

年末各类收养性单位615家，床位12万张，年末在院人数5万人。年末共有各种社区服务机构12473个，其中社区服务中心202个。

六、教育、科技、文化、卫生和体育

教育：全年研究生教育招生13.4万人，在学研究生38.7万人，毕业生10万人。普通高等学校招收本专科学生15.9万人，在校生59万人，毕业生14.8万人。全市成人本专科招生4.2万人，在校生11.8万人，毕业生4.8万人。

全年普通高中招生6.1万人，在校生16万人，毕业生5.2万人。普通初中招生12.2万人，在校生33万人，毕业生8.8万人。普通小学招生20.2万人，在校生99.5万人，毕业生13.7万人。幼儿园入园幼儿22.2万人，在园幼儿52.6万人。各类中等职业教育（含技工学校）招生2.6万人，在校生7.3万人，毕业生2.8万人。特殊教育招生1218人，在校生7308人，毕业生1507人。

全市共有民办高校15所，在校学生5.3万人。民办中等教育115所，在校学生3.3万人。民办小学51所，在校学生4.3万人。民办幼儿园934所，在园幼儿21.1万人。

科技：全年专利申请量与授权量分别为25.7万件和16.3万件，分别比上年增长13.7%和23.6%。其中，发明专利申请量与授权量分别为14.6万件和6.3万件，分别比上年增长12.6%和19.1%。年末拥有有效发明专利33.6万件，比上年增长18.0%；PCT国际专利申请量为8283件，比上年增长15.6%。全年共签订各类技术合同84451项，比上年增长1.5%；技术合同成交总额6316.2亿元，比上年增长10.9%。

文化：年末共有公共图书馆24个，总藏量7208万册；档案馆18个，馆藏案卷977.3万卷件；博物馆197个，其中免费开放90个；群众艺术馆、文化馆20个。北京地区登记在册的报刊总量3512种；出版社544家；出版物发行单位9744家；全年引进出版物版权8212件，版权（著作权）登记100.3万件。年末有线电视实际用户为605万户，其中高清实际用户395.3万户，超高清（4K）实际用户166.3万户。全年制作电视剧43部1802集，电视动画片26部5548分钟，网络剧82部，网络动画片15部，网络电影215部。全年生产电影185部，北京地区29条院线266家影院，共放映电影146万场，观众2117.1万人次，票房收入10.3亿元。

卫生：年末共有医疗卫生机构11211个，其中医院733个。医疗机构共有床位12.7万张，其中医院11.9万张。卫生技术人员30.4万人，其中，执业（助理）医师11.9万人，注册护士13.5万人。医疗机构总诊疗人次为19269.3万人次。全年报告甲乙类传染病发病率94.34/10万，死亡率0.67/10万。婴儿死亡率1.98‰，孕产妇死亡率4.98/10万。面对突发疫情，全市公共卫生应急处置能力快速提升，组建3600人的流调队伍，负压救护车增至121辆，252家核酸检测机构最大日单样本检测能力达75.3万份。

体育：全年本市运动员共获得国际性比赛奖牌3枚，其中金牌1枚，银牌1枚。获得全国性比赛奖牌95枚，其中金牌34枚，银牌26枚。

七、资源和城市环境

土地供应：全年全市建设用地供应总量为3751公顷。其中，特交水建设用地供应1592公顷，公共管理和公共服务用地供应690公顷，住宅用地供应1030公顷（其中保障性安居工程用地供应363公顷），产业用地供应439公顷。

水资源：全年水资源总量26.7亿立方米，比上年增长 8.8%。年末大中型水库蓄水总量 31.4 亿立方米，比上年末少蓄水 1.3 亿立方米。年末平原地区地下水埋深为 22 米，比上年末回升 0.7 米。全年用水总量 40.9 亿立方米，比上年下降 1.9%。其中，生活用水 (包括服务业和居民家庭用水)14.9 亿立方米，比上年下降 3.7%；生态环境用水 15.2 亿立方米，比上年增长 3.5%；工业用水 2.4 亿立方米，比上年下降 12.9%；农业用水 3.2 亿立方米，比上年下降 12.5%。

城市环境：全年污水处理率为 95.0%，其中城六区污水处理率达到 99.4%，分别比上年提高 0.5 个和 0.1 个百分点。全市生活垃圾无害化处理率（根据垃圾清运量计算）为 100%，比上年提高 0.02 个百分点。细颗粒物（PM2.5）年均浓度值为 38 微克 / 立方米，比上年下降 9.5%。二氧化氮年均浓度值为 29 微克 / 立方米，比上年下降 21.6%。二氧化硫年均浓度值为 4 微克 / 立方米，与上年持平。

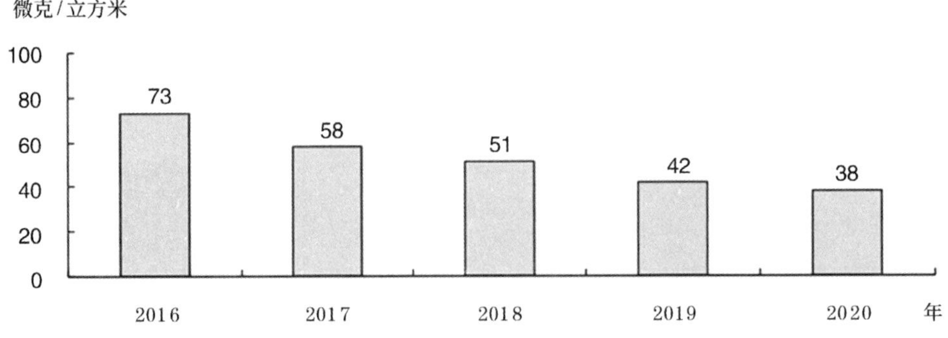

图 2-6　2016—2020 年细颗粒物（PM2.5）年均浓度

全年完成造林绿化面积 41400 公顷，比上年增长 21.5%。全市林木绿化率达到 62.5%，比上年提高 0.5 个百分点。森林覆盖率达到 44.4%，比上年提高 0.4 个百分点。城市绿化覆盖率为 48.9%，比上年提高 0.4 个百分点。全市人均公园绿地面积为 16.5 平方米，比上年增加 0.1 平方米。

八、推动高质量发展情况

动能转换：全年实现新经济增加值 13654 亿元，按现价计算，比上年增长 6.3%；占全市地区生产总值的比重为 37.8%，比上年提高 1.5 个百分点。

每万人口发明专利拥有量为 156 件，比上年增加 24 件。全年中关村国家自主创新示范区高新技术企业实现总收入 7.2 万亿元，比上年增长 9.1%；其中实现技术收入 1.5 万亿元，比上年增长 14.9%。

结构优化：全年高技术产业实现增加值 9242.3 亿元，按现价计算，比上年增长 6.4%；占地区生产总值的比重为 25.6%，比上年提高 1.1 个百分点。战略性新兴产业实现增加值 8965.4 亿元，按现价计算，比上年增长 6.2%；占地区生产总值的比重为 24.8%，比上年提高 1 个百分点（高技术产业、战略性新兴产业二者有交叉）。

全年高技术制造业完成固定资产投资增长 87.7%，占制造业投资的比重为 60.8%，比上年提高 6.8 个百分点；高技术服务业完成投资比上年增长 16.5%。限额以上批发零售业、住宿餐饮业实现网上零售额 4423.3 亿元，比上年增长 30.1%，占社会消费品零售总额的 32.2%，比上年提高 8.9 个百分点。

提效降耗：全年规模以上工业企业人均创收289.3万元，比上年提高16.6万元。万元地区生产总值水耗为12.62立方米，比上年下降3.03%。生物质能、水能、太阳能、风能等可再生能源发电量比上年增长16.8%，占总发电量的比重比上年提高1.5个百分点。

民生改善：全年城镇新增就业26.1万人，各季度城镇调查失业率均在年度预期目标内，4季度为4.1%。全年完成一般公共预算支出7116.2亿元，比上年下降3.9%；其中，用于社会保障和就业、卫生健康的支出分别比上年增长8.5%和13.3%。保障性住房投资比上年增长25.4%，施工面积为6107.5万平方米，比上年增长18.2%。全年低收入农户人均可支配收入17588元，比上年增长16.8%，增速高于全市居民人均可支配收入14.3个百分点。

公报注释：

1. 2020年数据均为初步统计数。

2. 根据国家统一要求，依据第四次全国经济普查结果对地区生产总值和社会消费品零售总额历史数据进行了修订，图中相关数据为修订后数据。

3. 三次产业划分依据国家统计局2018年修订的《三次产业划分规定》，行业划分执行《国民经济行业分类》（GB/T4754-2017）。

4. 规模以上工业企业是指年主营业务收入2000万元及以上的全部法人工业企业；限额以上批发和零售业单位是指年主营业务收入2000万元及以上的批发业、年主营业务收入500万元及以上的零售业单位（包括法人单位、产业活动单位和个体经营户）。

5. 邮政行业业务总量执行2010年不变价标准，电信企业的电信业务总量执行2015年不变价标准，增速按可比口径计算。

6. 天然气供应总量包含燕山石化的供应量。

7. 卫生机构和卫生技术人员等相关数据均含驻京部队、武警医院数据，床位数不含。

8. 特交水建设用地是指特殊用地、交通运输用地、水域及水利设施用地。

9. 平原地区地下水埋深是指平原地区地下水水面至地面的距离。

10. 部分数据合计数或相对数由于计量单位取舍不同而产生的计算误差，均未作机械调整。

资料来源：

本公报中财政数据来自北京市财政局；机动车数据来自北京市公安局公安交通管理局；存贷款数据来自中国人民银行营业管理部；证券交易额数据来源于上海证券交易所和深圳证券交易所；保险数据来自中国银行保险监督管理委员会北京监管局；进出口数据来自中华人民共和国北京海关；合同外资、实际利用外资、境外投资、对外承包工程、对外劳务合作数据来自北京市商务局；旅游数据来自北京市文化和旅游局；道路建设、公共交通数据来自北京市交通委员会；自来水销售、水资源、城市污水处理数据来自北京市水务局；用电量、发电量数据来自北京市电力公司；液化石油气及天然气供应量、燃气家庭用户、燃气管线、集中供热面积、垃圾处理数据来自北京市城市管理委员会；安全生产数据来自北京市应急管理局；医疗保险及生育保险数据来自北京市医疗保障局，其余社会保障数据及城镇新增就业数据来自北京市人力资源和社会保障局；卫生数据来自北京市卫生健康委员会；低保、收养性单位、社区服务机构数据来自中共北京市委社会工作委员会北京市民政局；教育数据来自北京市教育委员会；专利数据来自北京市知识产权局；技术市场数据来自北京技术市场管理办公室；旅游、公共图书馆、文化馆数据来自北京市文化和旅游局；档案馆数据来自北京市档案局；博物馆数据来自北京市文物局；电影数据来自北京市电影局；电视数据来自北京市广播电视局；出版数据来自北京市新闻出版局；体育数据来自北京市体育局；国有建设用地供应数据来自北京市规划和自然资源委员会；空气质量数据来自北京市生态环境局；造林、绿化数据来自北京市园林绿化局；其他数据来自北京市统计局、国家统计局北京调查总队。

第二节　房地产开发投资与建设

2020 年，面对新冠肺炎疫情冲击，北京市房地产市场供需在年初短期有所波动。但在“房住不炒”要求和长效机制背景下，本市继续保持房地产调控定力，坚持“房住不炒”的政策力度不放松；同时以促进民生保障项目开工复工拉动房地产开发投资持续向好，增加市场供给，销售有序恢复，市场总体平稳。

一、房地产开发投资情况

（一）房地产开发投资构成及变动情况

2020 年，全市在加大统筹疫情防控工作的同时，全力推动项目开工建设以及安全有序复工复产。全年房地产开发投资增速比上年增长 2.6%。其中，全年土地购置费用增速比上年增长 8.8%，占开发投资比重为 51.4%（见图 2-10）。

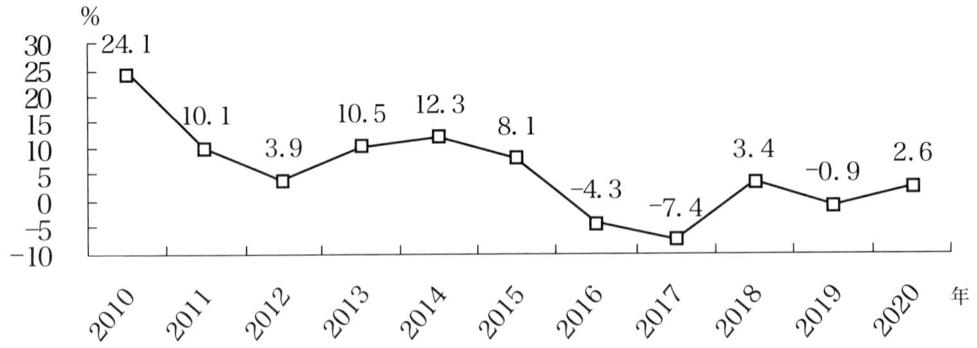

图 2-7　2010—2020 年以来北京市房地产开发投资增速图

房地产开发投资中，住宅投资增长 13.6%；办公楼投资下降 17.5%；商业营业用房投资下降 8.4%。按构成分，用于建筑工程投资下降 2.3%；用于安装工程的投资下降 39.7%；用于设备、工器具购置的投资下降 51.7%；用于其他费用的投资增长 5.7%。

（二）房地产开发资金来源情况

2020 年，全市房地产开发项目本年到位资金小计 5820.9 亿元，比上年增长 2.6%。其中，国内贷款为 1423.1 亿元，比上年增长 5.7%；自筹资金为 1406.5 亿元，比上年增长 16.7%；定金及预收款为 2450.9 亿元，比上年下降 2.6%（见表 2–7）。

表 2–7　2018—2020 年房地产开发资金来源情况统计表

单位：亿元

	2018 年	2019 年	2020 年
上年末结余资金	4397.2	3872.4	4090.1
本年资金来源小计	5726.7	5672.5	5820.9
非国内贷款	1657.1	1346.2	1423.1
利用外资	0.0	1.8	2.4
自筹资金	1534.9	1205.0	1406.5
定金及预付款	2049.8	2516.7	2450.9
个人按揭贷款	304.5	362.2	336.5
其他资金来源	180.4	240.6	201.5

二、房屋建设情况

（一）房屋建设总体情况

截至 2020 年 12 月末，全市商品房施工面积为 13918.6 万平方米，比上年增长 11.2%。商品房新开工面积为 3006.6 万平方米，比上年增长 45%。（见表 2–8）。

表 2–8　2019—2020 年商品房施工面积及新开工情况统计表

	2019 年	2020 年	同比增长（%）
施工面积（万平方米）	12515.0	13918.6	11.2
新开工面积（万平方米）	2073.2	3006.6	45.0

截至 12 月底，住宅施工面积为 6715.3 万平方米，比上年增长 19.1%；其中，住宅新开工面积为 1716.4 万平方米，比上年增长 71%。

（二）保障房建设情况

2020 年末，全市保障性住房施工面积 6107.5 万平方米，比上年增长 18.2%。全年保障性住房竣工面积 626 万平方米，比上年增长 26.6%（见表 2–9）。

表 2–9　2020 年保障性住房建设情况统计表

	2019 年	2020 年	同比增长（%）
房屋施工面积（万平方米）	5168.8	6107.5	18.2
房屋新开工面积（万平方米）	757.3	1532.4	102.4
房屋竣工面积（万平方米）	494.5	626.0	26.6

（三）2020 年商品房施工情况（按区域分）

从区域上看，施工面积朝阳区最多，为 2102.1 万平方米，大兴区位于第二，为 2056.8 万平方米，分别占全市商品房施工面积 15.1% 和 14.8%（见表 2–10）。

表 2–10　2020 年按区域分商品房施工面积统计表

单位：万平方米

区域	施工面积	区域	施工面积
东城区	171.2	通州区	1600.5
西城区	87.2	顺义区	1157.1
朝阳区	2102.1	昌平区	1229.0
丰台区	1333.5	大兴区	2056.8
石景山区	560.9	怀柔区	355.7
海淀区	1230.2	平谷区	228.1
门头沟区	393.1	密云区	345.7
房山区	841.5	延庆区	225.9
合计	13918.6		

（四）历年商品房新开工情况（按用途分）

2020 年，全市全年商品房新开工面积为 3006.6 万平方米，比上年增长 45%。其中，住宅新开工面积为 1716.4 万平方米，比上年增长 71%；办公楼为 130.5 万平方米，比上年下降 23.5%；商业营业用房为 124.6 万平方米，比上年下降 10.7%（见图 2–8）。

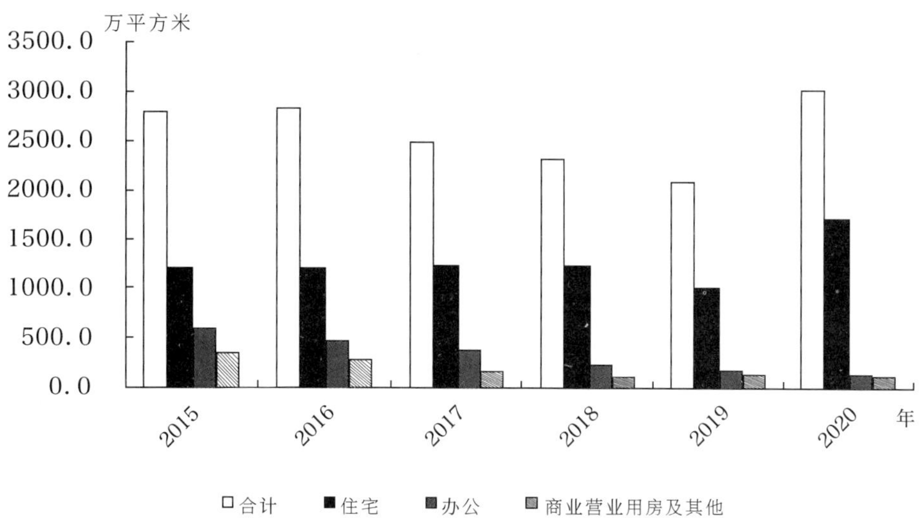

图 2-8　2015—2020 年商品房新开工面积情况

（五）商品房竣工情况概述

2020 年，全市全年商品房竣工面积为 1545.7 万平方米，比上年增加 15.1%。其中，住宅竣工面积为 728.5 万平方米，增长 24.9%（见表 2-11）。

表 2-11　2020 年商品房竣工面积统计

	2019 年（万平方米）	2020 年（万平方米）	同比增长（%）
竣工面积	1343.3	1545.7	15.1
其中：住宅	583.2	728.5	24.9

（六）2020 年商品房竣工情况（按区域分）

从区域上看，全市商品房竣工面积为 1545.7 万平方米，海淀区最多，大兴区位于第二，分别占 15% 和 14.9%（见图 2-9）。

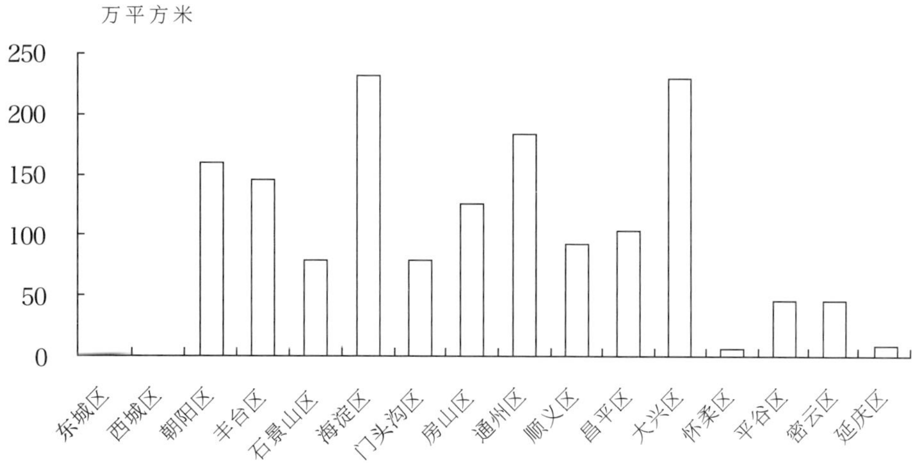

图 2-9　2020 年按区域划分商品房竣工面积统计表

（七）历年商品房竣工情况（按用途分）

2020 年，全市商品房竣工面积为 1545.7 万平方米，比上年增长 15.1%。其中，住宅竣工面积为 728.5 万平方米，比上年增长 24.9%；办公楼为 242.2 万平方米，比上年下降 16.6%；商业营业用房及其他用房为 95.1 万平方米，比上年下降 3.5%（见表 2–12）。

表 2–12 2013—2020 年按用途划分商品房竣工面积统计表

单位：万平方米

	合计	住宅	办公楼	商业营业用房
2013 年	2666.4	1692	273.1	178.4
2014 年	3054.1	1804.3	387.5	216.2
2015 年	2631.5	1378.2	385.4	259.9
2016 年	2383.1	1275.2	343.7	171.6
2017 年	1466.7	604	321.2	166.9
2018 年	1557.9	731.2	249.9	162.8
2019 年	1343.3	583.2	290.3	98.6
2020 年	1545.7	728.5	242.2	95.1

三、 商品房待售情况

截至 2020 年 12 月底，全市商品房待售面积为 2454.2 万平方米，比 2019 年末减少 35.3 万平方米。其中，住宅待售面积为 881.9 万平方米，比 2019 年末减少 11.2 万平方米（见表 2–13）。

表 2–13 2020 年商品房待售情况统计表

	2019 年（万平方米）	2020 年（万平方米）	同比增长（%）
待售面积	2489.5	2454.2	–1.4
其中：住宅	893.1	881.9	–1.3

（一）2020 年商品房待售情况（分区域分用途）

2020 年末，全市商品房待售面积从区域分布看，朝阳区待售面积最多，达 569.6 万平方米，占 23.2%；第二是顺义区，为 289.3 万平方米，占 11.8%，第三是通州区，为 250.7 万平方米，占 10.2%（见图 2–10）。

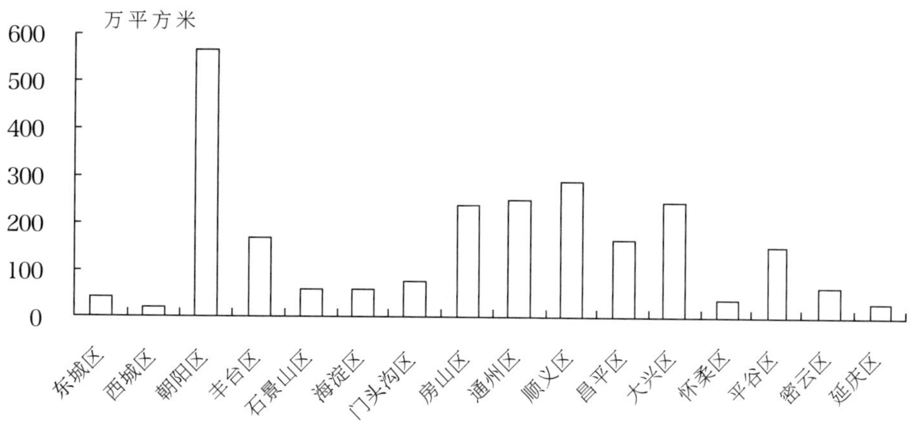

图 2–10　2020 年按区域划分商品房待售面积情况统计图

2020 年末，全市商品房待售面积按时间划分，待售 1 年以内的面积为 440.7 万平方米，1 年至 3 年的面积为 1049.3 万平方米；3 年以上的面积为 964.2 万平方米（见表 2–14）。

表 2–14　2013—2020 年按用途分待售 1—3 年（含 1 年）商品房面积

单位：万平方米

	合计	住宅	办公	商业营业用房
2013 年	921.9	398.8	84.1	206.3
2014 年	944.3	406.5	127.3	231.8
2015 年	1016.4	434.5	138.5	233.9
2016 年	1197.1	396.3	230.7	229.3
2017 年	1190.4	382	233.9	249.3
2018 年	968.2	344.1	168.8	171
2019 年	1011.0	346.2	214.3	165.3
2020 年	1049.3	341.2	261.6	165.8

（二）历年商品房待售情况（分用途）

2020 年商品房待售面积为 2454.2 万平方米，下降 1.4%。从用途上看，住宅待售面积为 881.9 万平方米，下降 1.3%；办公楼待售面积为 530.5 万平方米，下降 6.8%；商业营业用房待售面积为 383.5 万平方米，增长 3.7%（见表 2–15）。

表 2-15　2013—2020 年商品房待售情况统计表

单位：万平方米

待售	合计	住宅	办公	商业营业用房
2013 年	1861.4	829.3	180.1	399.9
2014 年	2065.7	964.8	307.2	434.9
2015 年	2168.1	867.7	332.5	461.3
2016 年	2160.8	845.8	320.7	433
2017 年	2092.1	811.2	336.1	429.6
2018 年	2153.3	833.7	390.6	373.4
2019 年	2489.5	893.1	569.0	369.9
2020 年	2454.2	881.9	530.5	383.5

第三节　人民生活

一、北京市第七次全国人口普查公报①（第一——四号）

根据《中华人民共和国统计法》《全国人口普查条例》规定 和《国务院关于开展第七次全国人口普查的通知》（国发〔2019〕24 号）要求，我国以 2020 年 11 月 1 日零时为标准时点进行了第七次全国人口普查②。在以习近平同志为核心的党中央坚强领导下，按照国务院第七次全国人口普查领导小组统一部署，在市委市政府和地方各级党委政府的领导下，在各有关部门的大力支持下，在各级普查机构和普查人员的共同努力下，在广大普查对象的积极配合下，北京市第七次全国人口普查圆满完成普查现场登记和普查主要数据汇总评估工作。根据北京市第七次全国人口普查结果，现将 2020 年 11 月 1 日零时本市常住人口基本情况公布如下：

（一）常住人口

全市常住人口③为 21893095 人，与 2010 年第六次全国人口普查的 19612368 人相比，增加 2280727 人，增长 11.6%，年平均增长 1.1%。

全市常住人口中，外省市来京人口为 8418418 人，占常住人口的 38.5%，与 2010 年第六次全国人口普查的 7044533 人相比，增加 1373885 人，增长 19.5%，年平均增长 1.8%。

（二）户别人口

全市常住人口中，共有家庭户④ 8230792 户，集体户 907136 户，家庭户人口为 19014338 人，集体户人口为 2878757 人。平 均每个家庭户的人口为 2.31 人，与 2010 年第六次全国人口普查的 2.45 人相比，减少 0.14 人。

（三）民族人口

全市常住人口中，汉族人口为 20845166 人，占 95.2%；各少数民族人口为 1047929 人，占

4.8%。与2010年第六次全国人口普查相比，汉族人口增加2034012人，增长10.8%，年平均增长1%；各少数民族人口增加246715人，增长30.8%，年平均增长2.7%。

（四）常住人口地区分布

全市16个区中，常住人口在200万人以上的区有4个，分别是朝阳区、海淀区、昌平区和丰台区；在100万人—200万人之间的区有5个，分别是大兴区、通州区、顺义区、房山区和西城区；在100万人以下的区有7个，分别是东城区、石景山区、密云区、平谷区、怀柔区、门头沟区和延庆区。

分区域[5]看，中心城区常住人口为10988587人，占50.2%，其中，核心区常住人口为1815043人，占8.3%；其他十区常住人口为10904508人，占49.8%。与2010年第六次全国人口普查相比，中心城区常住人口所占比重下降9.5个百分点，其中，核心区常住人口所占比重下降2.7个百分点；其他十区常住人口所占比重上升9.5个百分点。

表2-16　各区常住人口

单位：人、%

地区	人口数	比重	
		2020年	2010年
全市	**21893095**	**100.0**	**100.0**
东城区	708829	3.2	4.7
西城区	1106214	5.1	6.3
朝阳区	3452460	15.8	18.1
丰台区	2019764	9.2	10.8
石景山区	567851	2.6	3.1
海淀区	3133469	14.3	16.7
门头沟区	392606	1.8	1.5
房山区	1312778	6.0	4.8
通州区	1840295	8.4	6.0
顺义区	1324044	6.0	4.5
昌平区	2269487	10.4	8.5
大兴区	1993591	9.1	7.0
怀柔区	441040	2.0	1.9
平谷区	457313	2.1	2.1
密云区	527683	2.4	2.4
延庆区	345671	1.6	1.6

（五）常住人口城乡分布[⑥]

全市常住人口中，居住在城镇的人口为19166433人，占87.5%；居住在乡村的人口为2726662人，占12.5%。与2010年第六次全国人口普查相比，城镇人口增加2307741人，增长13.7%，年平均增长1.3%；乡村人口减少27014人，下降1%，年平均下降0.1%；城镇人口比重上升1.5个百分点。

（六）常住人口性别构成

全市常住人口中，男性人口为11195390人，占51.1%；女性人口为10697705人，占48.9%。常住人口性别比（以女性为100，男性对女性的比例）为104.7，与2010年第六次全国人口普查相比下降2.1。

（七）常住人口年龄构成

全市常住人口中，0—14岁[⑦]人口为2591507人，占11.9%；15—59岁人口为15002998人，占68.5%；60岁及以上人口为4298590人，占19.6%，其中65岁及以上人口为2912060人，占13.3%。

与2010年第六次全国人口普查相比，0–14岁人口的比重上升3.3个百分点，15–59岁人口的比重下降10.4个百分点，60岁及以上人口的比重上升7.1个百分点，65岁及以上人口的比重上升4.6个百分点。

表2–17　全市常住人口年龄构成

单位：人、%

年龄	人口数	比重	
		2020年	2010年
总计	**21893095**	**100.0**	**100.0**
0—14岁	2591507	11.9	8.6
15—59岁	15002998	68.5	78.9
60岁及以上	4298590	19.6	12.5
其中：65岁及以上	2912060	13.3	8.7

（八）受教育程度人口

全市常住人口中，拥有大学（指大专及以上）文化程度的人口为9190783人；拥有高中（含中专）文化程度的人口为3851750人；拥有初中文化程度的人口为5098789人；拥有小学文化程度的人口为2299436人（以上各种受教育程度的人包括各类学校的毕业生、肄业生和在校生）。

与2010年第六次全国人口普查相比，每10万人中拥有大学文化程度的由31499人上升为41980人；拥有高中文化程度的由21220人下降为17593人；拥有初中文化程度的由31396人下降为23289人；拥有小学文化程度的由9956人上升为10503人。

（九）平均受教育年限[⑧]

15岁及以上常住人口的平均受教育年限为12.6年，与2010年第六次全国人口普查相比，提高0.9年。

（十）文盲人口

全市常住人口中，文盲人口（15 岁及以上不识字的人）为 172244 人，文盲率[9]为 0.8%。与 2010 年第六次全国人口普查相比，文盲人口减少 160854 人，文盲率下降 0.9 个百分点。

二、居民生活基本情况

2020 年，面对新冠肺炎疫情的严峻考验，市委、市政府持续加大统筹推进疫情防控和经济社会发展工作力度，做好“六稳”工作，落实“六保”任务，推动居民收入稳定增长，消费持续回暖，基本民生得到有效保障。2020 年，全市居民人均可支配收入 69434 元，同比增长 2.5%，扣除价格因素实际增长 0.8%。其中城镇居民人均可支配收入 75602 元，同比增长 2.4%。人均消费支出 38903 元，同比下降 9.6%，降幅较 1—3 季度收窄 1.8 个百分点。其中，城镇居民人均消费支出 41726 元，同比下降 10.0%。

（一）居民收入稳步增长，多项民生政策落地见实效

2020 年，全市居民收入稳步增长，居民收入增速自下半年后开始呈现探底回升平稳增长态势。全年全市居民人均可支配收入 69434 元，同比增长 2.5%，分别比 1—3 季度和上半年回升 0.6 个和 1.5 个百分点。其中，农村居民人均可支配收入增长快于城镇居民，城乡居民收入相对差距进一步缩小。2020 年，本市城乡居民收入比为 2.51，比“十二五”末低 0.06。

1. 保就业政策落地见效带动工资性收入小幅增长

2020 年，全市居民人均工资性收入 41439 元，同比增长 0.5%。疫情发生以来，为化解疫情对居民收入和就业的影响，本市进一步加大失业保险费返还力度，发放以训稳岗培训补贴和临时性岗位补贴，同时，出台政策助力企业复工复产，稳定就业形势，为工资性收入增长奠定坚实基础。

2. 社保标准上调拉动转移净收入快速增长

2020 年，全市居民人均转移净收入 15394 元，同比增长 9.3%，拉动人均可支配收入增长 1.9 个百分点，对可支配收入增长的贡献率最大。7 月，本市陆续发布各项社保标准上调政策，涉及机关、企事业单位退休人员，有效拉动转移净收入快速增长。全市居民人均养老金或离退休金同比增长 9.6%。

3. 壮大村级集体经济助力财产净收入稳步增长

2020 年，全市居民人均财产净收入 11789 元，同比增长 4.7%，拉动人均可支配收入增长 0.8 个百分点。2020 年，本市出台相关政策，盘活闲置乡村资源，对集体经济薄弱村实施精准帮扶，有效扩大村级分红规模，促进居民财产净收入稳步增长。其中，全市居民人均红利收入同比增长 71.9%，对人均财产净收入的拉动作用最强。

（二）居民消费持续回暖，服务性消费有序恢复

受疫情影响，2020 年居民消费速度未转正。但随着经济社会秩序逐渐恢复，“北京消费季”的持续带动，居民消费降幅在上半年触底后逐季收窄，恢复速度快于居民收入。

1. 消费季活动效果明显，居民消费持续回暖

2020 年，全市居民人均消费支出同比下降 9.6%，分别比一至三季度和上半年收窄 1.8 个和 2.3 个百分点。今年以来，“北京消费季”累计开展千余项线上线下促消费活动，为居民消费复苏注入新活力。特别是四季度以来，假日经济效应推动居民消费明显回暖。四季度当季全市居民人均消费支出同比下降 4.7%，降幅比三季度收窄

5.7 个百分点。

2. 线上消费增长强劲，有效带动居民消费回补

伴随数字经济快速发展，疫情背景下以线上消费为主的新消费习惯逐渐形成，居民线上消费潜力不断释放。2020 年，全市居民人均通过互联网购买的商品或服务支出同比增长 11.9%，连续 5 个月保持两位数增长，成为拉动居民消费增长的重要引擎。

3. 疫情防控形势持续向好，居民服务性消费有序恢复

2020 年，全市居民人均服务性消费支出同比下降 13.6%。降幅分别比前 3 季度和上半年收窄 2.9 个和 2.0 个百分点。随着“十一”“中秋”双节同庆，假日经济逐步升温，消费券发放持续加码，举办多场音乐节、电影节和亲子节等促消费活动，焕发京城“烟火气”，下半年服务性消费加快恢复。分季度看，四季度全市居民人均服务性消费支出降幅较三季度收窄 13.0 个百分点，恢复速度明显加快。其中，全市居民人均文化娱乐服务支出和人均在外饮食支出分别比 3 季度增长 67.0% 和 42.0%。

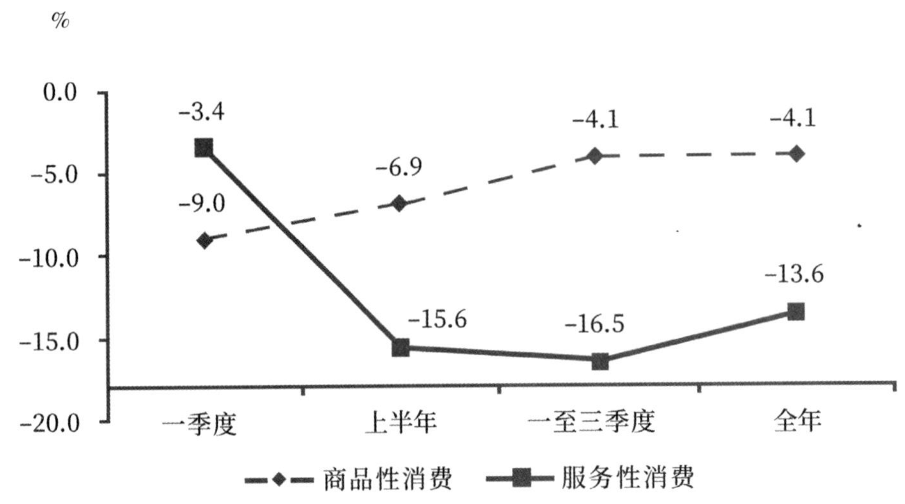

图 2-11 2020 年北京居民人均商品性消费和服务性消费支出增速情况

三、居民家庭居住情况

2020 年，全市居民家庭现住房房屋来源以购买商品房为主。居住空间样式多选择小户型、经济型的二居室单元房。随着居民生活水平的提高，住房的内外设施不断改善，住房条件明显向好，人们生活更加幸福。

（一）居住面积增加，住房条件向好

2020 年，全市居民家庭的房屋来源以自建住房、购买商品房为主，两类来源占比为 48.0%。随着居民生活水平的提高，房屋居住面积有所增加，住房内外设施日趋完善，住房条件明显向好。2020 年，全市居民人均住房建筑面积 34.6 平方米，比 2015 年增长 4.2%。有九成以上的居民家

庭有自来水。近100%的居民家庭住房中有厕所，且水冲式卫生厕所的占比达98.9%，比2015年提高9.2个百分点。住宅外道路是水泥或柏油路面的户占97.2%，比2015年提高0.8个百分点。

（二）居住空间样式以二居室单元房为主

2020年，全市居民居住空间样式以单元房为主，占比为74.9%。其中，以二居室单元房为代表的小户型、经济型住房占比最高（45.8%），其次为三居室单元房（19.4%）。城镇居民家庭现住房空间样式为单元房的占比84.6%，比全体居民高9.7个百分点。其中，二居室单元房占比较全体居民高6.0个百分点。

（三）耐用消费品需求日益多元

居民购买耐用消费品更加注重追求生活享受，对耐用消费品的种类需求日益多元，对其样式、性能等方面的要求也越来越高，呈现出明显的品质化升级趋势。2020年，全市居民中每百户家庭拥有电冰箱、热水器、洗衣机等厨卫设备的数量均在100台以上，这些生活必需类的耐用消费品渐渐成为家家必备品。随着居民生活观念的转变，居民对健康的关注度越来越高，对生活用品的环保特质等有了新的要求，空气净化器、吸尘器等渐受青睐。2020年，全市居民家庭每百户空气净化器、吸尘器拥有量分别为37台、30台，较去年有所增加。

---

① 本公报数据均为初步汇总数据。

② 普查标准时点为2020年11月1日零时，普查对象是普查标准时点在中华人民共和国境内的自然人以及在中华人民共和国境外但未定居的中国公民，不包括在中华人民共和国境内短期停留的境外人员。

③ 常住人口包括：居住在本乡镇街道且户口在本乡镇街道或户口待定的人；居住在本乡镇街道且离开户口登记地所在的乡镇街道半年以上的人；户口在本乡镇街道且外出不满半年或在境外工作学习的人。

④ 家庭户是指以家庭成员关系为主、居住一处共同生活的人组成的户。

⑤ 中心城区是指东城区、西城区、朝阳区、丰台区、石景山区和海淀区；核心区是指东城区和西城区；其他十区是指门头沟区、房山区、通州区、顺义区、昌平区、 大兴区、怀柔区、平谷区、密云区和延庆区。

⑥ 城镇、乡村是按国家统计局《统计上划分城乡的规定》划分的。

⑦ 0—15岁人口为2687643人，16—59岁人口为14906862人。

⑧ 平均受教育年限是将各种受教育程度折算成受教育年限计算平均数得出的，具体的折算标准是：小学=6年，初中=9年，高中=12年，大专及以上=16年。

⑨ 文盲率是指常住人口中15岁及以上不识字人口所占比例。

第三章

国土空间规划和自然资源管理

第一节　2020年国土空间规划和自然资源管理综述

2020年，市规划自然资源委面对新冠肺炎疫情冲击，以守底线、创精品、为人民为工作主线，迎难而上，各项工作取得新进展。

坚决扛起疫情防控责任。坚持人民至上，开展防疫设施专项规划编制，储备预留应急医疗救治设施资源，加大防疫项目审批力度，快速核发相关许可。

健全机构运转体制机制。召开首规委全会、首规委主任办公会，做好重要规划、重大项目设计方案向党中央请示报告。强化对党中央要求落实情况的督促检查，加强对重大规划、重要功能区规划、重大项目全过程把关。强化对中央党政军在京单位的服务，建立在京单位年度重点项目计划机制，搭建军地一站式对接平台，筹建军地工作专班，协调解决多项重大问题。召开市委城工委全会和主任办公会，研究城市更新政策体系等重大议题，协调推进街区更新等基层治理重点任务。完善市、区两级职责分工，向分局下放行政职权。

全面推进城市总体规划实施。城市总体规划实施102项重点任务进展顺利，其中54项任务按时间节点完成，48项长期推进任务均按目标形成阶段性成果。首都功能核心区控规获党中央、国务院批复。印发首都功能核心区控规三年行动计划，74项任务取得阶段性进展。编制完成城市副中心12个组团控规深化方案和拓展区规划，完成大运河沿线景观风貌设计方案征集。

加强“四个中心”功能建设。组织编制“十四五”政治中心服务保障专项规划、三山五园地区整体保护规划，开展长安街及其延长线公共空间及重要节点城市设计，加强重要地区高度管控。完成《北京历史文化名城保护条例》修订。制定重点文物腾退利用实施意见、街区保护更新实施意见、历史文化街区和历史建筑保护管理办法，开展南中轴地区规划编制，推动特定风貌管控区在途项目实施。印发实施《北京推进国际交往中心功能建设专项规划》，推进新国展二、三期，冬奥会场馆及基础设施等重点地区、重点工程规划建设。完成《北京科技创新中心建设规划初步纲要》《北京科技创新中心建设专项规划》技术编制。

推动区域协同发展。编制市（域）郊铁路线网规划，初步建立近期建设项目库，推进京唐城际铁路、轨道交通平谷线等项目建设。推动轨道交通线网规划及第三期建设规划，形成一体化储备项目库。推进公交场站、慢行系统、停车等专项规划。完成市政专项规划编制，推进市级市政重点工程储备库建设，实现动态更新。推进丰台站及周边基础设施建设和站城一体化实施。丽泽金融商务区综合实施方案形成阶段性成果。开展房山区青龙湖镇重大文旅项目规划选址。批复大兴临空经济区（北京部分）控规。做好北京儿童医院新院区、首都医科大学分校等项目规划选址。

形成国土空间规划管控体系。印发实施《关于建立国土空间规划体系并监督实施的实施意见》，确立全市“三级三类四体系”总体框架。基本完成控规改革框架体系构建，市政府批复《关于落实北京城市总体规划深化控制性详细规划管理工作的若干意见》。推进新版街区控规编制。加强镇村规划建设引导，2915 个美丽乡村村庄规划应编尽编。

健全规划引领项目生成的规划实施机制。印发《稳增长促发展加强规划编制与实施的管理意见》，基本建立“审”“批”分离的审批制度；印发规划综合实施方案编制办法，通过“多规合一”平台推进试点。探索建立市、区两级重点项目联动机制，试行规划实施专员制，建立“一平台、双通道、四分析”大数据管控体系，助力重点项目落地。

推进城市有机更新和城市设计管理。系统梳理存量空间资源，确定重点更新街区，组织编制全市街区更新专项规划。推动责任规划师下沉街乡。制定出台《北京市城市设计管理办法（试行）》，试行 5 个城市设计专项导则，开展“小空间大生活——百姓身边微空间改造行动计划”。推进首都公共空间艺术品建设管理，开展“共筑京彩——大师做小品”专项行动，启动第一批项目方案征集。

实施全域全要素空间管控。完成生态保护红线、永久基本农田、城镇开发边界三条控制线评估调整。发布城乡建设用地减量实施计划，推动集体建设用地减量提质。出台战略留白用地管理办法，完成 132 平方千米战略留白用地落图落位。开展 200 万亩（13.33 万公顷）耕地保护空间调整优化，推进土地整治项目新增耕地验收核查。

加强自然资源管理制度改革。首次承接国务院授权和委托占用基本农田的集体土地征收，完成 126 个建设项目用地审批。完善土地资源配置机制，制定差别化土地供应政策和定价机制，制定批而未供处置配套政策，超额完成年度闲置土地处置任务。制订《北京市自然资源资产产权制度改革方案》，建立健全资产情况报告制度。完成国土三调工作，按期上报全市三调统一时点更新成果。供应建设用地 3751 公顷。稳步推进集体土地建设租赁住房，出台《关于进一步加强集体土地租赁住房规划实施工作的意见（试行）》。推动高精尖产业用地政策实施，制定存量国有建设用地盘活利用指导意见，完善建设用地使用权转让、出租、抵押二级市场。

推进国土空间生态修复和地质灾害防治。组织编制全市国土空间生态修复规划和矿产资源总体规划。推进矿产资源管理改革，明确全市固体矿产、矿泉水和地热资源审批原则。推进矿山生态修复治理，完成矿山生态修复治理项目 13 个，治理面积 280 公顷。完成全市 2019 年度地质勘查成果上报，修订北京市地面沉降防控工作方案。全市发生突发地质灾害 16 起，未造成人员伤亡。

开展基础测绘及地名地理信息工作。稳步实施年度基础测绘，在城市副中心和怀柔科学城开展新型基础测绘试点。编制“十四五”时期基础测绘发展规划，推动《北京市测绘条例》修订。建立北京 2000 城市坐标系，推进京津冀三地基准的一体化。

推进优化营商环境 3.0 版实施。制定《关于持续优化营商环境加快推进重大项目建设的指导意见》，加快推进“清单制 + 告知承诺制”审批改革试点，推行简易低风险项目规划许可施工许可合并办理。推广“互联网 + 不动产登记”线上服务，解决 88 个项目、5.1 万余户业主的不动产登记难题，《北京市不动产登记条例》立法调研取得进展。

严格督察和执法。坚决治理违法用地违法建设，出台北京市禁止违法建设若干规定、规划引领拆违腾地有关问题指导意见，拆既有和控新生成效显著。违建别墅问题、农村乱占耕地建房等专项整治有序推进，密云区实现“基本无违法建设区”创建。印发《依法行政督查督导工作办法》，强化规划管理和执法全过程监督。建立自然资源和国土空间规划督察制度，督促整改历年国家督察指出问题，开展自主督察。

抓好规划自然资源领域问题整改。确定109项治理改革事项，完成率达98%。围绕控规管理、行政审批、土地利用、干部队伍、监督执纪等事项，出台60余项政策文件。推动全市各区、市级相关部门近1200项整改任务落实，完成率达95%。完成实地察访，开展第三方评估。持续推进规划自然资源领域专项巡视反馈问题整改，围绕权力运行关键点研提52条预防措施。

第二节 国土空间规划

一、长安街及其延长线公共空间及重要节点方案征集

1月19日，市规划自然资源委发布长安街及其延长线（复兴门至建国门段）公共空间整体城市设计及重要节点整体营造方案征集资格预审公告，启动征集活动。这次活动按照“试点先行、渐进式实施”方式，以“一街三点”为对象，“一街”即长安街及其延长线（复兴门至建国门段），“三点”即北京音乐厅节点、东单节点、建国门节点，依据《长安街及其延长线品质提升详细规划》，深化和研究两门段公共空间整体城市设计，明确两门段重要公共空间节点所承担的主要功能和设计要求，做好三处重要节点的整体营造方案设计。5家由院士大师牵头的设计团队入围本次方案征集。7月中旬，完成方案中期评审，邀请专家对中期成果进行预沟通、预把关，确保方案研究的深度、厚度和方向。12月初，邀请9名城乡规划、建筑、历史文化、风景园林、交通等专业的专家组成评审委员会，完成方案终期评审。截至年底，正在由市规划院进行方案综合。

二、小汤山医院改建设计方案审定

1月23日，市委、市政府决定紧急启动小汤山医院改造和新病区建设工程，作为市级定点收治后备医院，应对全市新冠肺炎疫情。深夜，市规划自然资源委接到小汤山医院改建项目方案研究任务，迅速启动应急工作机制，查阅2003年所建小汤山非典集中收治医院的历史档案资料，收集大型传染病医院设计实践经验材料，整理出小汤山医院基础数据，总结出大型传染病医院建筑设计特点、规划布局基本原则、医院选址注意事项及周边配套设施要求等信息。1月29日，审查确定小汤山医院改建设计方案。3月16日，小汤山医院正式启动运行。

三、京雄高速公路（北京段）用地预审获批

3月，落实国务院关于授权和委托用地审批权的决定，北京市承接相关用地审批权。6月29日，市规划自然资源委批准北京市承接国家用地审批权后的首个项目，核发京雄高速公路（北京段）项目用地预审意见。京雄高速公路起点为西五环路，途经丰台区、大兴区、房山区，跨越永定河、小清河等河流，至北京市界与河北段公路相接，北京段全长约27千米，用地面积约257公顷。

四、国土空间规划总体框架确立

4月12日，《中共北京市委、北京市人民政府关于建立国土空间规划体系并监督实施的实施意见》（以下简称《实施意见》）印发实施。《实施意见》建立权责清晰、科学高效的国土空间规划体系，对监督实施提出全面要求，确立北京市市、区、乡镇“三级”，总体规划、详细规划、专项规划“三类”，规划编制、规划实施、规划监督、规划保障“四体系”的“三级三类四体系”国土空间规划总体框架。

五、开展乡镇国土空间规划编制

4月，全市乡镇国土空间规划编制工作启动。市规划自然资源委持续完善“一个工作方案 + 一个编制导则、一个指导意见、一个编审流程、一个审查要点、一个数据平台 + 一个生态指引”的“1+5+1”工作体系，成立乡镇国土空间规划工作专班，对乡镇国土空间规划编制工作进行两轮调度，研究深化乡镇集中建设区控制性详细规划技术规范和编审程序，印发乡镇地区生态要素和生态空间规划编制指引，推动集体建设用地统筹试点。11月至12月，对全市9个涉农区（密云区、顺义区、怀柔区、昌平区、门头沟区、房山区、大兴区、延庆区、平谷区）的乡镇国土空间规划编制完成情况进行考核。截至年底，纳入此次考核的40个乡镇，都报送了规划编制成果。

六、市（域）郊铁路线网规划编制完成

5月，市规划自然资源委、中国国家铁路集团有限公司发展和改革部共同组织北京市基础设施投资有限公司、北京城市铁路投资发展有限公司、北京铁路局及北京市城市规划设计研究院等10余家规划设计单位，组成路市市郊铁路网规划专班（路：指中国国家铁路集团有限公司；市：指北京市），开展市（域）郊铁路线网规划编制。规划编制与北京市轨道交通线网规划及第三期建设规划项目库相衔接，系统分析北京市与铁路发展诉求，逐项梳理市郊铁路廊道现状及规划情况，路市双方在理念、思路、技术等方面取得共识。11月7日，市（域）郊铁路线网规划经市委城市工作委员会主任专题会审议通过。

七、城市副中心综合交通规划实施方案编制完成

5月，市规划院编制完成《北京城市副中心综合交通规划实施方案》。该方案编制于2019年5月启动，开展了轨道交通近期方案与用地开发协调性分析、道路规划实施方案、公交系统规划实施方案及规划设计导则、步行和自行车交通系统规划实施方案、停车系统规划实施方案、中小学周边交通环境提升及机制体制研究6个重点专题研究。该方案从“促疏解、搭框架、补短板、树典范”四方面着手，以保障市级机关正常运行、解决干部职工通勤需求、支持重点功能区建设、补充道路和公交及停车等基础设施、推进交通治理、改善交通秩序为重点，提出交通规划实施措施、方案和项目库。

八、冬奥会（首钢赛区）周边市政综合规划编制完成

7月，市规划院编制完成《2022年北京冬奥会（首钢赛区）周边市政综合规划》。该规划立足“高端产业综合服务区”和“国家级体育产业示范区”功能定位，分析综合管廊规划建设背景及必要性，综合考量区功能布局、土地利用、道路系统、市政专项、地下空间等多因素，确定“有机衔接、层次分明、安全高效”的综合管廊系统布局；优化市政管网布局，减少直埋管线敷设，对舱室划分、净距要求等进行创新性探索；

对与其他地下工程（地铁、商业等）和地面景观等协调统一提出控制要求，以达到整体优化、高效利用地下空间资源，建设可持续发展的韧性城市标准。

九、城市副中心组团控规深化方案审议通过

8月20日，《北京城市副中心组团控制性详细规划深化方案》（以下简称《城市副中心组团深化方案》）经市委市政府城市副中心建设领导小组专题会议审议通过。《城市副中心组团深化方案》由城市副中心党工委管委会组织编制，是城市副中心“1+12+N”规划体系的重要组成部分，是《北京城市副中心控制性详细规划（街区层面）（2016—2035年）》（以下简称《城市副中心控规》）的技术深化方案。《城市副中心组团深化方案》层层分解落实《城市副中心控规》系统性管控要求，建立“街区—细分单元—地块—建筑”逐级传导的规划管控体系，保障规划落地不变形、不走样。

十、首都功能核心区控规获批

8月21日，《首都功能核心区控制性详细规划（街区层面）（2018—2035年）》（以下简称《核心区控规》）获中共中央、国务院批复。2月3日，市政府召开常务会议，审议通过《核心区控规（送审稿）》。2月22日，市委十二届十二次全会召开，审议通过《核心区控规（送审稿）》，一致同意按程序上报党中央、国务院审定。7月2日，习近平总书记主持召开中央政治局常委会会议，审议《核心区控规》并发表重要讲话。

十一、中轴线申遗保护三年行动计划印发实施

8月21日，《北京中轴线申遗保护三年行动计划（2020年7月—2023年6月）》由北京市推进全国文化中心建设领导小组印发实施。该行动计划由市规划院编制，以2023年6月迎接国际遗产专家现场考察为时间节点，对标申遗要求，以申遗成功“最小代价”为原则，对《北京中轴线申遗综合整治规划实施计划》项目库进行必要性与可行性评估，遴选形成价值阐释、保护管理、环境整治、公众参与、保障机制五大方面48项具体任务，并逐一明确主责牵头单位、配合单位及完成时限。

十二、城市副中心拓展区规划审议通过

8月，《北京城市副中心拓展区规划（2016—2035年）》经市委市政府城市副中心建设领导小组专题会议审议通过，与《城市副中心组团深化方案》共同成为《城市副中心控规》的重要补充。该拓展区规划由城市副中心党工委管委会组织编制，以全面深化落实上位规划为核心，以延伸拓展城市副中心质量为重点，在通州区总体规划基础上，衔接全市国土空间规划体系要求，动态对接相关专项规划、镇域规划和实施计划，将《城市副中心控规》确定的重点任务向拓展区进行分解，提升拓展区生态空间建设质量和基础设施保障水平，形成上下闭合、覆盖全域的国土空间规划体系。

十三、城市副中心文旅区规划实施方案编制完成

8月，市规划院编制完成《北京城市副中心文化旅游区规划综合实施方案》。该方案以环球主题公园落地为契机，抓住环球主题公园产业带动作用，致力于将文化旅游区打造成文化旅游新地标、文创科技新高地、国际交流新窗口；在交通保障、产业发展、城市风貌、建设实施等方面

提出优化目标及工作要求，保障环球主题公园项目建设。

十四、国际交往中心功能建设专项规划印发实施

9月1日，《北京推进国际交往中心功能建设专项规划》印发实施。该专项规划由市规划自然资源委、市委外办、市政府外办共同组织编制，坚持目标导向和问题导向，立足于强化重大国事活动服务保障、国家高端要素集聚承载、北京开放发展动力支撑、城市对外交往示范引领，统筹硬件和软件建设、需求和供给管理、国际与国内资源、官方和民间交往的需要，完善国家交往中心功能体系，延承历史格局，拓展新兴承载空间，制定北京推进国际交往中心功能建设的发展目标与体系布局，确定“一核、两轴、多板块”的空间布局，擘画未来15年的发展蓝图。6月9日、6月24日，该专项规划分别经市政府常务会议、市委常委会会议审议通过。

十五、集体土地租赁住房规划实施

9月18日，市规划自然资源委印发《关于进一步加强集体土地租赁住房规划实施工作的意见（试行）》。该意见根据居住人群需求特点，将集体土地租赁住房分为成套租赁住房和非成套租赁住房两类；结合两种类型居住需求，明确公共服务设施配置、停车配比、建筑间距及日照、建筑消防等方面参照执行设计标准。同日，印发《集体土地租赁住房典型设计合集》，提供丰台区成寿寺等可参考、可推广的典型设计案例。共同指导和推进全市集体土地租赁住房规划选址布局和设计方案编制审查。

十六、核心区控规三年行动计划印发实施

9月18日，《首都功能核心区控制性详细规划三年行动计划（2020—2022年）》（以下简称《三年行动计划》由市委办公厅、市政府办公厅印发实施，成为全市落实核心区控规的行动指南。该《三年行动计划》提出核心区控规实施的主要目标和工作思路，从规划编制、重点地区及重点功能区、专项治理工作、政策机制四个方面确定80项具体任务。截至年底，全市需在2020年取得阶段性进展的74个项目，有66个项目完成、8个项目正在有序推进。

十七、第一批轨道微中心名录获批

9月30日，市政府批复《北京市轨道微中心名录（第一批）》。全市第一批划定71个轨道微中心，涉及14个区、28条线路。轨道微中心的划定，立足于未来形成全市功能复合、高品质、服务人民的活力中心，综合考量站点在轨道交通线网中的功能定位、交通级别、周边用地、区位条件等因素，在对近期线路规划设计再深化和听取各区建议基础上，综合判定选取。轨道微中心具有五个特征，即：活力共享、复合多元、高效集约、便捷出行、空间宜人。截至年底，第一批轨道微中心有55个落实规划编制主体，21个完成一体化规划设计方案，11个完成规划综合实施方案编制，35个完成街区控规编制，6个完成周边土地储备，4个完成或部分完成周边土地入市。

十八、殡葬设施专项规划审议通过

10月，《北京市殡葬设施专项规划（2018—2035年）》经市委城工委会议审议通过。该规划是全市首个涵盖市、区、镇三个层面的殡葬设施专项规划，以满足人民群众多样化殡葬服务需求

为出发点和落脚点，开展现状殡葬设施摸底，搭建殡葬设施空间数据库，建立多部门联动规划工作平台；以殡仪馆、经营性公墓、镇级以上公益性公墓为重点，明确殡葬设施发展目标，强化用地规范管理，完善设施体系；突出“刚弹结合”原则，充分考虑短期内公益性公墓布局难以稳定的现实情况，制定详细的安置需求和用地规模预测说明，明确选址要求，指导分区专项规划及乡镇国土空间规划中殡葬设施相关内容的编制和空间落位。

十九、城市副中心综合交通枢纽市政基础设施规划方案获批

11月12日，《北京城市副中心综合交通枢纽市政基础设施规划方案》获市委、市政府批复。该规划方案针对东六环油气生命线局部改移工程、下凹桥防涝模拟研究、地下空间市政管线穿越条件研究等多个技术难点，由市规划院统筹市政设计、燃气、水力、电力、航油等多家设计单位，搭建规划设计一体化平台，共同编制完成。

二十、东城区、西城区落实核心区控规三年行动计划印发实施

11月，《西城区落实首都功能核心区控制性详细规划三年行动计划（2020—2022年）》印发实施。12月，《东城区落实首都功能核心区控制性详细规划三年行动计划（2020—2022年）》印发实施。这两个三年行动计划，进一步细化分解《首都功能核心区控制性详细规划三年行动计划（2020—2022年）》，分别统筹东城区与西城区的功能、社会、风貌、产业、文化、治理等方面工作，以街区为单元，对各类建筑、公共空间、服务设施、城市部件等街区保护更新对象，采取条块结合、时空匹配的方式，形成涉及重点地区、重要专项、规划编制与机制探索三方面的实施任务，指导街区保护更新工作有序实施，推进城市更新与老城复兴。

二十一、公安派出所设施专项规划编制完成

12月16日，市规划院编制完成《北京市公安派出所设施专项规划（2020—2035年）》。该规划摸清当前全市公安派出所设施现状和面临问题，结合人口分布、重要功能区布局、轨道交通线网等内容，综合考虑公安部门治安管理需求，对公安派出所规划建设标准进行专题研究，按照城市总体规划确定的各圈层不同区域发展本底条件，有针对性地提出规划策略；基于警力快速响应的派出所空间布局优化方法，对全市规划派出所设施进行统筹布局，并对接街区指引编制，保障规划派出所设施后续落地实施。

二十二、轨道交通线网规划通过专家评审

12月8日，《北京市轨道交通线网规划（2017—2035年）》通过专家会评审。该规划由市规划院编制，围绕北京市“四个中心”功能建设，面向区域和“四网”（高铁城际网、区域快线网、地铁快线网、地铁网），融合推动京津冀协同发展；以促进轨道交通高质量发展、轨道与城市融合发展为目标，以确定“规模、层次、布局、方案、实施”为核心，着力推进京津冀一体化融合综合交通建设。规划按照内面外廊、空间差异、快普统筹、枢纽锚固等布局原则，构建多层次一体化的轨道交通规划方案，建立北京市轨道交通线网规划总体蓝图，提出规划实施路径和保障。规划着眼于京津冀城市群，打破行政边界，聚焦空间集约，注重时空统筹，立足服务人民，

实现从增量规划到高质量发展规划、从项目建设到用地融合、从战略支撑转向主动引领城市发展、从交通专项规划转向统筹协同规划的转型。

二十三、综合立体交通网规划编制完成

12 月 18 日，市规划院编制完成《北京市综合立体交通网规划》。该规划结合北京市交通基础和资源条件，围绕强化国际综合交通枢纽城市建设、促进京津冀城市群协同发展、建立超大城市交通治理体系三大战略方向，建立多维度、多方式、多层级的综合立体运输服务网络，从优化网络布局、推进交通方式融合、强化城市内外交通衔接、建立可持续城市交通系统等方面提出规划策略；探索以科技创新应用和体制机制创新为动力，形成不依赖于空间和资金等资源要素驱动的交通系统高质量发展新路径。

二十四、北京市城市设计管理办法（试行）印发

12 月 21 日，市规划自然资源委印发《北京市城市设计管理办法（试行）》（以下简称《办法》）。该《办法》明确城市设计包括与国土空间规划相衔接的管控类城市设计、与规划管理和规划实施相对应的实施类城市设计，提出概念类城市设计分类，促进城市设计在统筹空间要素、优化功能、改善环境、提升品质、传承文化等方面发挥作用。

二十五、人民防空建设规划编制完成

12 月，市规划院编制完成《北京人民防空建设规划（2018—2035 年）》。该规划由市人防办、市规划自然资源委、中央直属机关人防办、中央国家机关人防办共同编制，构建与现代战争形态相适应、与北京市“四个中心”战略定位相匹配的首都现代人民防空体系，构建“一核一主一副，多点一区成网”的北京城市总体防护结构，是新时代首都人民防空发展的新蓝图。

二十六、公交场站专项规划编制完成

12 月，市规划自然资源委、市交通委、北京公共交通控股（集团）有限公司联合编制完成《北京市公交场站专项规划（2020—2035 年）》。该规划落实公交优先理念，针对公交场站占地多、临时用地多、投资渠道单一、实施难等问题，聚焦服务线的首末站和车的停保站（中心站和保养场），坚持系统思维、问题导向，按照“分类施策、优化布局，综合利用、节约用地，动态平衡、有序衔接，强化实施、明确路径”思路，提出“政策 + 技术”方案；注重地面公交与轨道交通协调发展，分圈层明确地面公交定位作用，分区域分类别优化场站布局；鼓励场站综合开发，与城市融合发展，集约节约用地；突出问题导向，推进临时场站向规划场站平稳有序转移；强化实施研究，根据场站类型明确实施路径，提出配建首末站引入社会资本建议；与《北京市地面公交线网总体规划》相协调，确定场站数量、规模和布局，提出“十四五”建设规划建议，分解规划实施工作任务。

二十七、怀柔科学城控规技术审查完成

12 月，市规划自然资源委完成《怀柔科学城控制性详细规划（街区层面）（2020—2035 年）》技术审查。该控规立足怀柔科学城战略定位，着力突出综合性国家科学中心的源头优势、国家重大科技基础设施布局的强度优势、首都生态涵养区的自然人文优势，系统构建“创新生态体系”

与“自然生态体系”高度融合的整体格局；适应怀柔科学城发展特点，在技术创新和规划策略上着力突出整体性、系统性、可实施性、包容性、经济适用性和目标长远性。

二十八、城市副中心站及周边地区综合交通规划编制完成

12月，市规划院编制完成《北京城市副中心站及周边地区综合交通规划》。该规划以公共交通为核心，步行和自行车优先发展为理念，融合“站城融合、设施共享、人本优先、系统综合”规划原则，整体构建“高效畅通、人本优先、绿色生态、智慧有序”综合交通体系，打造站城融合的综合交通枢纽；对外依托多层次轨道交通系统及多层级地面公交线路，构建“大公共交通”服务体系，提升公共交通竞争力；对内构建“1+N+X”服务体系，即：通过一张立体步行网络，串联N个分散于街区的交通核，围绕交通核整合地铁出入口、自行车停车位、公交站台、出租车及小汽车等X种资源，强化“轨道＋步行”主体模式地位，街区内步行网络密度约15千米／平方千米。规划通过“多路来、多路解”的小汽车交通组织方式，结合近远期柔性过度的小汽车规划管理手段及政策，进一步降低小汽车出行依赖性。规划引入智慧交通系统，依托“规划＋管理＋引导”路径，以实现“站城融合”规划愿景。

二十九、2019年度北京城市体检

年内，北京市在总结前两年工作经验基础上，进一步完善城市体检工作制度和方法，采取政府自检和第三方体检同步进行、各有侧重的方式，组织开展2019年度城市体检。政府自检在市属12个部门、16个区及北京经济技术开发区自检报告基础上，围绕城市总体规划指标体系年度监测数据和2020年工作，聚焦“首都功能、城市规模、底线约束、空间结构、城市韧性、运行体系、协同发展”七大领域规划实施情况，重点运用市规划自然资源委信息平台空间数据，包括“现状一张图”中的三调数据、地理国情普查数据，“规划一张图”中的分区规划数据，“审批一张图”上的各类审批数据，总结城市总体规划实施情况、需关注问题和下阶段工作建议，形成《2019年度北京城市体检自检报告》。第三方体检由北京大学首都发展研究院院长李国平领衔，组织中国人民大学、中国科学院、中国城市规划设计研究院等6家单位，开展十个方面专题研究，形成《2019年度北京城市体检第三方报告》。11月5日、11月16日、12月2日，城市体检报告分别通过市政府常务会议、市委城工委主任专题会议、市委常委会会议审议通过。

三十、慢行系统规划编制完成

年内，市规划自然资源委编制完成《北京市慢行系统规划》。该规划落实“慢行优先、公交优先、绿色优先”理念，坚持目标导向和问题导向，提出“建设连续安全、便捷可达、舒适健康、全龄友好慢行系统，助力实现碳达峰、碳中和发展”规划目标；归纳总结北京慢行系统特点和主要问题，强调城市道路要由“以车为本”向“以人为本”转变，回归城市生活空间；确定“线贯通、点覆盖、增体验、定规则”规划方案，提出“保路权、补短板、提品质、广宣传”实施策略，从规划编制、系统建设、环境整治、空间融合、宣传教育五个方面提出工作任务。

三十一、开展国土空间近期规划编制

年内，市规划自然资源委组织开展《北京市

国土空间近期规划暨北京城市总体规划实施工作方案（2021—2025年）》编制。规划编制坚持目标导向和问题导向，立足十五年、看十年、干五年，从指标体系、空间指引、平台搭建、任务分解、机制创新5个维度构建城市总体规划实施第二阶段组合政策工具；统筹谋划城市总体规划实施第二阶段目标指标和重点任务，推动城市总体规划分阶段、按时序分解落实；搭建五年期国土空间开发保护框架，对重大战略、重点项目落地形成空间引导和支撑保障；为年度实施计划编制提供依据，指导年度土地供应、减量发展目标、重点项目建设等计划制订。截至年底，形成初步成果，并多次征求各区、市级相关部门意见建议。

三十二、开展防疫设施专项规划编制

年内，市规划自然资源委、市卫生健康委共同组织市规划院开展《北京市防疫设施专项规划》编制，制订编制工作方案，按照分级管控、分类指导、分区施策原则，从指挥管理、医疗救治、物资供应、交通支撑、生命线支撑、社区防疫6个方面开展专题研究。市规划自然资源委成立防疫规划工作专班，设医疗设施审批应急保障、规划编制、实施政策3个工作小组，按照工作方案推进规划编制。截至年底，市规划院编制形成初步成果。该成果在总结新冠肺炎疫情防控基础上，从系统性和全局性角度，聚焦防疫设施布局建设，开展分区评估，识别城市防疫薄弱地区；划定防疫单元，确定“市—区—街乡—社区”四级防疫单元体系；结合情境模拟预测需求，按照平疫结合思想，分类布局，完善防控救治体系；从物资储供、交通组织、市政保障、应急指挥、智慧引领、完善标准六个方面强化运行系统保障，系统提升城市韧性；按照圈层特点，分解全市16个区的任务。

三十三、美丽乡村规划编制完成

年内，市规划自然资源委成立美丽乡村规划工作专班，建立专班年度任务工作台账，建立专题会议、重大事项报告、工作督查督导等制度。推进村庄规划信息化建设，初步建成村庄规划“一张图”平台应用系统。落实村庄规划月报制度，对存在问题的区及时进行督促指导。截至年底，全市应编制村庄规划2915个，编制完成2915个，编制完成率达100%，实现村庄规划“应编尽编”；完成审批2699个，审批完成率为92.59%。

三十四、城市副中心地下空间控规组团深化方案编制完成

年内，市规划院编制完成《北京城市副中心地下空间控制性详细规划组团深化方案》。该方案在控规深度建立全域覆盖、全要素统筹的地下空间规划编制与图则管控体系，绘制基于地块精度的城市副中心地下空间一张蓝图，绘制36个街区地下空间图则，促进城市副中心地下空间科学可持续利用；提出各街区地下空间规模管控与利用的引导要求，并纳入《北京城市副中心组团控制性详细规划深化方案》图则体系，指导街区建设。

三十五、大运河沿线景观风貌设计方案征集

年内，市规划自然资源委、城市副中心管委会、通州区政府共同开展城市副中心大运河沿线景观风貌设计国际方案征集，从全球34个应征人、57家应征设计单位中，选出3个团队开展设计工作，最终评选出2个优胜方案。在此基础上，对征集成果进行整合，并取得初步成果。

三十六、轨道交通线网规划及第三期建设规划项目库编制完成

年内，市规划自然资源委组织开展北京市轨道交通线网规划及第三期建设规划项目库编制。按照“政府协调组织、专家领衔指导、部门密切合作”工作组织模式，建立4个工作协作平台，统筹市发展改革委、市财政局、市交通委、市人防办、市园林绿化局等部门联合参与；邀请国内顶级专家顾问团队，组织10余家规划设计团队共同编制；坚持“开门编规划”，了解各区诉求，做到信息共享。截至年底，完成规划方案编制。

三十七、干线道路建设发展规划编制完成

年内，市规划院编制完成《“十四五”时期北京市干线道路建设发展规划》。该规划注重干线道路时序优化对城市空间发展的支撑和引导，围绕“协同、共生、增效、织密、提质”策略，构建“十四五”时期干线道路发展格局。实施“协同”策略，推进市域范围规划高速公路网实施，提升国省普通干线网络实施水平。实施“共生”策略，推进干线道路与城市功能相融合、与综合交通其他子系统相协调，提高干线道路多节点、网络化服务能力。实施“增效”策略，打通断头路，强化链接能力，发挥网络整体效益。实施“织密”策略，织密现状干道网，完善路网功能，缓解局部地区交通压力，提高干线道路多通道、多方向服务能力。实施“提质”策略，推进改造提级与活力重塑相结合，延伸干线道路网功能，提升干线道路服务质量。以“五大”策略为统领，提出“十四五”时期干线道路及附属设施项目库与发展要求。

三十八、市郊铁路功能布局规划编制完成

年内，市政府与中国国家铁路集团共同编制完成《北京市郊铁路功能布局规划（2020—2035年）》。该规划注重“四网”（高铁城际网、区域快线网、地铁快线网、地铁网）融合，将市郊铁路网融入全市轨道线网规划，统筹重构轨网布局，按照“内面外廊，以快为先”思路，整合廊道资源、搭建快线骨架、扩展服务区域、提升综合效益；着力站城融合，聚焦市郊骨干廊道，围绕重要站点打造微中心，促进轨道交通与城市协调融合发展；面向实施，明确发展目标、功能定位，并深化研究重点线路实施方案。

三十九、历史文化街区划定和历史建筑确定

年内，市规划自然资源、市住房城乡建设委、市农业农村局、市文物局组成的联合工作小组，研究制定北京市历史文化街区划定标准和历史建筑确定标准，拟定工作规程和具体要求，对全市历史文化街区和历史建筑潜在对象进行摸底调查，明确历史文化街区和历史建筑的保护范围边界，形成数据成果。9月18日，北京市第二批历史建筑315栋（座）向社会公布。12月22日，第三批历史建筑312栋（座）上报市政府审定。完成首都功能核心区历史文化街区划定，划定成果纳入核心区控规一并批复公布，首都功能核心区历史文化街区面积基本达到城市总体规划要求。开展历史文化街区和历史建筑保护管理暂行办法研究制定，截至年底，已通过专家评审。

四十、停车专项规划三年行动计划编制完成

年内，市规划自然资源委、市交通委、各区政府联合编制完成《北京市停车专项规划三年行动计划（2021—2023年）》。该行动计划坚持绿色出行优先的目标导向和缓解停车矛盾突出的问题导向，注重政策机制建设，强调综合施策，突出重点地区和重点领域治理，从“夯实基础、政策先行，聚焦矛盾、专项治理，强化执法、宣传引导”三个方面提出重点工作任务，即：完善相关政策机制，逐步构建全市科学合理的停车管理体系；坚持挖潜、建设、管理、执法并举，缓解当前停车矛盾，建设良好停车环境；构建符合市场化规律的价格体系，逐步提高停车成本，降低居民购车意愿和使用强度，实现出行方式转变。

四十一、长安街西延长线及永定河北京段城市设计研究

年内，市规划自然资源委继续组织开展长安街西延长线及永定河北京段城市设计研究。梳理长安街与永定河的历史文化，汇总整理现有法律法规、规划和相关研究成果，明确现状与问题，提出长安街西延长线、永定河北京段的目标愿景与城市设计原则。对核心区段进行深化研究，对区域文化、用地功能、城市形态、特色风貌、生态环境等进行优化提升。在核心区段中选取2～3个重要节点作为示范，开展深入研究，结合整体城市设计要求，有针对性地进行方案设计，打造文化氛围浓郁、城市功能完备、风貌和谐统一、生态环境优美的综合节点。

四十二、建设项目规划核验

年内，全市完成规划核验958件，建设规模3635.6万平方米。开展地下管线工程规划核验备案128件，管线备案长度14.74万米。重点完成轨道交通房山线北延工程、十六号线中段工程等项目规划验收。

四十三、15个院区发热门诊改造

年内，市规划自然资源委、市医院管理中心共同应对新冠肺炎疫情防控，开展市属医院发热门诊改造，全面提升发热门诊服务水平和核酸检测能力，确定13个医院（15个院区）发热门诊改扩建方案，按照临时设施、临时建筑、永久建筑等不同情况，分别明确快速办理流程，保证项目及时开工。

四十四、施工图审查

年内，市规划自然资源委完成房屋建筑类项目施工图审查3391项、5908万平方米，发现并纠正违反工程建设强制性条文1363条、违反一般性规范条文172775条；完成勘察类项目施工图审查1283项，发现并纠正违反强制性条文122条、违反一般性规范条文6428条；完成市政基础设施类项目施工图审查396项，发现并纠正违反强制性条文154条、违反一般性规范条文5248条。

第三节 土地资源

一、战略留白用地管理

4月8日，市政府印发《北京市战略留白用地管理办法》，明确在保持战略留白用地总量平衡和严格现状管控的同时，加强战略留白用地过程管控和动态治理，逐步从部分有待拆迁地上物的规划留白地块到实现“留白用地真正腾退变白”，从部分零散不成规模的留白用地到实现“布局更加集约优化”。年内，市规划自然资源委进一步印发《关于加强战略留白用地管理的实施方案》，加强战略留白用地管理。2019年，北京市结合各区分区规划（国土空间规划）编制，在全市统筹划定约132平方千米战略留白用地，原则上2035年前不予启用。

二、临时用地管理

10月20日，市规划自然资源委印发《关于规范和加强临时用地管理的意见》，明确临时用地使用范围，规范临时用地审批事项，落实临时用地恢复责任，严格临时用地监管。

三、年度建设用地供应计划

2020年全市建设用地计划供应3710公顷。其中，交通运输用地1600公顷、水域及水利设施用地30公顷、特殊用地20公顷、公共管理与公共服务用地650公顷、产业用地410公顷（研发用地180公顷、工矿仓储用地130公顷、商服用地100公顷）、住宅用地1000公顷（产权类住宅用地870公顷、租赁类住宅用地130公顷）。

四、年度建设用地供应计划实施

2020年全市实际供应建设用地3751公顷。其中，交通运输用地1570公顷、水域及水利设施用地20公顷、特殊用地2公顷、公共管理与公共服务用地690公顷、产业用地439公顷（研发用地153公顷、工矿仓储用地177公顷、商服用地109公顷）、住宅用地1030公顷（产权类住宅用地896公顷、租赁类住宅用地134公顷）。住宅用地中，商品住宅用地入库613公顷、供应314公顷，保障性安居工程用地283公顷，公租房用地80公顷，集体土地租赁住房用地54公顷。

五、2001—2020年国有建设用地入市交易情况

2001年至2020年，全市共有2385宗、20167.69公顷土地入市成交，成交价款为20881.72亿元，其中政府土地收益为10048.57亿元。

六、土地市场供应

年内，全市土地交易市场成交土地87宗、土地面积488.09公顷，规划建筑面积958.89万平方米，成交价款1931.53亿元，其中政府土地收益623.76亿元。

七、建设用地项目审批

年内，市规划自然资源委加快建设用地项目审批，指导用地单位解决申报过程中出现的地类、权属、转非人员安置等问题；对申请办理征地及

农转用手续的项目，在保护被征地农民合法利益前提下，认真审查、依法报批。落实国家授权和委托用地审批权有关规定，制定《北京市国家委托用地审批权事项审查工作细则》，确保建设用地审批权“接得住、管得好、可持续”。截至年底，全市办理126个项目的征地及农转用初审，批准建设用地1848公顷。其中，国务院委托北京市批准用地审批权项目1个（京张高铁延庆段），批准建设用地64公顷；授权北京市批准用地审批权项目1个（秦城监狱），批准建设用地8公顷；北京市政府批准建设用地1776公顷；新增建设用地543公顷，其中农用地转用533公顷（含耕地149公顷）。

八、耕地保护

年内，市规划自然资源委坚守全市166万亩耕地保有量和150万亩永久基本农田保护面积底线，研究耕地保护政策机制，多措并举落实占补平衡，开展新增耕地核查，做好耕地保护专项督察。结合耕地保护实际，出台系列政策文件，不断完善具有区域特色的耕地保护政策体系。将200万亩耕地保护空间与三调成果进行比对分析，逐地块核实，全面调整优化200万亩耕地保护空间。完成全市耕地核查，实现建设占用耕地占补平衡数量质量双到位，落实耕地占补平衡207.36公顷，土地整治入库新增耕地2591.80亩（172.79公顷）。贯彻落实国务院办公厅坚决制止耕地“非农化”行为要求，市政府于11月18日批复《北京市坚决制止耕地“非农化”行为工作方案》，确定工作原则，明确任务分工，开展耕地和永久基本农田保护检查。

九、2020年度城市地价动态监测

年内，北京市开展2020年度城市地价监测，定期收集、汇总、整理、分析，形成季度和年度监测成果，实现对地价变动情况实时监测，及时准确把握土地市场运行态势和价格走势。监测标准宗地575宗，其中，国家级监测范围内标准宗地285宗（居住102宗、商业104宗、工业79宗），市级监测范围内标准宗地331宗（居住96宗、商业80宗、办公155宗），国家级和市级同时监测的标准宗地41宗（居住18宗、商业23宗）。

十、第三次全国国土调查

年内，北京市三调办持续推进全市第三次全国国土调查。完成阶段性成果分析。北京市三调办根据2019年“12·12”版全市三调阶段性数据成果，组织开展三调阶段性成果分析。5月12日，市政府召开常务会议，研究全市第三次全国国土调查工作。5月20日，市委常委会召开会议，听取全市第三次全国国土调查工作情况汇报。

完成统一时点更新调查，按期上报全市三调统一时点更新成果和整改成果。开展以2019年12月31日为时点的统一时点更新调查，完成2018—2019年全市约28万个变化图斑的外业调查和实地举证。8月11日，全市三调统一时点更新成果上报全国三调办。9月3日，向市政府上报《关于北京市第三次全国国土调查近期工作情况的报告》。10月14日，将全国三调办反馈的整改图斑和国家自然资源督察北京局第二轮督察指出的问题图斑全部整改到位，上报统一时点更新整改成果，为全国第一家上报统一时点全部整改数据成果的省市。

做好三调专项督察的迎检和整改。根据国家自然资源督察北京局反馈及自然资源部公开通报的问题，完成北京市2019年全国三调专项督察整改。6月9日至7月8日，国家自然资源督察北京局对北京市三调办和昌平区、顺义区、怀柔区、延庆区、密云区5个区三调初始调查复核成果进行第一轮专项督察。8月27日至9月16日，按照第三次全国国土调查统一时点更新督察工作安排，国家自然资源督察北京局对北京市和督察重点区（昌平区、顺义区、延庆区、密云区、房山区、大兴区）开展第二轮专项督察。

严格成果质量核实核查。各区三调办完成区级成果自检。北京市三调办采取委托第三方开展全面内业核查和对重点地类开展外业抽查的方式，开展市级核查。6月17日至7月22日，北京市三调办核查昌平区、顺义区、怀柔区、密云区4个区的疑问图斑，督导通州区、延庆区、海淀区、平谷区4个区的外业工作，内业抽查通州区、平谷区、门头沟区、密云区、石景山区、延庆区、顺义区7个区的成果质量。9月27日至30日，北京市三调办召开三调统一时点更新调查国家级核查问题整改成果审定会，对全市16个区的全国三调办反馈统一时点整改图斑、督察整改图斑、自查自纠图斑、军用土地核查情况逐图斑进行核查。

完成保密自查自纠。按照全国三调办关于开展三调保密自查自纠工作要求，全市按照第一阶段区级自查自纠（3月6—16日）、第二阶段市级自查自纠（3月17—31日）“两个阶段”，以保密主体责任落实情况、保密相关规定制订及落实情况、涉及调查工作的硬件管理及办公环境情况、三调保密资料交接台账为重点，组织北京市三调办及17个区级三调办和21家作业队伍开展保密自查自纠。10月，全面完成保密自查自纠。

开展耕地资源质量分类。北京市三调办制定全市第三次全国国土调查耕地资源质量分类工作实施方案和工作计划，多渠道获取耕地资源质量分类所需的各类基础数据，完善全市耕地资源质量分类工作实施细节，保证数据真实、准确、可靠。

做好三调档案的整理完善及三调成果研究分析。北京市三调办逐一核对全国三调办下发的文件，列表列项，整理完善三调相关档案资料，指导各区整理完善三调工作档案资料。组织编制北京市第三次全国国土调查成果分析报告，从全市土地利用现状、三调前后土地利用变化特征、重点地类变化趋势、土地利用现状与规划指标对比等方面，开展三调成果数据分析。

做好三调工作中的疫情防控。1月26日，北京市三调办印发《关于加强全市三调各作业队伍人员的防疫管理的通知》，第一时间对366名离京人员进行摸排统计。1月31日，印发《关于在第三次全国国土调查中加强对新型冠状病毒感染的肺炎防控工作的通知》。2月20日，印发《关于新型冠状病毒感染肺炎疫情防控期间组织开展三调网络培训和技术答疑的通知》。做到“一手抓疫情防控、一手抓三调复工复产”。

十一、不动产登记量

截至年底，全市不动产登记申请量为104.75万件，其中受理业务96.99万件；完成登簿95.2万件，其中通过网络实现不见面办理30.85万件（网上办理抵押29.33万件、网上办理查封1.5万件、企业间办理存量非住宅不动产交易登记248件），占登簿量的32.41%；发放不动产权属证书75.4万本（份），其中《不动产权证书》50.2万本、《不动产登记证明》25.2万份。查询233.2万次，其中网上查询178万次，占全年查询量的76.33%；查询机查询55.2万次。

十二、农村不动产权籍调查和确权登记

年内，市规划自然资源委组织开展宅基地、集体建设用地权籍调查，研究制定《关于开展房地一体的宅基地、集体建设用地权籍调查和确权登记工作的意见》《房地一体的宅基地、集体建设用地权籍调查和确权登记工作社会稳定风险评估报告》《北京市房地一体的宅基地、集体建设用地权籍调查和确权登记工作方案》。12 月 8 日，《北京市房地一体的宅基地、集体建设用地权籍调查和确权登记工作方案》经市政府常务会议审议通过。同步开展“北京市农村不动产权籍调查技术路线指南”研究，开展宅基地基础数据摸排统计。

十三、林权类不动产登记

年内，市规划自然资源委落实自然资源部办公厅、国家林业和草原局办公室《关于进一步规范林权类不动产登记工作 做好林权登记与林业管理衔接的通知》，会同市园林绿化局、市农业农村局，研究探讨职能调整及任务分工，推进全市林权类不动产登记工作规范及林权类地籍调查调整。10 月 22 日，昌平区不动产登记事务中心完成全市首例集体土地林权类不动产调查、首次登记，核发全市第一本集体土地林权不动产证书。

十四、推进解决历史遗留不动产登记问题

年内，北京市市区两级不动产登记部门持续完善政策、优化流程，主动对接“接诉即办”市民服务热线，全面摸排群众诉求，推进历史遗留不动产登记问题解决。截至年底，妥善解决 88 个项目的历史遗留问题，为 5.1 万余套房屋颁发不动产权证书。海淀区、密云区、东城区、朝阳区、丰台区等区解决的项目数及解决率均较高。

第四节　地质矿产资源

一、废弃矿山生态环境修复治理

4 月 26 日，市规划自然资源委、市财政局、市园林绿化局联合印发《关于做好北京市废弃矿山生态环境修复治理工作有关事项的通知》，明确 2014—2019 年废弃矿山治理项目由规划自然资源部门分批次移交给园林绿化部门，明确自 2020 年起，市规划自然资源委、市园林绿化局共同负责废弃矿山治理工作。截至年底，完成昌平区、顺义区、门头沟区、房山区、延庆区、怀柔区、密云区 7 个区 2014—2015 年 82 个治理项目移交。年内，市规划自然资源委落实市政府 2020 年底前完成 200 公顷废弃矿山治理修复任务要求，在丰台区、顺义区、门头沟区、房山区、平谷区、密云区 6 个区组织开展 13 个矿山生态修复治理。截至年底，治理面积 280 公顷。

二、停止固体矿产和矿泉水资源矿业权审批

6 月 19 日，市规划自然资源委发布《关于北京市固体矿产和矿泉水资源矿业权审批工作的公告》，经市政府批准，停止全市固体矿产和矿泉

水企业矿业权（探矿权、采矿权）新立审批；现有采矿权到期后，不再办理采矿权延续审批。

三、地热资源矿业权审批

7月13日，市规划自然资源委发布《关于北京市地热资源矿业权审批工作的公告》，地热资源用于国家及市政府重点工程、公益性项目、供暖项目的，可依法办理矿业权新立审批，已取得矿业权的项目，矿业权到期后（含已过期）可办理延续审批；不符合上述用途的项目，矿业权到期后不再办理延续审批；采矿权在有效期内的项目，可按原地热用途继续开采利用，并鼓励向地热供暖回灌方向转型，不能转型的，采矿权到期后采矿许可证自行废止，采矿权注销。

四、地质概况

北京市隶属华北地层大区，晋冀鲁豫地层区的燕辽地层分区和华北平原地层分区。地层由老至新依次沉积太古宇的密云群、四合堂群，元古界的长城系、蓟县系、青白口系，古生界的寒武系、奥陶系、石炭系、二叠系，中生界的三叠系、侏罗系、白垩系，新生界的古近系、新近系、第四系。

北京市山区主要发育有东西向的古北口—长哨营断裂、密云沙厂—墙子路褶皱断裂，北东向的紫荆关—大海陀断裂，南北向的青石岭断裂，北西向的德胜口—小汤山断裂、二十里长山断裂等。平原区历经多期地壳运动，形成一系列北东向的隆起和凹陷，由北西向南东依次是京西隆起、北京迭断陷、大兴迭隆起及大厂新断陷。隆起与凹陷的边界皆为深大断裂所控制，主要为黄庄—高丽营断裂、顺义断裂、南口—孙河断裂、南苑—通县断裂、夏垫断裂等。

五、矿产资源概况

截至年底，北京市发现各类矿产127种（含亚矿种，下同），其中固体矿产121种、水气矿产6种。查明资源储量并编入《北京市矿产储量表》67种、354个矿产地。北京市矿产资源总量不足，仅有煤炭、铁、水泥用灰岩、溶剂用灰岩、冶金用白云岩、饰面用花岗岩、冶金用石英岩、电石用灰岩、制碱用灰岩、饰面用大理岩矿种资源总量相对丰富。煤矿主要分布于门头沟区、房山区；铁矿主要分布于密云区；有色金属矿产主要分布于密云区、延庆区、怀柔区；化工、冶金、建筑用各类石灰岩、白云岩等矿产主要分布于山区与平原交界的西部与北部山区地带。矿产资源勘查程度总体偏低，基础储量所占比例不高，有32个矿种基础储量为零。石油、天然气、有色金属等全部靠京外输入，受禁采限制，砂石土等主要靠周边省市输入。地热资源比较丰富。

六、地质灾害概况

年内，全市突发地质灾害和缓变地质灾害均有发育。突发地质灾害有泥石流、崩塌、滑坡和地面塌陷等类型，主要分布在山区的沟谷、陡坡及构造活动较强烈地区。缓变地质灾害主要有地面沉降，发育在平原区，形成南北两个大沉降区、七个沉降中心。北区主要包含平原区北部和东部的昌平区八仙庄，海淀区西小营，朝阳区金盏、三间房、黑庄户和通州区城区六个沉降中心；南区有平原区南部大兴区榆垡—礼贤沉降中心。

七、突发地质灾害16起

年内，全市发生突发地质灾害16起，其中入汛后发生13起（均为山区公路沿线崩塌灾害），灾害规模均为小型，未造成人员伤亡。

八、平原区地面沉降监测

北京市地面沉降监测网于2004年起正式运行，建有一期工程、二期工程，包含地面沉降站7座、GNSS监测点109个、GNSS连续监测点3个、水准点493个、地面沉降专门地下水动态监测井406组。年内，市地勘院完成监测网年度运行监测。监测表明：平原区地面沉降总体呈减缓趋势。区域平均地面沉降速率为10.85毫米/年，较2019年的13.24毫米/年减小2.39毫米/年，达到区域控沉目标要求。地面沉降速率大于30毫米/年的区域面积为303平方千米，较2019年的755平方千米减小452平方千米；地面沉降速率大于50毫米/年的区域面积为45平方千米，较2019年的217平方千米减小172平方千米；金盏地区沉降速率为85.50毫米/年，为全市最大地面沉降速率点。1955—2020年累计沉降量继续增加，其中朝阳区金盏地区累计沉降量为2229毫米，为全市累计沉降量最大的地方。

九、矿山地质环境监测

截至年底，北京市矿山地质环境监测网在潮河流域、白河流域、永定河流域、泃河流域和大石河流域内建有地下水监测井102眼、地表水监测点508个、地表土监测点1606个、剖面土监测点1103个、定位监测桩1082个（附图21）。年内，市地勘院完成监测网年度运行监测。监测表明：潮河流域、白河流域、泃河流域以开采金属矿为主，金属矿中含重金属元素较多，对周边土壤影响较大，污染物主要为Hg、As、Pb、Cd，来源于矿山开采冶炼产生的废水、废渣及尾矿。永定河流域、大石河流域以开采煤矿为主，污染物主要为As、Cd。通过对土壤环境监测结果综合评价，划分出强风险区域10个，总面积8.612平方千米。

第五节 专项管理

一、智能汽车基础地图应用试点

1月15日，落实市政府高级别自动驾驶示范区建设工作方案和自然资源部关于北京市智能汽车基础地图应用试点批复精神，市规划自然资源委、市经济信息化局联合召开会议，审查通过第一阶段北京市智能汽车基础地图应用试点区域，试点划定在国家智能汽车与智慧交通（京冀）示范区亦庄基地和北京经济技术开发区特定自动驾驶开放道路和开放测试区域，共计111条道路，长度约332千米，区域面积约35平方千米。12月24日，市规划自然资源委、市经济信息化局联合印发《北京市智能汽车基础地图应用试点暂行规定》等政策文件，在政策法规、新技术研究、服务支持等方面给予测试企业更广泛的探索空间。

二、《市政基础设施岩土工程勘察规范》发布实施

3月31日，市规划自然资源委、市市场监督管理局联合发布《市政基础设施岩土工程勘察规范》。该规范结合北京地区特点，在遵循国家

标准、行业标准基础上，把综合管廊、生活垃圾填埋场等市政基础设施类型纳入规范，从技术上指导北京市行政区域内城镇的道路、桥涵、隧道、综合管廊、室外管道、给排水厂站、城市绿地、生活垃圾填埋场和堤岸等市政基础设施工程的岩土工程勘察。自10月1日起实施。

三、第二批轨道交通工程设计图集发布

4月23日，市规划自然资源委发布第二批北京市轨道交通工程设计通用图集、系统图集和安装图集。第二批图集共23本，分别为《标准车站公共区布置图(8A编组地下12米岛式车站)》《标准车站卫生间、污水泵房详图（8A编组）》《设备及管理用房区装修工程做法》《设备及管理用房区建筑详图》《地下车站附属建筑设计通用图（出入口、无障碍电梯口、安全出口）》《车站公共区标识系统明挖基坑支护钻孔灌注桩构造及详图》《矿山法标准单线区间隧道二次衬砌构造及详图》《明挖结构平面整体表示方法制图规则及通用构造详图》《60kg/m钢轨用防脱护轨通用铺设图》《60kg/m钢轨伸缩调节器通用铺设图》《弹条Ⅱ-2型扣件》《弹性长枕》《时速100公里及以下城市轨道交通后张法预应力混凝土单线预制箱梁》《接触轨系统安装通用图》《供电系统电缆支架制作安装通用图》《杂散电流腐蚀防护土建施工通用图》《EPS电源系统通用图》《隧道通风设备及附件通用图》《通信系统构成、设备连接及机房设备平面布置图》《信号系统构成、轨旁及室内设备平面布置图》《自动售检票系统构成、设备平面布置图》《自动售检票系统车站图》。

四、建筑师负责制试点

6月8日，住房城乡建设部办公厅批复同意北京市开展建筑师负责制试点工作。年内，市规划自然资源委在民用建筑和低风险工业建筑项目中，持续推行“全过程工程咨询”和“建筑师负责制”试点，在全市选取商业文化服务、教育、医疗、康养设施及低风险工业建筑等多种类型试点项目，在中小规模建设项目中开展先行先试，由建筑师统筹协调工程建设各环节工作，协助建设单位将建设意图、投资控制和最终功能要求贯彻始终，实现建筑设计的高完成度，有效控制建筑造价，提升建设品质和投资效益。研究制订《北京市建筑师负责制试点指导意见》。

五、北京疫情地图制作发布

6月中旬，落实自然资源部、市委办公厅要求，满足新华网需求，市规划自然资源委紧急制作北京疫情地图，在“天地图·北京”（北京市地理信息公共平台）设立疫情地区专题栏目，对全市疫情高、中风险地区所在乡镇、街道进行地图直观展示。

六、《城市轨道交通车站安检设计标准》发布实施

7月2日，市规划自然资源委、市市场监督管理局联合发布《城市轨道交通车站安检设计标准》。该标准适用于北京市行政区域内新建城市轨道交通工程的安检设计，优化安检区域设计，对安检设备设施标准、安检点位置及布局等做出技术规定。是首部对城市轨道交通车站安检设计进行全面规范的地方标准，填补国内该领域标准空白。自10月1日起实施。

七、《居住建筑节能设计标准》修订发布

7月2日，市规划自然资源委、市市场监督

管理局联合发布修订后的《居住建筑节能设计标准》。该标准提高了建筑节能目标，将北京市居住建筑节能率由75%提升至80%以上，提出能耗指标引导值，将节能水平由20%提高到30%。自2021年1月1日起实施。

八、《住宅设计规范》发布

7月2日，市规划自然资源委、市市场监督管理局联合发布《住宅设计规范》。该规范适用于北京市城镇新建、改建、扩建住宅的建筑设计，提出满足无障碍通行技术要求、提高最小套型面积、增加居住空间采光面积、加强隔声降噪设计等要求，明确各类面积计算要求，强化防坠落、防摔倒的安全设计，注重消防报警等住宅公共安全系统设计。自2021年1月1日起实施。

九、《城市基础设施工程人民防空防护设计标准》发布

7月2日，市规划自然资源委、市市场监督管理局联合发布《城市基础设施工程人民防空防护设计标准》。该标准对城市轨道交通工程、地下联系隧道、综合管廊、地下综合体、综合客运交通枢纽、生产调度指挥中心等6类兼顾人民防空需要的工程，提出防护标准和防护设施设计要求。自2021年1月1日起实施。

十、《海绵城市规划编制与评估标准》发布

7月2日，市规划自然资源委、市市场监督管理局联合发布《海绵城市规划编制与评估标准》。该标准规范城市总体规划、详细规划中的海绵城市规划，以及海绵城市专项规划应包含的内容，构建包含规划指标、项目建设情况、实施保障、公众意见4大类20个评价指标的评估体系。自2021年1月1日起实施。

十一、《海绵城市建设设计标准》发布

7月2日，市规划自然资源委、市市场监督管理局联合发布《海绵城市建设设计标准》。该标准适用于北京市新建、改建、扩建项目海绵城市建设的工程设计，通过源头减排指标、过程控制指标、系统治理指标，对海绵城市建设设计进行把控，合理布局海绵城市相关设施，因地制宜，结合街区有机更新、危房改造、房屋修缮、水电改造、环境整治等，同步实施治理工作。自2021年1月1日起实施。

十二、《钢结构住宅技术规程》发布

7月2日，市规划自然资源委、市住房城乡建设委、市市场监督管理局联合发布《钢结构住宅技术规程》。该规程适用于北京市新建钢结构住宅的设计、施工、验收、使用与维护，强调通过提高建筑层高、强化适老化设计和舒适性设计、加强标识设计，提高空间可改造性，降低建造过程排放，模数协调技术运用，利用装配式装修、集成式厨房、集成式卫生间等装配化技术手段，促进住宅建设发展。自2021年1月1日起实施。

十三、《北京城市轨道交通车辆基地综合利用规划设计指南》发布

9月7日，市规划自然资源委发布《北京城市轨道交通车辆基地综合利用规划设计指南》。该指南适用于全市城市轨道交通车辆基地综合利用项目规划设计工作，指导项目确定适当的用地与建筑规模，合理安排适宜的综合利用功能，配置完善的配套服务设施，实现安全便捷的交通系统。

十四、人工智能审图技术试点

9月10日，北京市建设工程人工智能审图试点工作获住房城乡建设部批复同意。获批后，市规划自然资源委研究确定试点工作从功能简单的办公楼、教学楼等建筑类型入手，重点对消防安全性、结构安全性等进行审查，并在全市数字化审图系统基础上，初步完成系统工作架构梳理，开展多套标准办公楼图纸的计算机语言翻译，完成部分条文的智能识别和程序编制。

十五、《步行和自行车交通环境规划设计标准》发布

9月29日，市规划自然资源委、市市场监督管理局联合发布《步行和自行车交通环境规划设计标准》。该标准落实“以人为本”“绿色发展”理念和步行、自行车优先政策，以建设安全、便捷、舒适的步行和自行车交通环境为目标，以问题为导向，将原则性要求转化为可操作的具体条款；强化保障行人和自行车的独立路权、过街路权和网络连续性，强化盲人出行的无障碍设施保障，提升行人和自行车出行环境的舒适性。自2021年4月1日起实施。

十六、《干线公路附属设施用地标准》发布

9月29日，市规划自然资源委、市市场监督管理局联合发布《干线公路附属设施用地标准》。该标准适用于新建、改建及扩建干线公路附属设施的规划和建设，规定了干线公路服务设施、养护管理设施及综合检查站管理设施的设施划分、设施功能、设置要求及建设规模，是对现行相关标准的补充和细化。自2021年4月1日起实施。

十七、《城市轨道交通车辆基地上盖综合利用工程设计防火标准》发布

9月29日，市规划自然资源委、市市场监督管理局联合发布《城市轨道交通车辆基地上盖综合利用工程设计防火标准》。该标准填补城市轨道交通车辆基地上盖综合利用工程（包括车辆基地部分及上盖建筑部分）消防设计领域的空白，对车辆基地不同建筑的火灾危险性分类及耐火等级、总平面布局与平面布置等提出设计要求，明确上盖建筑的总体消防设计原则。自2021年4月1日起实施。

十八、2020年房屋建筑类施工图专项抽审

11月，市标办开展2020年房屋建筑类施工图专项抽审，抽选全市22项居住建筑项目、21项公共建筑项目，针对建筑节能、雨水控制与利用、无障碍、消防、抗震等专业的设计标准开展施工图设计专项审查。来自全市多家设计单位、施工图审查机构的54名专家及标准主编人参与审查。审查认为：各项标准执行情况总体良好，但雨水设计标准执行的精细化程度有待提升。

十九、《城市综合管廊工程技术要点》发布实施

12月3日，市规划自然资源委发布《城市综合管廊工程技术要点》。该要点在总结全市综合管廊建设整改经验和相关科研成果基础上，对北京市地方标准《城市综合管廊工程设计规范》进行梳理分析，形成17项技术条款，完善和替代《城市综合管廊工程设计规范》相应条款。主要包含综合管廊有效需求和效益的关系、综合管廊成本

控制要求、综合管廊出地面构筑物景观协调等三方面内容。自发布之日起实施。

二十、《城市道路平面交叉口红线展宽和切角规划设计规范》发布

12月29日，市规划自然资源委、市市场监督管理局联合发布《城市道路平面交叉口红线展宽和切角规划设计规范》。该规范适用于二环路以外的中心城区、新城及乡、镇域集中建设区的详细规划、相关专项规划，及规划综合实施方案阶段城市道路平面交叉口（含立交桥下平面交叉口）的红线展宽和切角，统筹安排城市道路平面交叉口范围各项功能用途，综合协调与周边用地关系。自2021年7月1日起实施。

二十一、《公共建筑机动车停车配建指标》发布

12月29日，市规划自然资源委、市市场监督管理局联合发布《公共建筑机动车停车配建指标》。该标准按照“分类分区定位、差别供给，从严控制出行停车需求”原则，将北京市行政区域划为四类停车分区，每类分区的公共建筑执行不同的上下限配建指标。根据建筑类别和用地类型，将公共建筑分为行政办公、商务、商业、医院、学校、文化设施、体育设施7大类，并进一步细分为18小类，对各类建筑精准规范配建指标。自2021年4月1日起实施。

二十二、测绘业务办理绿色通道建立

年内，市规划自然资源委印发《关于做好疫情期间测绘业务工作的通知》，建立新冠肺炎疫情期间测绘业务办理绿色通道，取消现场核验申请材料原件环节，并向企业提供证书邮递服务。截至年底，办理业务205项。

二十三、年度测绘成果质量监督抽查

年内，市规划自然资源委开展2020年北京市测绘资质单位成果质量监督抽查。抽查范围为测绘资质单位在2018年至2019年完成的测绘航空摄影、规划测量、地籍测绘等项目。抽查单位60家，抽查项目58个（1家被检单位资质已注销，未提交项目资料；1家被检单位抽查项目涉密，转为质量管理体系检查），其中11个项目不合格。抽查质量管理体系8家，其中1家单位管理体系存在较多问题。开展2020年外埠测绘资质单位在京承担项目成果质量监督抽查。抽查范围为外埠测绘资质单位在2017年至2019年实施并完成的测绘项目。抽查单位10家，抽查项目10个，其中1个项目不合格。

二十四、北京2000城市坐标系建立

年内，市规划自然资源委开展北京2000城市坐标系建立及验证。综合运用北京地形地势、“两线三区”（两线：生态控制线、城市开发边界；三区：集中建设区、限制建设区、生态控制区）、永久基本农田、1700余块宗地等4类数据进行分析比对，编制北京2000城市坐标系建立方案。该方案经中国工程院院士李建成等组成的专家组指导把关，通过市规划自然资源委主任办公会审议，获市政府批复。截至年底，正在报自然资源部审批。

二十五、2019版全市行政区域界线基础地理底图发布

年内，市规划自然资源委、市民政局依据《北京市测绘条例》和《北京市行政区域界线管理办法》有关规定，组织修编“2019版北京市行政区域界线基础地理底图”，并在市规划自然资源委、

市民政局官网同时发布。该底图规范了全市各类地图中行政区域界线的画法，保证地图标绘的全市各级行政区域界线走向、政区名称及办公驻地位置的准确性，可满足地图编制单位和社会公众需求，

二十六、推进绿色建筑和绿色生态示范区

年内，市规划自然资源委组织召开9次绿色建筑标识线上评审会，68个项目通过评审，获得绿色建筑设计标识证书；服务冬奥会场馆建设，提供技术支持，3个场馆通过评审，获得三星级绿色建筑设计标识，其他场馆认证工作也在进行中。截至年底，全市通过施工图审查达到绿色建筑标准的项目达到2.9亿平方米，获得绿色建筑设计标识的项目约4800万平方米。

推动绿色生态示范区建设。自3月起，拓宽北京市绿色生态示范区评选范畴，鼓励街道和乡镇开展小规模、渐进式绿色化更新改造并参与绿色生态示范区评选。4月13日，《北京市装配式建筑、绿色建筑、绿色生态示范区项目市级奖励资金管理暂行办法》印发实施，规范绿色生态示范区项目市级奖励资金管理。7月，启动2020年北京市绿色生态示范区评选，有8家单位、6个项目进入现场核查环节，北京城市副中心运河商务区启动区、北京大兴国际机场安置房项目（榆垡组团）、清河街道“共建共享 — 美好社区”（美和园）3个项目获“北京市绿色生态示范区”称号和奖励资金。

第六节　地名变更

一、丰台园东区二、三期地名规划获批

年内，《中关村科技园丰台园东区二期、三期地名规划（2018—2035年）》获批。

二、开展首都功能核心区地名文化保护专项规划编制

年内，市规划自然资源委组织开展首都功能核心区地名文化保护专项规划编制。规划编制以核心区胡同等街巷地名为主，对重点区域地名提出地名文化保护名录选取标准，制定地名文化分级保护名录，梳理选取1140条地名纳入保护名录，其中东城区485条、西城区655条；编制核心区全部32个街道地名保护名录及分布图，并将32个街道相关文本及分布图纳入核心区控规文本和图集；提出保护利用措施。

三、街区控规地名专项规划试点

年内，市规划自然资源委将地名规划编制技术要求纳入《北京市控制性详规规划编制技术标准与成果规范（试行）》，印发《关于进一步加强地名管理工作的通知》，按照面向实施、城乡统管、实现城乡规划全覆盖的要求，遵循地名规划与控制性详细规划相衔接的原则，提出在编制

乡镇集中建设区控规的同时，编制乡镇集中建设区地名规划，并纳入乡镇集中建设区控规编制成果。截至年底，完成18个试点街区控规地名专项规划的编制、审查。

四、地名命名、调整253个

年内，全市命名、调整地名253个，其中道路及居住区名称230个、轨道交通车站名称11个、桥梁及隧道名称12个。

道路及居住区名称命名与调整（230个）（具体见附录三）

第四章

房地产财政税收与金融支持

第一节　财政支持保障性安居工程

2020 年，财政部门严格按照中央有关规定，统筹一般公共预算、国有土地使用权出让收入、政府专项债券等各类财政资金共计 302.3 亿元，通过财政补贴、项目资本金、贷款贴息等方式，支持北京市推进公共租赁住房、集体土地租赁住房、棚户区改造、老旧小区改造等保障性安居工程，为全面完成年度工作目标奠定基础。

2020 年 9 月，北京市印发《北京市发展住房租赁市场专项资金管理暂行办法》，对符合条件的集体土地建设租赁住房和改建租赁住房给予财政专项支持。集体土地建设租赁住房补助标准为：成套住房 4.5 万元 / 套、非成套住房 3 万元 / 间、集体宿舍 5 万元 / 间；改建租赁住房补助标准为：使用面积 15 平方米以下的 1 万元 / 间，使用面积 15 平方米及以上的 2 万元 / 间。截至 2020 年底，财政专项资金已支持 25 个集租房项目新建成套住房 1.37 万套、非成套住房 1.89 万间、集体宿舍 0.14 万间，支持 2 个改建租赁住房项目改建房源 0.12 万间，进一步加大租赁市场房源供给，全面落实稳地价、稳房价、稳预期的长效管理调控机制，促进房地产市场平稳健康发展。

第二节　住房公积金与政策性住房金融

一、2020 年度住房公积金归集情况

（一）住房公积金覆盖范围

截至 2020 年底，北京地区建立住房公积金单位 43 万个，职工 1227 万人。当年新增开户人数 127 万人。

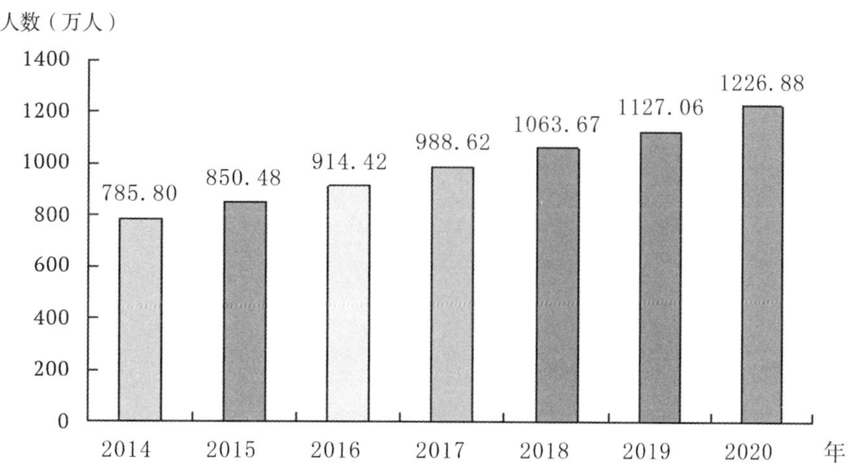

图 4-1　2014—2020 年北京住房公积金开户人数统计图

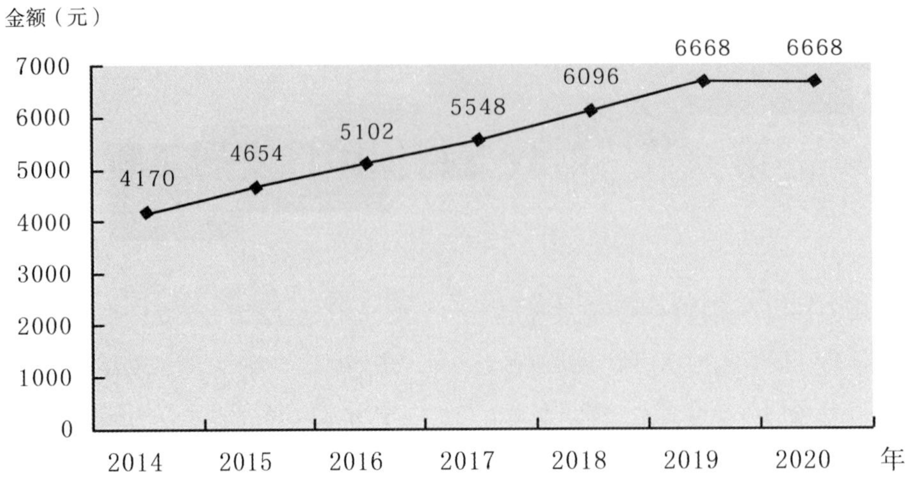

图 4-2　2014—2020 年北京住房公积金月缴存额上限图

（二）住房公积金归集、提取情况

截至 2020 年底，当年归集住房公积金 2471 亿元，提取 1825 亿元，净增 646 亿元。累计归集住房公积金 17781 亿元，提取 12290 亿元，余额 5491 亿元。

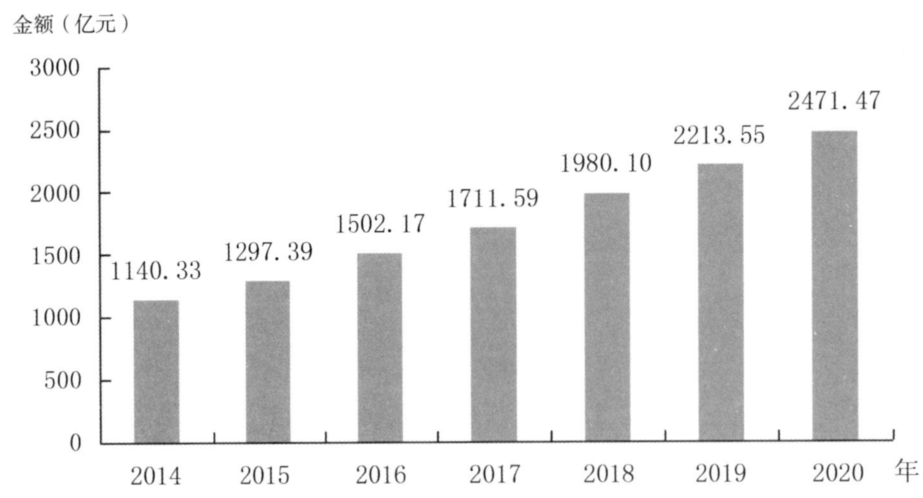

图 4-3　2014—2020 年北京住房公积金归集情况统计图

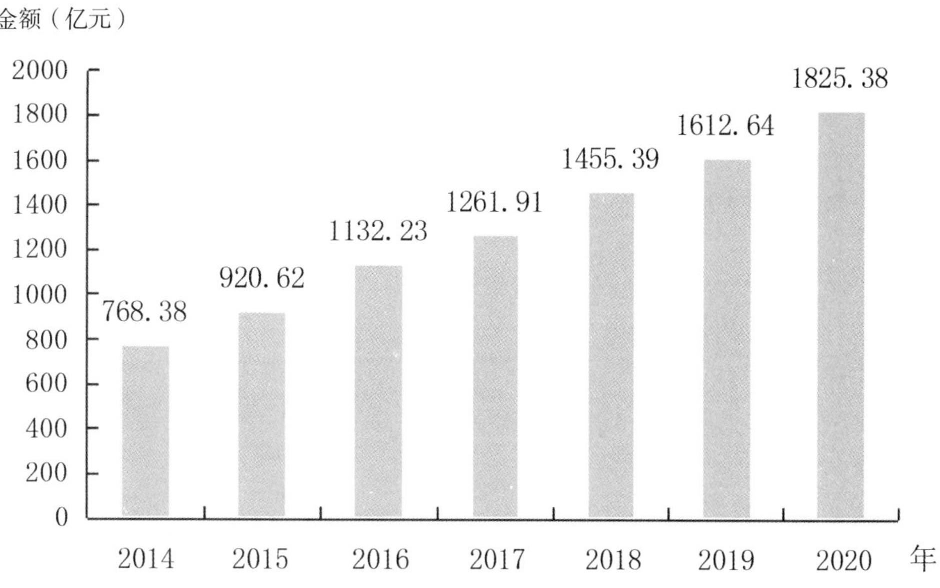

图 4-4　2014—2020 年北京住房公积金提取情况统计图

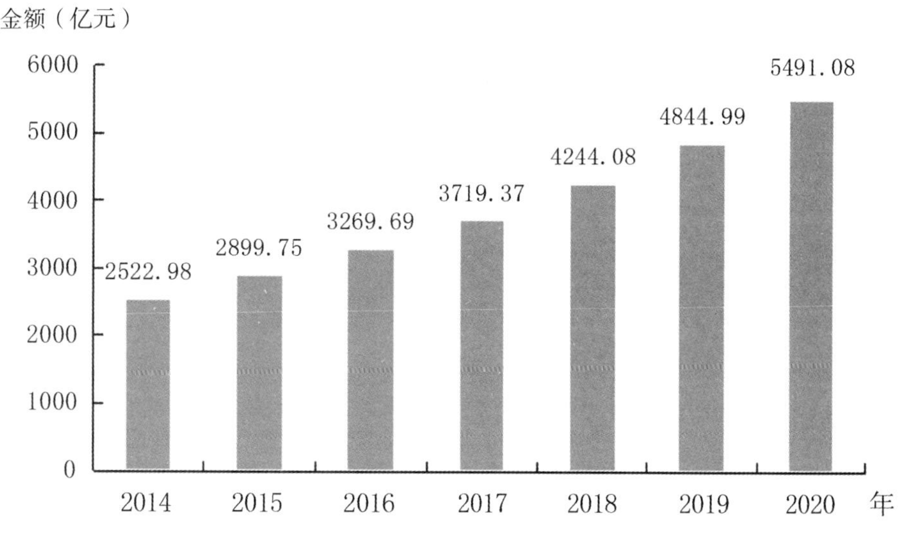

图 4-5　2014—2020 年北京住房公积金余额统计图

二、2020 年度政策性住房金融

（一）住房公积金贷款情况

截至 2020 年底，当年发放住房公积金个人贷款 8.3 万笔，金额 628 亿元，回收金额 349 亿元，净增 278 亿元。累计发放住房公积金个人贷款 126 万笔，金额 7544 亿元。累计回收个贷金额 2973 亿元，余额 4571 亿元。

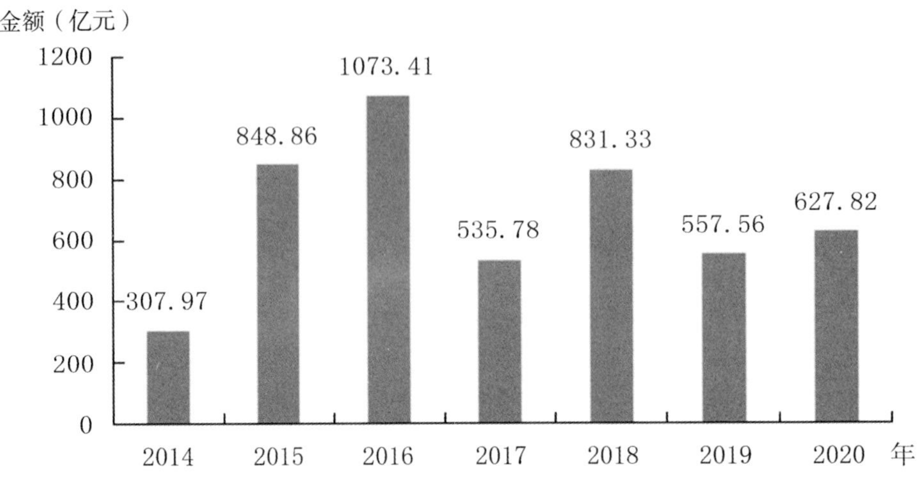

图 4-6　2014—2020 年北京住房公积金贷款发放金额统计图

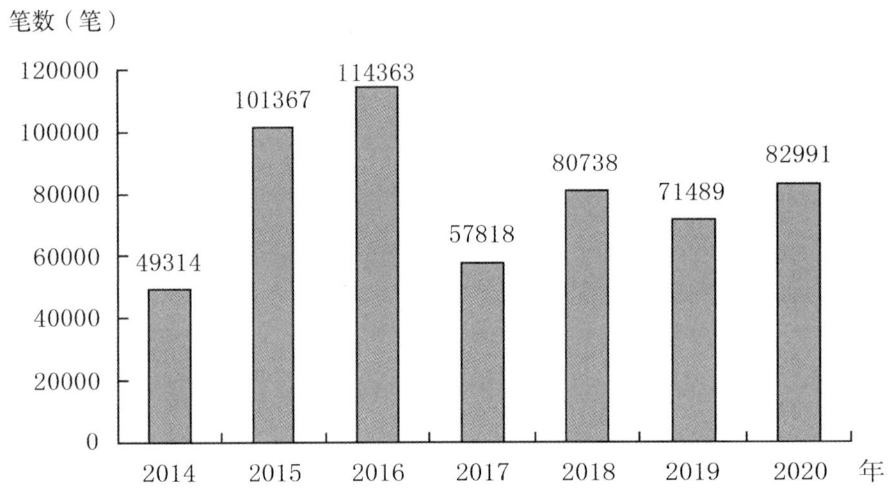

图 4-7　2014—2020 年北京住房公积金贷款发放笔数统计图

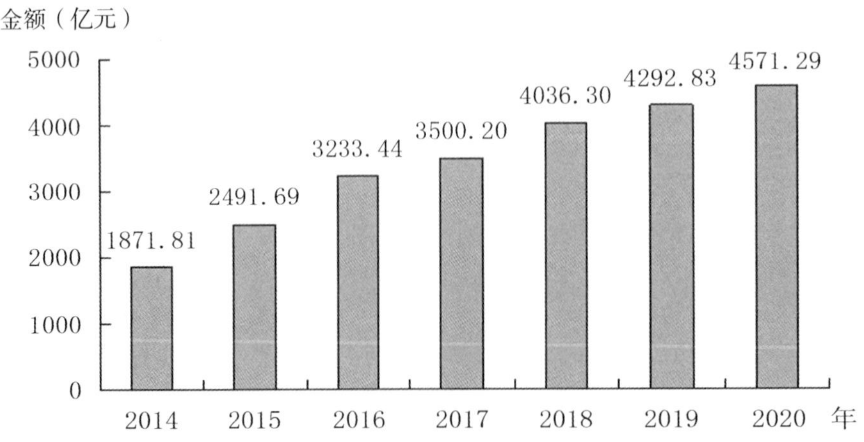

图 4-8　2014—2020 年北京住房公积金贷款发放余额统计图

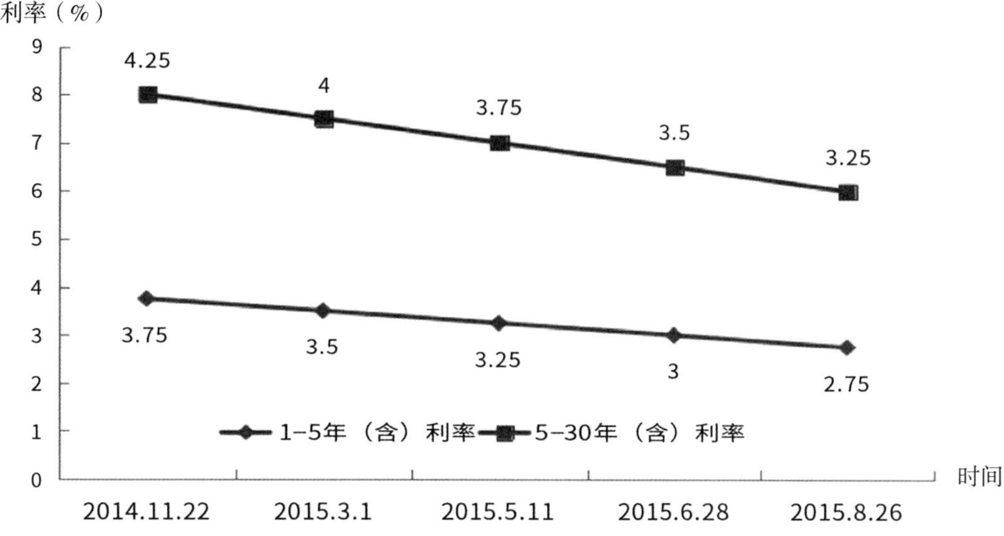

图 4-9　2014 年以来北京住房公积金贷款利率调整图

2020 年末，累计发放项目贷款 37 个，贷款额度 236.09 亿元，建筑面积约 943 万平方米，可解决约 9 万户中低收入职工家庭的住房问题。35 个项目贷款资金已发放并还清贷款本息，无逾期项目贷款。

（二）2020 年发放的住房公积金贷款结构

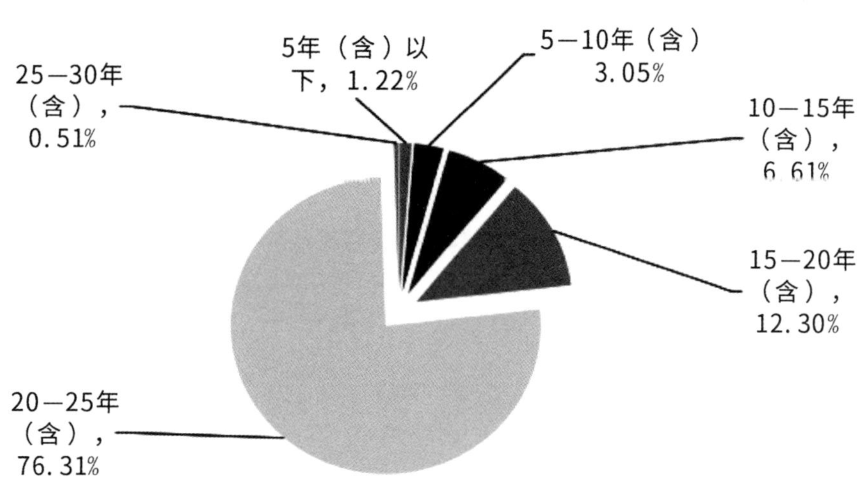

图 4-10　2020 年新发放住房公积金贷款笔数按贷款年限分类

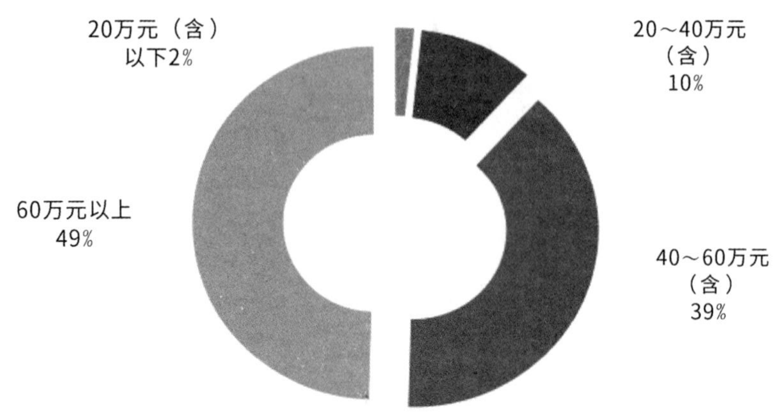

图 4-11　2020 年新发放住房公积金贷款笔数按贷款额度分类

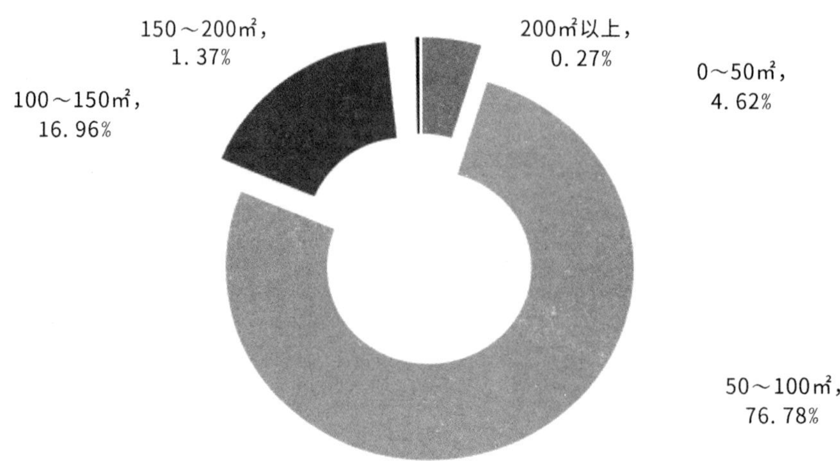

图 4-12　2020 年新发放住房公积金贷款笔数按房屋建筑面积分类

三、住房公积金和政策性住房金融管理措施

（一）继续执行灵活缴存比例，保持上年度缴存基数不变

2020 年继续实施 5%~12% 的住房公积金缴存比例，由单位自主选择。对生产经营困难的企业，可申请降低缴存比例或缓缴。北京地区住房公积金月缴存基数较 2019 年度不变，缴存基数上限为 27786 元，缴存基数下限为 2200 元；领取基本生活费职工的月缴存基数下限为 1540 元。

（二）严守疫情防控责任，出台阶段性支持政策

贯彻落实习近平总书记关于疫情防控工作的重要指示，从速从细落实市委市政府疫情防控工作决策部署。及时出台《关于妥善应对新冠肺

炎疫情落实北京住房公积金阶段性支持政策的通知》，助力企业复工复产，维护职工合法权益。阶段性政策期间，北京地区缓缴企业 8076 个，缓缴金额 24 亿元；支持 1741 人增加租房提取金额 3727 万元；受疫情影响未正常还款、不作逾期处理的住房公积金贷款 1193 笔，对应余额 6 亿元。

（三）坚持“房住不炒”，发挥政策性住房金融作用

年末住房公积金个人贷款余额占缴存余额的 83.2%，个人住房贷款市场占有率（指 2020 年末住房公积金个人住房贷款余额占当地商业性和住房公积金个人住房贷款余额总和的比例）为 29.4%，同比上升 0.2 个百分点。通过申请住房公积金个人贷款，购房职工减少利息支出约 128.6 亿元。

（四）持续深化放管服改革，不断提升便民服务效能

大力优化营商环境，进一步“减材料、减时限、减跑动”，办事材料由 138 份精简至 47 份，精简 66%；办事时限由 62 个工作日压减至 43 个，压减 30%；全程网办事项由 17 项增至 28 项，减少办事群众柜台跑动；继续做好“e 窗通、一点通、全城通”，集中出台“五险一金”合并申报、银行账户信息共享、公积金账户自动注销、新设破产清算信息查询事项等 7 项措施，9 个服务事项纳入指尖行动计划；坚持做到“审核快、网办快、回复快”，落实超越行动计划，提出 20 项“一证通办”、27 项“秒批”、5 项“联审联办”意向清单。二手房评估费不再由借款申请人承担；开通“冲还贷”业务，借款人住房公积金账户余额可直接用于偿还贷款。持续改善服务环境，各业务大厅全面推行延时服务，解决群众办事难点；印发《住房公积金归集业务银行代办网点管理办法（试行）》，创建住房公积金优化营商环境示范窗口，高质量完成 46 个政务服务事项“好差评”接入工作。积极进驻政务中心，系统提高柜面业务服务质量和网点运营效用，不断提升服务效能。

（五）多措并举，全力抓好“接诉即办”工作

坚持问题导向，充实人员力量，建立派单机制、回访机制，通报典型案例，注重举一反三，纳入重大事项考核，12329 全年接听来电 269 万个，较去年增长 26%，通过采取务实管用措施，管理中心“接诉即办”工作在全市排名稳步向好，全年平均排名第十二位，其中，6 月、12 月排名第一位。

（六）进一步规范执法检查工作，维护职工合法权益

充实执法力量，专职执法人员由 66 人增加至 115 人，加快打造规范文明、专业高效的执法队伍；加强执法体系化建设，规范执法文书，细化裁量基准，慎重实施行政处罚；严厉打击违规提取、骗提住房公积金行为，维护北京住房公积金管理良好秩序，对存在造假违规骗提住房公积金行为的 85 家单位、1832 名个人进行了查处。

（七）加强数据互联互通，持续深化信息化建设

综合信息系统迁移入云工作顺利完成，推进电子政务集约化建设和管理，提升中心信息共享和业务服务水平。完成与三个分中心数据互通互联，完成管理中心信息系统升级、入云上链共享，实现人脸识别、人工智能、区块链、微服务、电子签章和二维码移动支付等新技术与管理中心业务融合创新应用。实现北京地区公积金信息共享以及跨分中心个人账户自动转移、联名卡接续等业务联动办理。

第三节　商业性房地产金融

2020年，北京市房地产贷款总体平稳增长，其中房地产开发贷款增速有所回升，个人购房贷款增长平稳合理。个人住房贷款平均首付比例及利率均处于历史较高水平。

一、房地产贷款总体平稳增长

2020年末，北京市本外币房地产贷款余额19168.7亿元，比年初增加1058.3亿元，比2019年多增277.4亿元；同比增长5.8%，增速比2019年提高1.3个百分点。

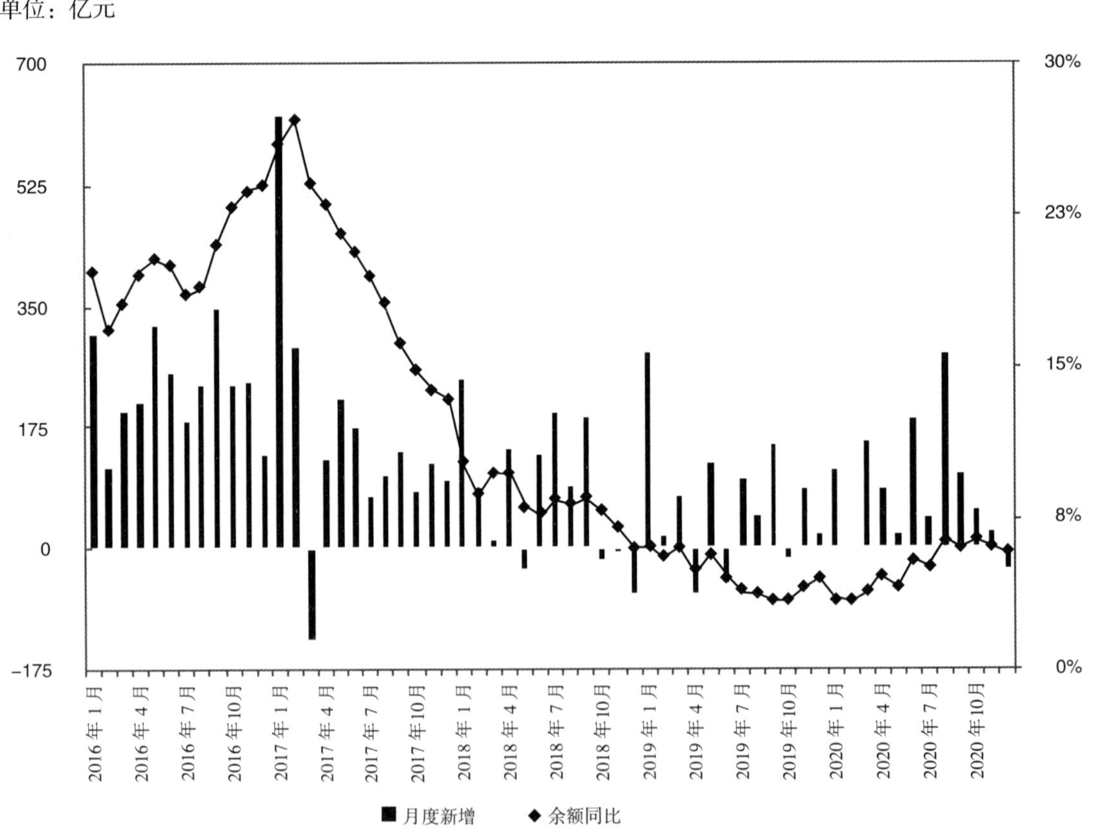

图4-13　北京市房地产贷款余额月度新增及同比增速情况

二、房地产开发贷款增速有所回升

2020年末，北京市本外币房地产开发贷款余额6870.2亿元，同比增长10.4%，增速比2019年提高3.1个百分点。其中，保障性住房开发贷款余额1345.8亿元，同比增长21.9%，增速比2019年提高11.8个百分点。

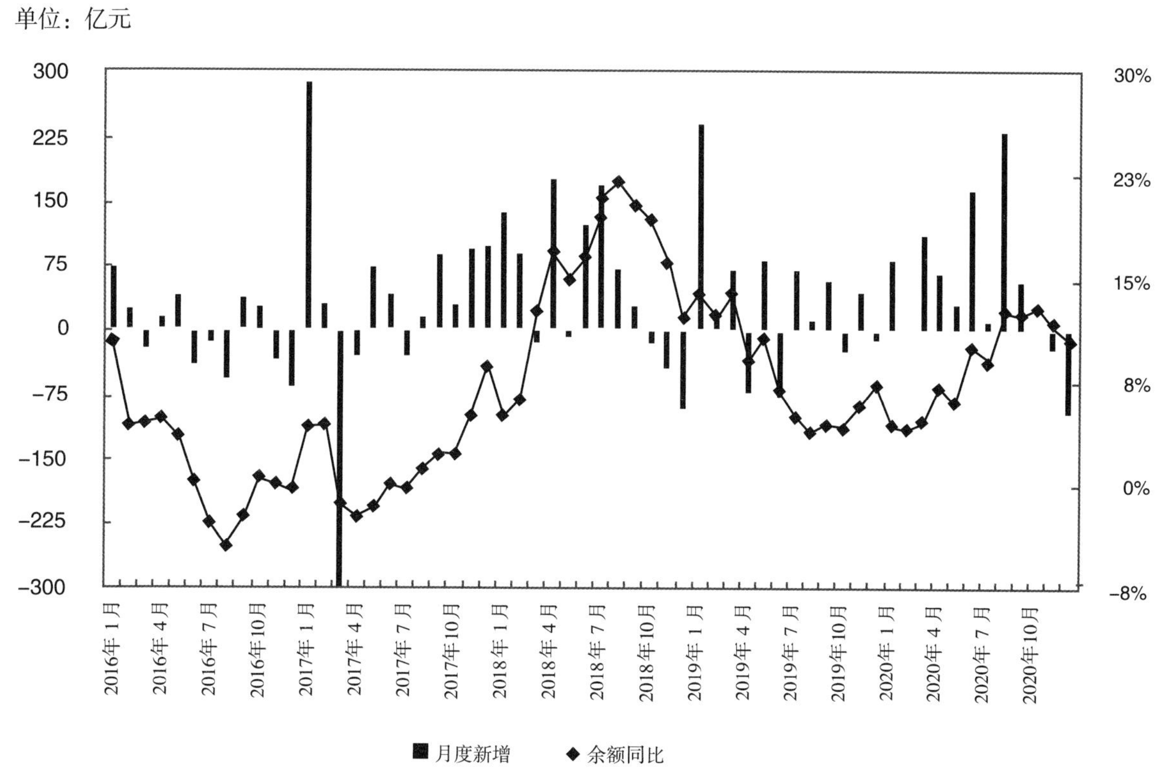

图4-14 北京市房地产开发贷款余额月度新增及同比增速情况

三、个人购房贷款增长平稳合理

2020年末，北京市本外币个人购房贷款余额11451.6亿元，同比增长3.9%，增速较2019年提高0.7个百分点。其中，个人住房贷款余额10987.6亿元，比年初增加570.2亿元，比2019年多增86.3亿元；同比增长5.5%，增速较2019年提高0.6个百分点。

分类型看，2020年末，北京市新建住房贷款余额4289.9亿元，同比增长3.8%，增速比2019年提高2.4个百分点。二手住房贷款余额6697.7亿元，同比增长6.6%，增速比2019年下降0.7个百分点。

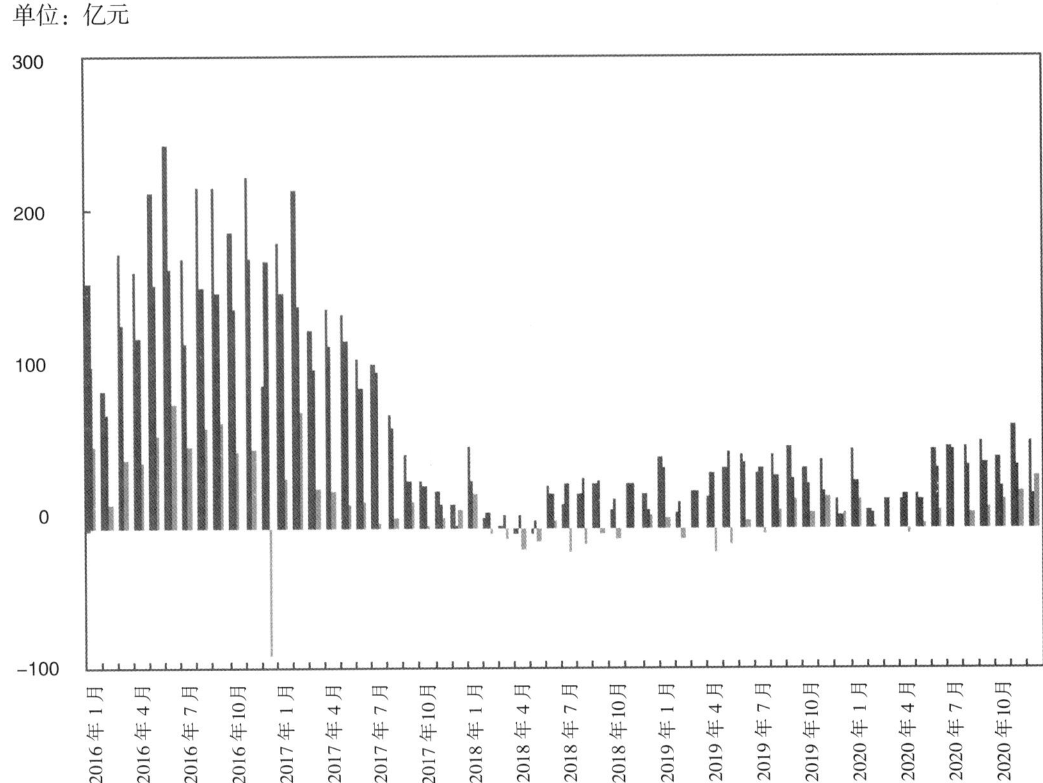

图 4-15 北京市个人住房贷款增长情况

四、房贷平均首付比例及利率均处于历史较高水平

2020 年，北京市中资银行新发放个人住房贷款平均首付比例 50.5%，明显高于 2017 年以前水平。2020 年 12 月新发放首套房贷平均利率 5.22%，比同期 LPR 高 56.8 个基点。

第四节 房地产税收

一、税源及税收整体情况

截至 2020 年 12 月，房地产行业纳税人 3.3 万户，与 2019 年基本持平。全年各项税收收入合计 1122.3 亿元，同比减收 80.8 亿元，降幅 6.8%。

二、主要税收政策调整情况

（一）《财政部 税务总局关于明确无偿转让股票等增值税政策的公告》（财政部 税务总局公告 2020 年第 40 号）第三条规定，土地所有者依法征收土地，并向土地使用者支付土地及其相关有形动产、不动产补偿费的行为，属于《营业税改征增值税试点过渡政策的规定》（财税〔2016〕36号印发）第一条第（三十七）项规定的土地使用者将土地使用权归还给土地所有者的情形。

（二）《财政部 税务总局关于明确国有农用地出租等增值税政策的公告》（财政部 税务总局公告2020年第2号）第一条规定，纳税人将国有农用地出租给农业生产者用于农业生产，免征增值税；第二条规定房地产开发企业中的一般纳税人购入未完工的房地产老项目继续开发后，以自己名义立项销售的不动产，属于房地产老项目，可以选择适用简易计税方法按照5%的征收率计算缴纳增值税。

三、房地产税收管理措施

持续优化不动产交易领域税收营商环境，积极落实“优化营商环境”系列改革要求，不断创新改革举措，打通部门壁垒，联通业务系统，对标世界银行营商环境评价标准，配合北京市规划自然资源委应用“区块链”技术，逐步实现了不动产登记领域跨部门业务“一窗办”“一次办”“一天办”“一网办”“智能办”，打造“区块链＋税收智能审核＋不动产登记”的首都名片。

第五章

房地产市场运行与监管

第一节　房屋销售情况

2020年初受新冠肺炎疫情冲击影响，北京市房地产市场经历了短暂低位运行。市住房城乡建设委积极落实市委市政府部署要求，全力抓好疫情防控和经济社会发展，坚持调控政策“不加码、不放松”的总基调，保持调控定力，稳步推进房地产市场长效机制方案落地，因区施策，加快住宅用地供应、推动项目开工建设、优化预售许可审批、加大金融支持力度，促进了北京市房地产市场快速恢复并保持平稳有序发展态势。

一、新建房屋批准预售情况

（一）新建房屋批准预售总体情况

2020年，北京市新建房屋批准预售面积1139.7万平方米，同比减少1.7%。

表5–1　2011—2020年北京市新建房屋批准预售面积

单位：万平方米

年份	合计	住房	商业、工业、仓储用房	办公	其他
2011	1554.7	1079.3	95.1	302.5	77.8
2012	1379.2	1036.1	53.9	232.4	56.8
2013	1174.1	781.8	76.7	251.3	64.3
2014	1565.3	1150.9	74.1	246.3	94.0
2015	1308.3	807.1	75.7	321.0	104.5
2016	1121.7	559.5	102.4	365.3	94.5
2017	737.0	503.4	39.6	127.6	66.4
2018	1196.0	874.5	20.9	97.2	203.4
2019	1159.3	821.7	36.5	78.1	223.0
2020	1139.7	756.6	26.9	120.1	236.1

十六区及开发区情况：多点地区五区中的通州区、顺义区、大兴区、昌平区四区新建房屋批准预售面积均排名前五，均超过110万平方米，仅房山区受2019年库存压力大等因素影响，批准预售面积较少48.1万平方米，多点地区批准预售总量占全市的33.1%。中心城区四区占比为34.8%，生态涵养区五区占比为11.4%。

表 5-2　2020 年北京市分区新建房屋批准预售情况

区	上市套数（套）	上市面积（平方米）
东城区	0.0	0.0
西城区	0.0	0.0
朝阳区	10513	73.7
丰台区	18107	135.8
石景山区	11185	69.6
海淀区	14676	117.1
房山区	5609	48.1
通州区	17042	164.4
顺义区	14419	110.5
昌平区	12953	132.2
大兴区	16569	129.9
开发区	6266	55.0
门头沟区	2905	33.5
怀柔区	4484	37.9
平谷区	0.0	0.0
密云区	5437	50.7
延庆区	1472	7.3
合计	141637	1139.7

（二）不同用途房屋批准预售情况

1. 商品住房

2020 年北京市新建住房批准预售面积为 756.6 万平方米，比 2019 年减少了 65.1 万平方米，降幅为 7.9%。其中商品住房面积为 738.1 万平方米。

十六区及开发区情况：多点地区五区中的大兴区、顺义区、通州区、昌平区四区批准预售商品住房面积排名前四，占总量的 47.3%；中心城区的丰台区名列第五，为 105.5 万平方米。

表 5-3　2016—2020 年北京市各区批准预售商品住房面积

单位：万平方米

区	2016 年	2017 年	2018 年	2019 年	2020 年
东城区	0.0	0.0	0.0	0.0	0.4
西城区	0.0	5.4	0.0	0.0	0.7
朝阳区	48.1	69.1	121.5	58.8	50.6
丰台区	29.9	34.9	76.3	121	65.2

（续表 5-3）

区	2016 年	2017 年	2018 年	2019 年	2020 年
石景山区	0.0	2.8	59.4	62.6	28.5
海淀区	33.8	12.7	45.7	42.7	59.3
房山区	77.5	17	60.4	51	45.0
通州区	17.7	25.4	32.5	62.5	72.7
顺义区	43.6	50.9	53.2	116.2	87.9
昌平区	61.5	60.7	77.4	95.1	82.8
大兴区	15	37.6	124.3	67.7	105.5
开发区	5.8	4.6	49.4	33.4	45.5
门头沟区	45.7	31	17.9	17.1	30.5
怀柔区	0.0	0.0	2.4	15.7	15.2
平谷区	18.3	13.9	57.1	29.4	1.8
密云区	11	24.9	25.5	15.7	44.5
延庆区	0.0	7.8	30.7	18.4	2.0
合计	407.8	398.8	833.9	807.4	738.1

2. 办公用房

2020 年，北京市办公用房批准预售面积 120.1 万平方米，较 2019 年增加了 53.8%，仍保持 2017 年以来的低位发展态势，持续贯彻落实了新总规提出的产业规模减量发展的要求。其中通州区、昌平区两区因应产业发展要求，供应量超过 20 万平方米，占全市供应总量的 39.2%；其他供应量主要集中在中心城区和多点地区其他三区；核心区和生态涵养区（怀柔区除外）供应量均为 0。

表 5-4 2016—2020 年北京市各区办公用房批准预售面积

单位：万平方米

区	2016 年	2017 年	2018 年	2019 年	2020 年
东城区	6.4	0.0	0.0	0.0	0.0
西城区	0.0	0.0	0.0	0.0	0.0
朝阳区	8.3	3.4	0.0	4.5	11.7
丰台区	18.8	9.9	7.6	7.3	18.9
石景山区	10.3	0.0	0.0	0.0	10.3
海淀区	21.2	0.0	10.1	10.2	0.0
房山区	48.0	8.5	2.4	3.7	5.7

（续表 5-4）

区	2016 年	2017 年	2018 年	2019 年	2020 年
通州区	35.6	24.1	24.9	21.6	23.7
顺义区	40.4	25.5	14.9	4.5	0.0
昌平区	20.0	15.3	3.9	13.4	23.4
大兴区	76.4	5.7	23.4	5.5	14.3
开发区	12.2	6.2	2.4	4.2	5.7
门头沟区	32.9	10.9	2.7	2.7	0.0
怀柔区	0.0	0.0	0.0	0.5	6.4
平谷区	33.3	14.6	0.0	0.0	0.0
密云区	0.0	0.0	4.7	0.0	0.0
延庆区	1.8	0.0	0.0	0.0	0.0
合 计	365.3	127.6	97.2	78.1	120.1

3. 商业用房

2020 年，北京市商业用房批准预售面积 26.9 万平方米，比 2019 年减少了 9.6 万平方米，降幅为 26.3%。其中昌平区、通州区两区排前两名，供应量占全市总量的 50.6%。其他新增供应的区包括中心城区的朝阳区、丰台区、石景山区和多点地区的房山区、大兴区，核心区和生态涵养区（怀柔除外）供应量为 0。

表 5-5　2016—2020 年北京市分区商业用房批准预售面积

单位：万平方米

区	2016 年	2017 年	2018 年	2019 年	2020 年
东城区	4.8	0.0	0.0	0.0	0.0
西城区	0.5	0.0	0.0	0.0	0.0
朝阳区	1.2	2.0	0.0	4.2	3.8
丰台区	15.7	1.1	3.4	4.5	1.2
石景山区	5.4	0.0	0.0	0.0	1.3
海淀区	3.6	0.0	2.0	9.9	0.0
房山区	13.2	6.7	1.0	11.9	1.4
通州区	16.0	4.8	4.4	1.1	4.2
顺义区	6.6	4.5	5.0	1.5	0.0
昌平区	1.1	2.8	0.2	2.3	9.4
大兴区	12.6	9.9	2.4	0.8	3.4

（续表 5-5）

区	2016 年	2017 年	2018 年	2019 年	2020 年
开发区	0.6	0.1	0.0	0.1	0.0
门头沟区	12.2	6.6	1.0	0.1	0.0
怀柔区	0.0	0.0	0.0	0.0	0.4
平谷区	8.9	0.6	0.0	0.0	0.0
密云区	0.0	0.5	1.5	0.0	0.0
延庆区	0.0	0.0	0.0	0.0	1.7
小计	102.4	39.6	20.9	36.5	26.9

二、新建房屋成交情况

（一）新建预售房屋成交情况

2020 年，北京市新建预售房屋成交 7.4 万套，成交面积 712.1 万平方米，比 2019 年分别增加 9% 和 8.7%。其中住房成交 5.5 万套，成交面积 580.9 万平方米，比 2019 年分别增加 1.1% 和 1.3%，办公、商业成交面积分别为 35.6 万平方米、13.2 万平方米。

表 5-6　2020 年北京市新建预售房屋成交情况（按用途分类）

用途	成交套数（万套）	成交面积（万平方米）
住房	5.5	580.9
商业	0.02	13.2
办公	0.14	35.6
其它	1.7	82.4
合计	7.4	712.1

十六区及开发区情况：成交主要集中在中心城区的朝阳区、海淀区、丰台区和石景山区四区和多点地区的昌平区、通州区、大兴区和顺义区四区。两功能区成交总面积为 566.0 万平方米，占全市新建预售房屋成交总量的 90.4%。

表 5-7　2016—2020 年北京市新建预售房屋分区成交情况

单位：万平方米

区	2016 年	2017 年	2018 年	2019 年	2020 年
东城区	4.7	2.7	0.4	0	0
西城区	8.3	3.4	1.5	0.1	0

（续表 5-7）

区	2016 年	2017 年	2018 年	2019 年	2020 年
朝阳区	104.2	42.6	60.0	81.2	67.0
丰台区	82.4	50.1	41.9	96.1	75.0
石景山区	47.2	29.3	22.9	51.8	53.0
海淀区	37.9	25.0	27.6	48.9	57.0
房山区	131.2	50.4	19.8	28.8	31.0
通州区	125.6	53.4	60.0	46.5	81.0
顺义区	142.5	52.4	37.2	66.2	70.0
昌平区	99.6	75.5	61.9	49.2	90.0
大兴区	132.1	50.4	36.9	76.1	73.0
开发区	35.5	10.3	11.7	25.0	47.0
门头沟区	98.1	28.4	35.3	21.9	15.0
怀柔区	19.5	6.8	0.4	11.3	16.0
平谷区	48.5	20.9	25.6	18.1	14.0
密云区	32.0	27.0	22.8	13.3	13.0
延庆区	4.4	7.1	7.3	20.7	10.1
合计	1153.7	535.7	473.2	655.0	712.1

1. 住房

成交情况：2020 年，北京市新建住房期房成交 5.5 万套，成交面积 580.7 万平方米。

购买对象情况：2020 年，北京市新建住房期房购买主要以本市居民购买为主。本市居民购买住房 4.2 万套，面积 442.4 万平方米，成交套数占全市新建住房期房成交总套数的 76.6%。外地居民购买住房 1.2 万套，面积 125.5 万平方米，成交套数占全市的 22.7%。外国机构及个人购买住房 97 套，面积 1.8 万平方米，成交套数占全市的 0.2%。

表 5-8　2020 年北京市新建住房期房购买对象情况

单位：套、万平方米

购买对象	新建期房		新建住房期房	
	成交套数	成交面积	成交套数	成交面积
本市居民	54993	497.9	42131	442.4
外地居民	15237	136.0	12563	125.5
外国机构及个人	144	2.1	97	1.8
其他	3819	76.1	548	11.2
合计	74193	712.1	55339	580.9

表 5-9　2011—2020 年北京市新建住房期房购房对象所占比重情况表

单位：%

时间	本市居民	外地居民	外国机构及个人
2011 年	76.1	18.0	0.4
2012 年	80.5	17.2	0.3
2013 年	77.2	18.1	0.2
2014 年	81.2	17.1	0.1
2015 年	86.3	12.5	0.07
2016 年	86.1	12.2	0.1
2017 年	84.7	8.4	0.2
2018 年	86.7	11.5	0.1
2019 年	81.4	17.4	0.2
2020 年	76.6	22.7	0.2

2. 办公用房

2020 年，北京市新建办公用房期房成交面积 35.6 万平方米。其中通州区成交面积排名第一，为 15.1 万平方米，占比 44.7%。

表 5-10　2020 年北京市新建办公用房期房分区成交情况

区	销售套数（套或单元）	销售面积（万平方米）
东城区	0	0
西城区	0	0
朝阳区	21	4.9
丰台区	23	5.3
海淀区	15	1.0
房山区	5	0.5
通州区	1050	15.1
顺义区	103	1.6
昌平区	60	3.3
大兴区	2	0.1
开发区	1	0.0
门头沟区	119	1.4
怀柔区	6	0.6
合　计	1405	35.6

3. 商业营业用房

2020年，北京市新建商业营业用房期房成交面积13.2万平方米。其中海淀区、昌平区两区成交面积排名前二，总量合计8.2万平方米，占比为62.1%。

表5-11　2020年北京市新建商业营业用房期房分区成交情况

区	销售套数（套或单元）	销售面积（万平方米）
朝阳区	1	0.0
海淀区	43	4.1
丰台区	20	1.0
房山区	15	1.0
通州区	99	2.2
顺义区	18	0.4
昌平区	25	4.1
大兴区	1	0.1
门头沟区	8	0.2
怀柔区	1	0.1
延庆区	2	0.1
合　计	233	13.2

（二）现房成交情况

2020年，北京市新建现售房屋转移登记4.9万套，面积443.3万平方米，其中住房1.3万套、184.6万平方米，办公用房为69.2万平方米，商业用房为58.6万平方米。

表5-12　2020年北京市现售房屋转让成交情况

用途	成交套数（套或单元）	成交面积（万平方米）
住房	12704	184.6
商业	4409	58.6
办公	2789	69.2
其它	29159	130.9
合计	49061	443.3

三、 存量房屋成交情况

（一）存量房屋交易总体情况

2020 年，北京市存量房屋成交面积 1574.6 万平方米，同比减少 13.2%。

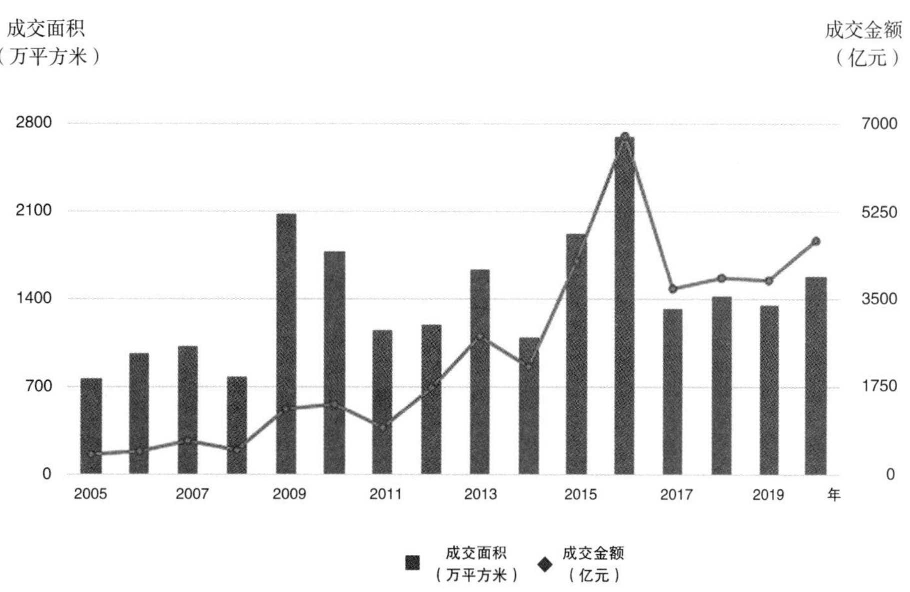

图 5-1　2005—2020 年度北京市存量房交易情况表

其中存量住房成交 1478.6 万平方米，占比 93.9%；存量办公用房成交 45.7 万平方米，占比 2.9%；存量商业营业用房成交 14.3 万平方米，占比 9.1%；其他类型房屋成交 36.0 万平方米，占比 2.3%。

表 5-13　2020 年北京市存量房成交总体情况

类别	成交套数（套或单元）	成交面积（万平方米）
存量住房	164621	1478.6
存量办公	5988	45.7
存量商业	1349	14.3
其他	8900	36.0
合计	180858	1574.6

（二）存量住房成交情况

2020 年全市存量住房成交面积 1478.6 万平方米，同比增加 19.1%。

表 5-14 2011—2020 年北京市存量商品住房成交情况

年度	2011 年	2012 年	2013 年	2014 年	2015 年	2016 年	2017 年	2018 年	2019 年	2020 年
成交套数（套）	97100	124737	150495	98807	189888	260277	130546	148029	138728	164621
成交面积（万平方米）	907.9	1090.0	1374.4	877.1	1714.3	2384.9	1174.4	1287.8	1220.9	1478.6

十六区及开发区情况：中心城区四区成交总量为 716.8 万平方米，占比 48.5%；其中朝阳区成交面积 368.1 万平方米，排名第一。排名二至五名的是海淀区、昌平区、丰台区、大兴区，成交面积分别为 172.1 万平方米、146.5 万平方米、135.9 万平方米、129.9 万平方米。

表 5-15 2020 年北京市存量住房成交情况（按功能区分）

单位：套、万平方米

指标名称	存量住房成交		同比增长（%）	
	面积（万平方米）	套数（套）	面积（万平方米）	套数（套）
合计	1478.6	164621	17.5	15.4
首都功能核心区	120.8	16894	1.7	0.3
东城区	45.7	5944	4.6	2.1
西城区	75.1	10950	0	-0.7
首都功能拓展区	716.8	81577	15.7	13.7
朝阳区	368.1	39360	15.5	12.8
丰台区	135.9	16621	11.0	8.3
石景山区	40.7	5325	7.4	3.9
海淀区	172.1	20271	22.6	23.5
城市发展新区	512.1	51869	18.8	17.7
房山区	81.6	9391	18.5	19.6
通州区	78.1	8554	16.3	15.6
顺义区	76.0	6545	13.1	9.6
昌平区	146.5	13661	21.5	20.2
大兴区	129.9	13718	21.3	19.7
其中：亦庄	16.7	1530	22.8	18.8
生态涵养发展区	128.8	14281	43.9	43.7
门头沟区	17.5	2098	23.3	17.2
怀柔区	19.1	1970	32.6	26.9
平谷区	19.7	2157	36.3	38.7
密云区	55.2	6009	61.3	68.3
延庆区	17.3	2047	41.8	39.3

第二节　住房租赁情况

2020年，受突如其来的新冠肺炎疫情影响，以及随之而来的常态化管控措施，北京租赁市场均受到严重的波及和挑战，租赁市场经历了分街道责任化强管控、人员流动受限、房源空置期加长等多重考验。据本市住房租赁监管平台备案信息和主要经纪机构成交数据推算，全年住房租赁市场累计交易220.7万套次，同比上涨2.7%。

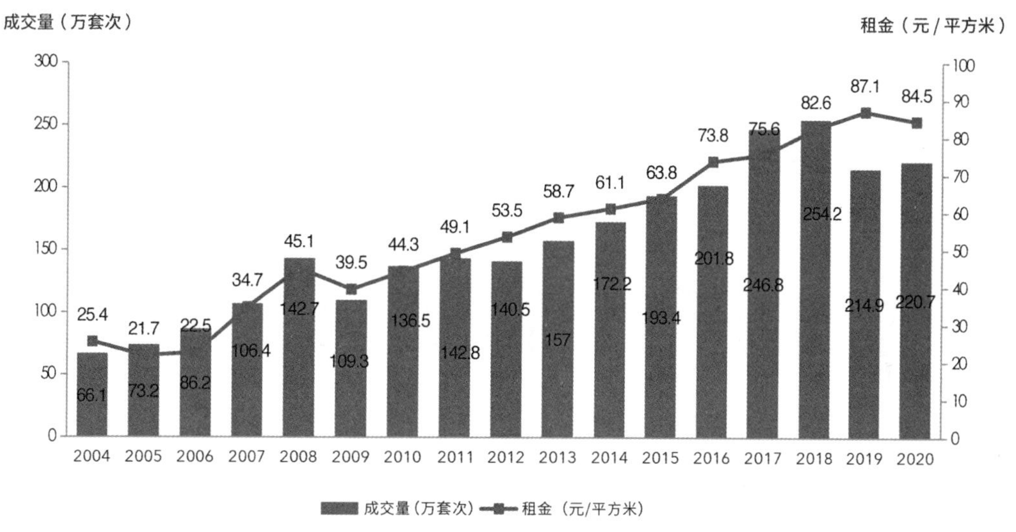

图5-2　2004—2020年住房租赁市场量价情况

一、租赁市场供需情况

调查数据[①]显示，2020年，未来有租房计划的城镇家庭比例为14.3%，相比于2019年，增加0.2个百分点。需求变化特征：从区域上，城四区、副中心的租房需求增加；从户型上，户型为两室一厅的需求持续上升；从年龄上，户主年龄在30～44岁及45～59岁的城镇家庭租房需求增加更为明显；从家庭规模户上，多人户的城镇家庭租房需求上升；从收入上，高收入城镇家庭租房需求上升。租赁住房新增供应方面，一是新开工集体土地租赁住房项目11个，房源10469套；二是新开工转化改建租赁住房项目3个，可提供

① 根据北京市城建研究中心、中国家庭金融调查与研究中心2020年专题调查数据。

房间 1583 间。本市供应自持租赁住房项目 30 个，已开工建设 28 个，可提供房源 1.3 万套。

二、租金价格变化情况

2020 年，在新冠肺炎疫情的冲击下，年初租赁市场遇冷，与往年传统旺季不同，阶段性空置房源大幅增加，在年中疫情好转后逐步回暖。据本市住房租赁监管服务平台备案信息测算，2020 年全市整租平均租金 84.5 元 / 平方米 · 月、同比下降 3%；分租平均租金 2769 元 / 间 · 月、同比涨 2.5%。涨幅较 2019 年收窄 5.5 个百分点，租售比由 2019 年的 1 : 697 降为 1 : 719。

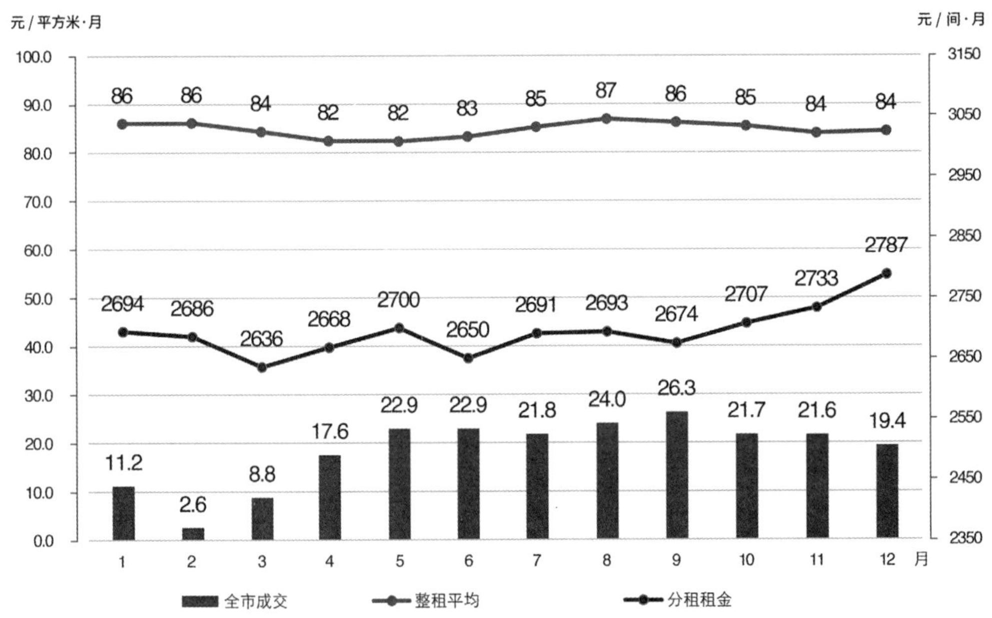

图 5-3 2020 年北京住房租赁价格变化情况

三、长租公寓行业发展情况

据本市住房租赁监管服务平台备案数据，2020 年整租、分租租赁合同备案占比 56.8%、43.2%，较前两年分租市场占比持续走低。另据统计，TOP100 房企中已有近五成涉足长租公寓，其中 2017—2019 年涉足长租公寓业务的房企占比超过 75%。2020 年 TOP100 房企中仅 2 家新开拓长租公寓业务。受疫情冲击，全行业房源空置率居高不下，部分企业处于亏损状态，经营风险持续累积，蛋壳公寓等个别长租企业因经营不善出现资金链断裂，最终走向暴雷，引发社会普遍关注。

第三节　房屋市场价格指数

一、住宅销售价格一稳一涨

（一）新建商品住宅价格总体平稳，二手住宅价格波动上行

2020年，北京市新建商品住宅价格各月环比表现为“8升2平2降”，环比指数变动幅度为0.9个百分点。其中，1—4月受春节假期和疫情冲击等因素影响，新建商品住宅价格较为平稳，1月和3月价格环比指数均为100.0%，4月环比指数降至99.7%；5—9月，随着疫情防控形势不断向好，住宅市场活跃度逐步回升，新建商品住宅价格环比指数在100.3%～100.6%之间小幅波动。4季度，受开发企业加大促销优惠力度和部分高价楼盘入市等因素影响，新建商品住宅价格环比指数在99.9%～100.3%之间波动。

2020年，北京市二手住宅价格各月环比表现为“10升1平1降”，环比指数变动幅度为2.0个百分点。其中，1季度受疫情影响，二手住宅市场低迷运行，价格呈V形走势，2月环比指数降至99.8%，为年内最低点；2季度随着本市复工复产稳步推进，二手住宅市场逐步回暖，叠加西城区调整义务教育入学政策影响，带动全市二手住宅交易明显活跃、价格波动上行，5月环比指数升至年内高点101.8%；3季度以来，除7月受新发地疫情影响，价格环比指数持平外，其余各月价格环比指数在100.4%～100.7%之间小幅波动。

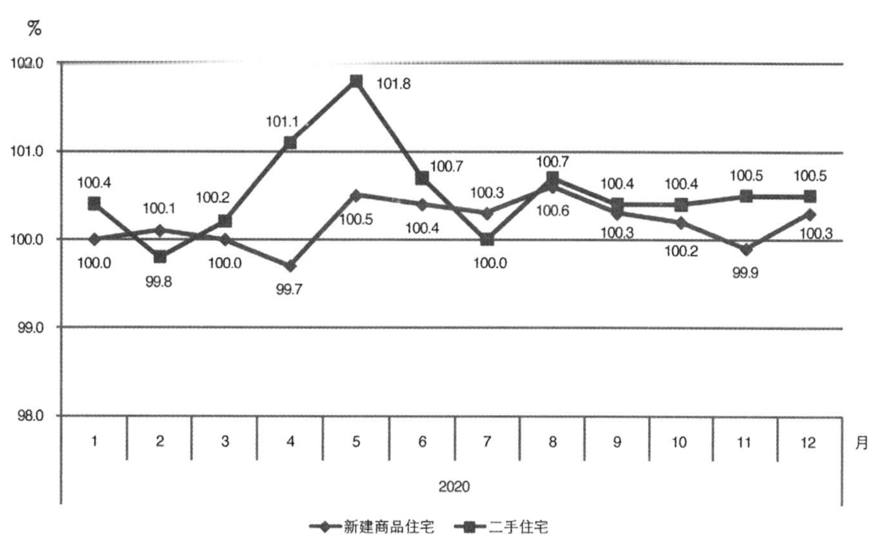

图5-4　2020年北京市住宅销售价格环比指数

（二）新建商品住宅小户型价格指数波动较大，二手住宅各户型价格指数波幅相近

2020年，新建商品住宅小户型价格变动幅度大于中、大户型。其中，90平方米及以下户型价格各月环比“7升2平3降”，指数在99.1%～101.1%之间变动，变动幅度为2.0个百分点；90～144平方米户型价格各月环比“9升1平2降”，指数在99.6%～100.7%之间变动，变动幅度为1.1个百分点；144平方米以上户型价格各月环比“9升3降”，指数在99.3%～100.9%之间变动，变动幅度为1.6个百分点。

2020年，二手住宅各户型价格环比呈上涨态势且波幅相近。90平方米及以下户型价格各月环比“10升2降”，指数变动幅度为2.1个百分点，除2月和7月环比微降外，其余各月指数在100.2%～101.8%之间波动；90～144平方米户型价格各月环比“9升3降”，指数变动幅度为2.0个百分点，除2月、3月和7月环比微降外，其余各月指数在100.2%～101.6%之间波动；144平方米以上户型价格各月环比“11升1平”，指数变动幅度为2.0个百分点，除9月环比持平外，其余各月指数在100.1%～102.0%之间波动。

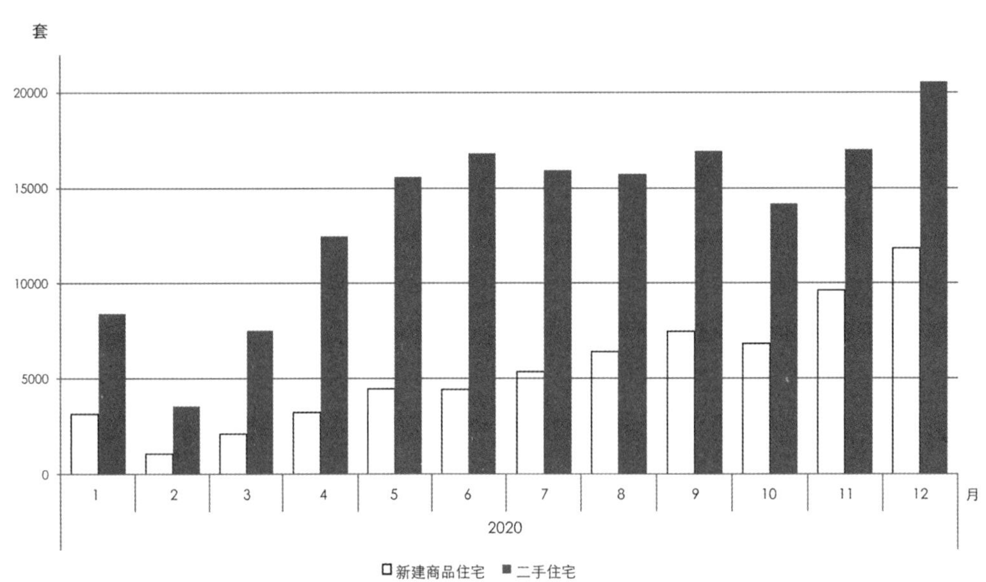

图5-5　2020年北京市新建商品住宅和二手住宅签售量

二、一线城市房价指数比较

（一）北京新建商品住宅价格运行最为平稳

2020年，北上广深新建商品住宅价格稳中微涨。其中，北京各月价格环比指数表现为“8升2平2降”；12月价格同比指数为102.3%，涨幅在北上广深4个城市中最低。深圳价格环比指数上半年稳中有升，6月达到年内高点100.8%，此后环比指数逐月回落，12月价格同比指数为104.1%；上海除2月和11月价格环比持平外，其余各月价格环比均小幅上涨，12月价格同比指数为104.2%，高于北京和深圳；广州除2月和3月价格环比下降外，其余各月价格环比均小幅上涨，12月价格同比指数为105.2%，在北上广深4个城市中最高。

（二）二手住宅价格普遍上涨

2020年，北上广深二手住宅市场较为活跃，

价格环比指数波动上行。其中，北京各月价格环比指数表现为“10 升 1 平 1 降”，上海全年均为小幅上涨态势；北京和上海 12 月价格同比指数均为 106.3%，涨幅同为北上广深 4 个城市最低。广州 2 月和 3 月价格环比下降，5 月起价格环比转为上涨，且涨幅不断扩大；8 月环比指数达到年内高点 101.7% 后，指数波动回落；12 月价格同比指数为 107.5%。深圳价格环比指数呈 A 形走势，其中 3—9 月连续 7 个月环比指数在 101.0% 以上，10 月起环比指数逐月回落；12 月价格同比指数为 114.1%，在北上广深 4 个城市中最高。

第四节　购房资格审核情况

一、2020 年本市购房资格审核基本情况

2020 年，继续从严执行房屋限购政策，购房资格审核、复核工作运行平稳。作为商品住房成交量的先行指标，全年审核商品住房购房资格核验业务 38.7 万笔，同比增加 15.8%，通过 32.7 万笔，通过率 84.6%。其中新建商品住房资格审核 8.6 万笔，同比增加 9.4%，通过率 86.1%；存量住房资格审核 30.0 万笔，同比增加 17.8%，通过率 84.1%。全年审核商业、办公类项目购房资格核验业务 1.15 万笔，通过 0.74 万笔，通过率 64.6%。另外，全年 32 个共有产权住房项目开放网上申购，共审核 24.1 万户家庭。

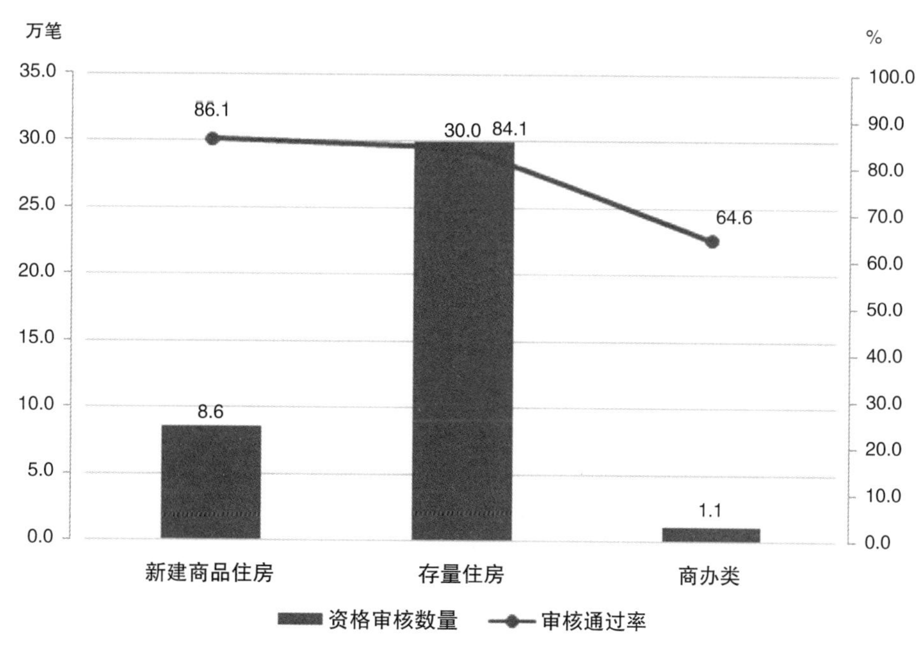

图 5-6　2020 年购房资格审核情况

二、进一步完善在京中央国家机关事业单位人员购房资格社会保险审核办法

2017 年 3 月 26 日，为进一步规范本市商业、办公类项目管理，促进房地产市场平稳健康发展，市住房城乡建设委等五部门联合出台了《关于进一步加强商业、办公类项目管理的公告》（京建发〔2017〕112 号），政策发布后，市住房城乡建设委会同市人力社保局联网审核购房人在本市缴纳养老保险的情况。在实施过程中，在京中央国家机关事业单位人员（简称在京中央机关人员）养老保险是在中央国家机关养老保险管理中心（简称央保中心）缴纳，市人力社保局不掌握其缴纳情况，针对上述情况，市住房城乡建设委会同央保中心、市人力社保局共同拟定了在京中央机关人员购房资格审核时社会保险的审核标准：对于在央保中心缴纳的养老保险，视同在京缴纳。

三、推进购房资格审核事项全程网上办理，商办类房产实现网上自行申请

落实“优化营商环境”部署要求，推进购房资格审核事项全程网上办理，今年 4 月 30 日，个人自行成交商业办公类房屋可在网上申请资格核验，实现不见面审核，让“信息多跑路，群众少跑腿”。

四、提速共产房资格审核，实现审核结果短信告知

受疫情影响，各区上半年推出申购的共产房项目各项工作整体延后，在落实疫情防控的前提下，同时保障申购家庭尽快分配住房，市住房城乡建设委协调市公安、民政、税务、人力社保等联网审核部门，在 7 个工作日完成共有产权住房项目联网审核，比规定的 20 个工作日提前 13 个工作日，受到各区住房保障部门、开发企业和申购群众的一致认可。另外，实现了共有产权房审核结果短信告知申请人，申请人可第一时间收到，若对审核结果有异议可及时提出。

第五节　房地产开发监管

一、房地产开发市场监管

全力做好疫情防控形势下的商品房促开工复工工作，积极推进商品房投资落地。坚决贯彻落实市委、市政府“一手抓疫情防控，一手抓复工复产”的工作要求，努力克服新冠肺炎疫情给项目开工建设和建安投资落地带来的不利影响，市、区住建委积极作为，形成合力，多措并举，深入推进商品房项目尽早开工建设，促进建安投资尽早纳统。一是梳理 2004 年以来已供地未（全部）开工商品房项目 134 项，涉及 1968 万平方米，逐项目了解现状，存在的具体问题和项目开工需求，为有针对性地开展协调推进提供了依据。二是市、区形成合力，全力推动项目开复工。建立由市住房城乡建设委总牵头，各区住建委、项目企业协同推进的模式，将 134 个项目促开工任务分区、分片、对位，因需施策，制定针对性措施，提高

了项目开复工推进效率。初步统计，2020 年当年拿地当年开工率是 2019 年 2.28 倍。2020 年，商品房项目拿地到开工平均周期为 161 天，比 2019 年缩短 75 天。三是解决企业实际困难，为项目尽早开工复工提供保障。多方协调解决企业因新冠肺炎疫情影响防疫物品匮乏困难，统一防疫物品采购，联系项目用工尽早返场、尽早复工复产，加快项目建设尽早恢复常态化，努力降低疫情对项目建设和投资造成的影响。经过共同不懈努力，全市 515 项（施工许可）规模以上商品房项目于 4 月 6 日实现了全部复工复产。

强化配套设施建设移交管理，努力提升居住项目服务品质。2020 年内，全市新建居住项目 79 项，通过强化《建设方案》备案和备案后建设过程监管，较好地实现了居住区公共服务设施与住宅“两同步”监管目标。一是组织开展商品房交房项目配套设施建设矛盾排查 2 次，共排查出配套设施建设类交房矛盾 27 项，均及时开展协调处置或转相关责任部门，促进了交房矛盾的超前化解。二是深入开展居住项目公共服务设施建设移交问题排查，确定 2021 年居住区“疏整促”专项任务目标。全市共排查出医疗、养老、社区综合服务类配套设施问题 69 项（处），本着先易后难、分类有序的原则，确定 24 项（处）纳入 2021 年清理任务。各区在配套设施监管方面，突出严、深、实、细，精准发力，收到较好效果。东城区夯实配套设施联席会制度，做到新项目不漏建、及时交、有人接，老项目有人认，有人管，能落实。丰台区坚持“一手托两家”的思想，为交接双方配套设施顺利交接开展协调指导。朝阳区、石景山区、房山区强化配套联席会议制度，密切与相关行业部门的协同，织密配套设施移交接收衔接机制，促进了配套设施的顺利移交。门头沟区开展了“理旧账”工程，联合属地政府突破性完成了 4 项历史遗留设施的移交。怀柔区住建、规划分局建立了新建居住项目设计方案联审制度，为配套设施顺利移交创造条件。昌平区研究起草《昌平区城镇居住建设项目配套公共服务设施建设管理工作办法（试行）》，并成立了工作专班，开展了本区居住项目公共服务配套设施排查清理工作。通州区全面梳理居住项目配套设施移交情况，研究采取聘请第三方的方式对有偿移交涉及的成本进行评估，进一步探索有偿移交配套设施移交问题的路径。

不断优化行政审批程序，提升行业监管水平。不断优化房地产项目备案和开发资质核准程序和流程，通过精简要件，压缩时限，推行一网通办、全程网办等模式，企业办事效率大大提升。一是精简材料，提高审批效率。印发《关于优化精简暂定、四级房地产开发企业资质核定事项需提交材料的通知》，修订了一级二级三级的资质审核要点。大幅精简房地产开发资质审批要件材料，法定代表人和高级管理人员任职文件、身份证及上一年度财务报告、近 3 年房地产开发统计年报基层表、项目《房地产开发项目手册》及在建项目进度说明等已取消。四级资质报送要件由 26 件精简为 8 件，暂定延续由 35 件精简为 8 件，新设立由 15 件精简为 5 件。印发《房地产开发资质二级及以下资质有效期延期的通知》和《关于进一步做好疫情防控期间房地产开发企业资质变更有关工作的通知》，主动帮助企业解决疫情对资质办理的影响。二是信用建设有序推进。对房地产开发企业记分标准进行了调整，开展了房地产开发企业信用管理系统研究，初步构建了信用系统框架。三是完成资质集中注销工作。依法按程序完成 251 家房地产开发企业资质的集中注销工作，印发了《关于进一步规范房地产开发企业资质证书注销有关工作的通知》，明确了资质依规集中注销和依申请注销的条件、方式、流程、时限等。

全力推进落实专项重点任务和综合管理工

作。一是继续深入落实国务院专项治理任务，开展城镇小区配套幼儿园专项治理，各项工作均按计划顺利推进。2020年完成移交配套幼儿园36所。二是以“街乡吹哨、部门报到”为引领，与昌平区积极推进落实“回天”地区专项行动任务。到2020年底，25项配套设施中共有21个项目顺利完成移交。三是深入开展居住项目前期物业停车位管理、配套设施产权确认等重点问题研究，努力化解与物业衔接相关政策后期物业管理矛盾隐患。四是开展多部门协作，扎实开展了多项专题工作。主要包括：会同市生态环境、交通等部门开展居住项目周边交通噪声扰民问题协调治理；会同市商务局开展居住配套商业服务设施专项督查治理、研究出台《关于进一步促进社区商业发展的若干措施》；会同市教委研究出台《关于进一步加强全市中小学学位建设的工作方案》；配合市金融局开展房地产行业打击非法集资专项行动；参与开展商品房配建政策性住房项目设置隔离设施矛盾纠纷化解；等等。各项工作均顺利完成。

二、房地产开发项目监测监管

2020年以来，全市项目监测紧紧围绕房地产调控工作大局，以项目为核心，以项目手册备案和在途项目信息填报工作为抓手，做好各项工作。一是稳步推进项目手册备案日常管理工作，保障房地产市场平稳健康发展。二是促进项目开工复工，稳定建安投资，推动市场加速复苏。三是全面开展在途项目信息填报工作，施行精细化全流程监测，提升研判决策水平。四是排查居住配套，完善监管机制，增强群众幸福感。

（一）稳步推进项目手册备案日常管理，保障房地产市场平稳健康发展。

2020年全市土地市场成交的新增房地产开发项目（非工业）57个，建筑面积（以下无特指均为规划地上面积）716万平方米，与2019年基本持平。其中住房项目47个，住房规划建筑面积479.2万平方米，完成开发后，预计可供应住房43518套，较2019年减少18.8万平方米、5200套。

全年共办理房地产开发项目手册备案153份次，涉及开发项目117个，备案建筑面积1588.9万平方米，与2019年的1988.6万平方米相比下降20.1%，其中，备案商品住房879.5万平方米，较去年的739万平方米同比增加19.0%，占备案总量的55.4%，涉及项目86个；备案共有产权住房130.4万平方米；保障房（不含共有产权住房）25.3万平方米、商业办公143.9万平方米。全年新注册项目79个，竣工项目59个，已转入历史项目管理。（具体见附录二附表3，4，5，6）

（二）促进开工复工，稳定建安投资，推动市场加速复苏。

根据市委市政府关于加快推进项目开工、稳投资的工作要求，全力推进已拿地商品房项目实现“应开工尽开工”和建安投资有效落地。在摸清底数的前提下，分阶段、分类型梳理完成386个在途商品房项目台账。根据投资落地的规律特征，结合疫情防控工作，科学研判、分类施策，开展精准调度服务，积极帮助企业解决实际问题，为项目尽早开工建设创造条件。通过一系列努力，商品房在途项目基本实现应开尽开，全年施工面积、新开工面积、房地产开发投资等主要指标均已实现正增长。

（三）全面开展在途项目信息填报工作，施行精细化全流程监测，提升研判决策水平。

梳理在途项目楼盘表，建立项目—地块—楼栋—房屋四级数据指标体系，实现开发项目精细化全流程监测。全年共梳理项目989个，涉及土地交易文件133个，土地出让合同1040个，立项文件898个，规划许可3997个，施工许可3741个，预售许可4389个，竣工备案5075个，建设方案637个。梳理单体信息3.1万栋。规划许可、施工许可、预售许可、竣工备案等信息已关联到每个楼栋。采用网络填报、实时提示预警的方式，实现对项目从拿地到竣工开发建设、投资落地全流程跟踪监测，达到提速增效的效果；定期梳理未按期竣工项目，建立防范延期交房、配套不同步交用风险排查预警机制，及时化解市场风险。

（四）排查居住配套，完善监管机制，增强群众幸福感。

在全市范围内开展居住项目配套设施和代征道路（绿化）用地专项排查清理工作。通过排查清理和专项整治，全面掌握2007年以来取得建筑工程规划许可的约居住项目配套设施建设、移交、接收、使用情况和居住项目代征道路（绿化）用地的实施和移交情况，全面梳理存在的问题，有序推进解决遗留问题，进一步完善监管机制，努力提高居住项目监管水平，不断增强人民群众的获得感、幸福感、安全感。

第六节　房屋销售监管

一、交易管理情况

（一）完善商品房销售价格引导机制。

编制《商品住房销售价格引导工作规则》和《商品住房预售价格引导工作规程》等管理文件，明确商品住房销售价格工作流程及价格监测标准，为商品住房销售价格引导提供更具操作性的指导原则，使价格引导机制更加规范、更加完善。

（二）研究完善预售资金监管制度。

梳理本市现行预售资金监管制度及客观存在问题，参考其他省市典型做法，明确预售资金监管制度调整方向，研究并调整完善监管方案。

（三）优化商品住房预售许可审批事项。

积极应对疫情影响，适当调整预售许可截止日期、允许同一施工证办理二次预售、同步申报价格等措施，在保障购房人权利的同时，允许开发企业灵活制定销售策略，有序提高项目开发建设节奏。

（四）制定疫情防控措施，落实疫情防控工作。

出台了《关于进一步做好常态化疫情防控期间房地产开发项目售楼场所管理的通知》、《全市商品房销售现场疫情防控管理措施》等管理文件，明确疫情防控期间开发企业办理相关事项具体工作流程，对开发企业复工现场和售楼场所的疫情防控进行严格管理，对市区各责任部门开展商品房销售现场监督检查工作提出明确要求。在疫情防控期间，赴8个区交易窗口现场指导，解决存在问题，共检查商品房销售项目疫情防控落实情况37个，组织企业自查344家，现场检查在售项目351个（次）。

（五）认真解决群众诉求，沟通化解矛盾。

针对交易纠纷多发的实际情况，坚持做好公开热线答复工作，认真倾听，耐心解答，全年共接听电话7500余个。在做好答复基础上，梳理来电高频问题，建立热线电话台帐制度，总结热线内容，编制了热线答疑手册，确保热线答复的准确性、统一性、权威性。一方面，通过部门热线直接倾听业主诉求，掌握市场苗头问题，精准监管方向；另一方面，主动吸附纠纷矛盾，有效减少12345工单压力。2020年全年共完成网上答疑解惑408条和12345热线工单201件。办理信访事项426件、信息公开778件、督查事项124件、涉诉案件17件、公检法查询事项88件，累计2000余件次。

二、加强执法监管，规范市场秩序

（一）创新售前约谈机制，规范商品房销售秩序。

结合疫情创新售前约谈机制，将现场约谈改为线上约谈，坚持为新批准的商品房预售项目负责人、销售负责人详细讲解本市房地产调控及监管政策，逐条讲明价格管控、销售现场公示、销售机构和人员管理、销控表制作管理、预售资金监管、宣传广告、合同及附件等十多个环节的具体要求，进一步规范开发企业销售行为。

（二）严打违法违规行为，组织开展专项检查。

坚持"民有所呼、我有所应"，重点查处群众反映集中的合同不平等条款、擅自处分公共部位、擅自改变规划设计、捆绑销售等违规行为，全年共对197个新取证项目的合同及补充协议进行检查。严格执行限购政策，有效遏制限购政策执行过程中的违法违规行为，严厉打击违法、违规骗购行为。市级及各区房屋管理部门集中组织开展商品房预售资金监管和本市限购政策执行情况专项执法检查，全年市区两级检查房地产销售现场493项/次，责令改正100件，行政处罚107起，罚款1491.9万元，暂停网上签约252项/次；检查房地产估价机构72家/次，行政处罚9家，罚款1万元。

三、推行全程网办，优化营商环境

（一）预售许可材料网上申报系统试运行。

积极推进预售许可网上办理，预售许可材料网上申报系统于2020年9月7日试运行，并对各区房地产交易主管部门及近百家开发企业开展培训，实现预售申报材料网上传递、市住房城乡建设委内部政务数据网上对接以及预售电子资料网上存储，精简预售许可材料比例40%。在简化开发企业申办手续的同时提高市区两级行政主管部门审批效率，大力提升了住建系统对开发企业的服务水平。截至到年底通过新系统已发预售证84个。

（二）发放预售许可推行电子证书。

依托交易权属管理系统实现了新上市项目房屋预售许可电子证书的发放，开发企业可在售楼场所和公司网站上展示、使用，真正实现"让数据多跑路、让企业少跑腿"。社会公众和购房家庭可通过各类APP应用软件，了解项目预售内容，核实证书真伪，有效避免了伪造证件虚假销售行为。

（三）参与国家优化营商环境评价工作。

推出各类优化营商环境措施，积极参与国家营商环境评价各项工作，提供各类政策、案例、总结等材料，全面参与评价考核支持工作。

（四）办理破产清算服务事项。

会同市政务局联合发文增设"破产（强制清算）房屋交易信息查询"的政务服务事项，实现了全市信息可查，提高企业破产及公司强制清算程序效率，使管理人（清算组）向住房城乡建设部门申请查询信息工作增质提效，截至年底共办理查询216笔。

（五）深入研究存量房交易全程网办与纠纷调处。

积极探索研究全程网签业务的可行性、潜在风险及化解方案，为进一步推动全程网办奠定了基础。对涉存量房复杂信访问题进行集中处理，明确责任主体，协同推进，解决纠纷，切实保障购房人切身利益。

四、加强政策研究储备和业务指导培训

（一）加强政策研究，做好决策支撑。

研判市场形势，深入开展调研，做好政策研究储备工作，“70/90”政策调整、预售许可期限延长及多次办理预售等政策调整落地实施。开展“亦庄新城扩区后住房限购政策衔接”、“利用存量住房资源解决副中心搬迁落地主体职住平衡”、“禁止开发企业代收代缴契税和公维资金”等专题研究，对“完善预售许可制度”、“存量房交易全程网签机制”、“房价地价联动工作机制”以及“落实估价机构属地管理责任”等基础性政策进行深化研究，取得一定的研究成果。

（二）开展业务培训，紧密市区联系。

组织对各区房屋交易、房产测绘成果审核部门业务工作培训会，分批召集各区管理、经办人员130余人，就商品房预售许可申请新系统上线、商品住房销售价格引导规则和引导规程、现房销售备案价格抄报、测绘成果审核办理流程等业务进行系统培训，更新业务知识，提升业务能力，增强各区联络员互动，高效解决日常工作问题。例如，在处理泰禾项目停工的过程中，朝阳区房管局主动作为，解决了部分群众网签问题，缓解了阶段性矛盾；昌平区住建委靠前站位、多方协调，推进各方形成推进工作合力；丰台房管局提前处置，确保监管资金入账，稳定工程建设；海淀区房管局在处理海淀锦绣府信访的过程中，与市住房城乡建设委分工合作，共同应对。此外，在解决百姓房屋交易、网签、入住等方面困难的过程中，在完善现有政策、制度过程中，东西城、丰台、大兴及各区住建房管部门都付出了辛苦的努力，积极建言献策，共同推动工作进展。

第七节　房屋租赁监管

一、完善房屋租赁管理制度建设

（一）2020年6月18日，市人大常委会主任会议审议通过了《北京市住房租赁条例》立项论证，市住房城乡建设委按照市人大要求开展调研起草工作。

（二）2020年9月7日，市住房城乡建设委、市财政局印发《北京市发展住房租赁市场专项资金管理暂行办法》（京建发〔2020〕253号），规范中央财政用于发展住房租赁市场专项资金管理使用。

（三）2020年12月24日，市住房城乡建设委联合市公安局、市网信办、市文旅局共同印发《关于规范管理短租住房的通知》（以下简称《通知》）（京建法〔2020〕12号），明确按区域实施差异化管理，严格规范短租住房经营条件，明确各方责任。《通知》于2021年2月1日正式实施。

二、统筹做好疫情防控和行业复工达产

（一）科学预判，精准应对。充分利用房屋基础数据，为疫情防控提供信息支持，与全市社

区、市城管执法局共享租赁合同备案数据300万条、商务楼宇信息4万余条。累计监测1400余家机构7万余从业人员健康状况。先后出台落实行业疫情防控主体责任、违法群租房整治疫情防控、规范住房租赁服务有序复工复产、加强境外人员租房管理、暂缓拆除“N+1”客厅隔断房、加强新发地批发市场疫情防控等多项政策措施并抓好贯彻落实。

（二）狠抓房屋租赁领域疫情联防联控不留死角。组织行业协会发布倡议书，结合疫情发展形势暂停租赁中介门店经营活动。组织市区两级住建房管部门检查中介门店防疫情况1765家次，排查集中式长租公寓项目168个。印发《关于做好违法群租房整治中疫情防控工作的通知》，累计核查、排查小区8626个，确保全部纳入社区管控。积极参与商务楼宇、商场和餐馆三类场所疫情防控联合督查工作，共督查8次20余个场所。组织行业协会动员企业党支部发动志愿者3万余人次积极参与社区防控。

（三）有序推进复工达产。印发《关于进一步做好疫情防控期间住房租赁服务管理的通知》，依托房屋信息资源，通过技术手段指导租房中介人员进社区有序开展业务。共有1173家企业共62600名从业人员纳入系统管理，涉及社区2300个、小区6059个。

（四）加强涉疫情租赁纠纷调处工作。针对疫情致租赁纠纷高发情况，会同市高院研究加强涉疫情租赁纠纷调处，发布《疫情防控期间防范和化解住房租赁行业纠纷工作指引》，细化3类纠纷风险点，梳理相关法律适用，进行法理解读，提出14条针对性防范化解纠纷的建议。针对企业和舆情反映部分街乡镇集中强行拆除“N+1”隔断房问题，印发《关于疫情防控期间暂缓拆除“N+1”客厅隔断房通知》，要求各区坚持“防疫为主、防治结合”原则，对“N+1”隔断房实行挂账管理，在拆除违规群租房时，要妥善安置租户。

（五）落实租金减免政策。会同市发展改革委研究出台《关于进一步帮扶中小微企业和个体工商户缓解房屋租金压力等有关事项的通知》，做好中小微企业租金减免工作。

三、全力做好长租公寓爆雷风险处置工作

蛋壳公寓由于企业盲目扩张致风险失控，叠加新冠肺炎疫情加剧租赁市场波动，至2020年10月份出现资金链断裂，整体负债50多亿元，涉及13个城市房源总量约43万间、租客约50万人，其中北京地区房屋3.3万套、租约79437件。企业、房东、租户、员工、供应商、银行各方矛盾集中爆发，社会风险快速累积。北京市迅速成立专班，旗帜鲜明坚持人民的立场和首都整体安全观，以居住权优先、确保社会面稳定为原则，分类分级果断、精准、快速处置，全力推进矛盾纠纷实质性化解，期间未发生一起群体性、极端性事件。

（一）高度重视，加强领导。一是强化组织领导。北京市委市政府高度重视蛋壳公寓风险处置工作，蔡奇书记、陈吉宁市长多次研究、批示，提出“不能出现驱赶房客、不能出现极端性事件、不能出现群体性事件”的要求。市委副书记张延昆、副市长隋振江、亓延军负责日常指挥调度，多次召开专题会进行部署。成立市工作专班，每日研判形势，协调调度工作。二是落实属地责任。涉及的12个区落实风险处置责任，成立区级工作专班、制定工作方案，并将处置工作延伸至街道（乡镇），做好全面应对。各区设186个接待点接待群众来访，累计接待来访群众6.1万人次。

市专班将蛋壳房源、房主及租客情况按房屋属地分解到各区，由各区组织街道（乡镇）对照房源台账开展主动处置工作，通过安抚调解促成房主、房客“手拉手”，将矛盾吸附、化解在属地，主动联系覆盖率100%。市工作专班按日统计上报各区“12345”投诉办结和现场接待情况。三是压实企业责任。向蛋壳总部派驻市、区联合工作组，及时掌控企业动态，维持现场秩序。市公安局依法对蛋壳相关责任人实施边控措施，防止责任人员外逃和资金外流，督促企业落实责任。对蛋壳公寓机构股东和高管团队进行约谈，要求蛋壳管理团队必须在职在岗，服从政府部门指挥，积极配合处置工作，严格按处置口径化解矛盾；要求蛋壳完成与租户、房东的解约文本，开通手机APP解约功能，并逐步扩大解约范围，引导客户线上解约，减轻接待现场压力。

（二）依法处置，守住底线。一是市工作专班组织法院、公安、司法、金融等部门及时研判蛋壳公寓涉及纠纷中的各类法律关系，针对房东和房客之间突出的矛盾，按照分解分类、化解化小的总体思路，以优先保护房客居住权为原则，制定《关于解决蛋壳公寓引发矛盾纠纷的意见》，明确四类处置口径。二是指导基层重点做好房主工作，公安机关部署警力守住底线，坚决防止采取换锁、断水、断电等行为驱赶租客的现象。三是市工作专班组织30余名公益律师到接待现场接待咨询并调解纠纷。四是开展行业救助，储备调度应急房源，配置到各区专班，安置矛盾突出或困难家庭，坚决防范极端性、群体性事件发生。

（三）协调联动，维护稳定。一是提请住建部于12月1日召开住房租赁风险防范会议，听取各城市处置工作进展，在13个城市统一实施“四类口径”，做到各城市协同处置；二是市委政法委、市公安局依托全国联防联控机制，请各地公安机关做好源头管控，防止蛋壳维权人员来京串访，减轻首都维稳压力；三是市委宣传部、网信办提请中宣部、中央网信办管控负面舆情，防止舆论炒作；四是人力社保部门及时处置蛋壳公寓欠薪问题，防止风险叠加；五是公安机关及时处理突发警情，核查重点线索，稳定社会秩序；约谈蛋壳高管、股东和微众银行（为蛋壳提供租金贷），要求各方依法履行责任，确保人员在职在岗，积极配合政府处置行动。在控人查钱的基础上，全面核查蛋壳公寓经营管理，梳理资金往来，依法打击违法犯罪行为。微众银行于12月4日发布公告，将房客个人的租金贷（约15亿元）转化为蛋壳公司债务，减轻了化解难度。六是市专班协调解决APP服务、客服电话、密码锁和办公场地，做好应急处置工作的基础设施保障。

四、推进住房租赁市场精细化管理

（一）加强租赁管理服务平台建设应用。截至12月底全市租赁备案突破320万笔，全国排名第一，其中市场租赁备案299.4万笔，公共租赁住房合同备案20.6笔。推动与租赁监管服务平台实现联网企业由20家增加到30家，推动1300多家房地产经纪机构和住房租赁企业积极履行租赁合同备案义务。与相关委办局加强信息共享，利用租赁备案数据，为“租赁赋权”和“疏整促”“疫情防控”“反恐”等社会治理提供重要支持，被住建部作为先进典型进行通报。以中央财政支持住房租赁市场发展试点为契机，启动租赁平台升级建设，提升租赁管理效能。

（二）利用租赁备案成果为承租人赋权。为我市积分落户工作提供住房租赁合同信息核查2万条，积分落户申请人中累计9405人获得租赁积分、249名承租人取得落户资格。为子女教育入学提供住房租赁合同信息核查41万条，1036

名通过租赁合同登记备案的承租人申请办理子女入学、1011名承租人子女实际入学。为承租人提取公积金提供住房租赁合同信息核查9897条，北京公积金中心通过租赁备案信息累计为8894名承租人发放公积金2.47亿元。

（三）强化租赁消费宣传引导。梳理编制房屋租赁领域15件民事判决案例，联合市二中院分批发布《以案释法——住房租赁典型案例》，引导租赁当事人依法活动。结合扫黑除恶专项治理，梳理编制10件刑事案例，并陆续发布，警示震慑行业从业人员引以为戒，引导当事人通过正规中介机构找房租房。开展“租赁校园行”宣传引导活动，编制《毕业季住房租赁指南2.0版》，联合市教委面向大学毕业生定向转发，提示交易风险，引导规范交易。指导中介行业协会按月发布租赁市场动态，引导租赁市场平稳发展。

（四）健全管理机制。强化收房合同备案，实现穿透式管理；规范“租金贷”使用，督促企业诚信规范经营；与贝壳研究院、五大行等市场研究机构建立合作机制，定期开展住房租赁市场、商务楼宇市场运行情况监测和专项调研，为领导决策和完善政策提供依据。

（五）持续开展行业监管执法。2020年市区两级住建房管部门累计检查房地产经纪机构和分支机构7137家（次），下发《责令改正通知书》180份，行政处罚343起，罚款539.1万元。会同市公安局等部门组织各区开展住房租赁合同备案等专项检查。印发《关于排查房屋租赁中介机构经营风险的通知》（京建发〔2020〕144号），要求各区对疫情期间涉及租金、押金投诉5件以上的房屋租赁中介机构开展重点执法检查。

（六）积极参与社会综合治理。2019年起承担全市违法群租房整治专班牵头工作，大力推进群租房整治工作，共整治群租房16988处，基本实现动态清零；严格落实“扫黑除恶”专项斗争和“漠视群众利益”专项整治工作。积极推动住建领域“疏整促”专项工作，协调推进、及时完成15项重点任务。

第八节　公有住房和集资合作建房监管

一、存量公房改革

（一）公有住房出售

2020年，全市出售公有住房64.14万平方米、0.81万套，其中中央单位335家、面积36.27万平方米、涉及住房3751套，市属单位119家、面积11.66万平方米、涉及住房1700套，区属单位118家、面积16.21万平方米、涉及住房2695套（其他涉密房屋售房备案情况，不予公开）。

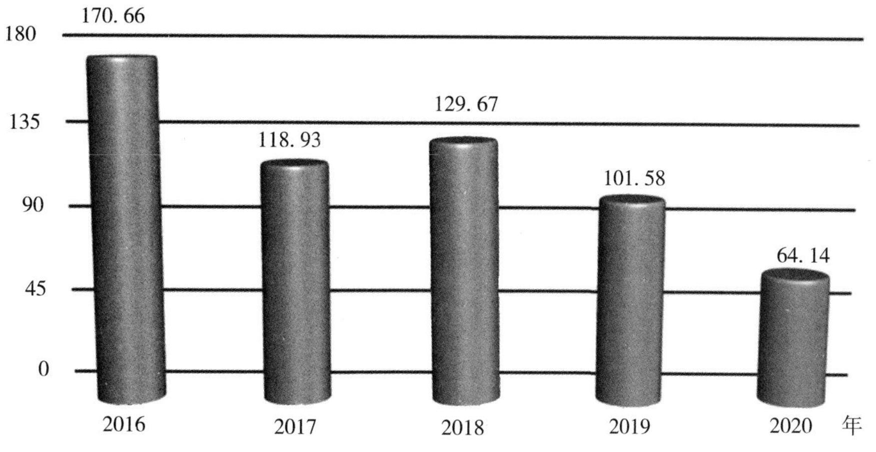

图 5-7　2016—2020 年北京市房改售房情况

（二）公有住房调整

2020 年各区房改部门总计核准 285 家单位调整公有住房方案，涉及住房 1451 套，面积 11.25 万平方米。主要为中央单位分配职工住宅后，按房改成本价、经济适用住房价格为职工调整住房，共计 276 家，涉及住房 1438 套，面积 11.15 万平方米，占调房总量的 99.11%；市属单位 4 家，涉及住房 2 套，面积 0.03 万平方米，占当年调房总量的 0.27%；区属单位 5 家，涉及住房 5 套，面积 0.07 万平方米，占当年调房总量的 0.62%。

二、集资合作建房监管

按照国家和北京市的有关政策，持续加强住宅合作社的管理工作，按规定做好规范集资款审核程序，保证集资建房款专款专用，确保集资合作建房项目顺利完成。2020 年完成了京水住宅合作社的注销工作。对 5 家住宅合作社进行了跟踪审计，向 2 家住宅合作社及其上级送达了监管函。为 10 个住宅合作社办理了年检初审。

三、其他住房资金管理

按照政策规定，公有住房售房款在市住房资金管理中心专户存储、专项使用。截至 2020 年年底，累计归集公有住房售房款 578.98 亿元，支取 496.58 亿元，余额 82.4 亿元；累计归集公有住宅专项维修资金 88.02 亿元，支取 22.97 亿元，余额 65.05 亿元；本年度归集公有住房售房款 4.16 亿元，支取 6.74 亿元，年内净增额 -2.58 亿元；本年度归集公有住宅专项维修资金 2.12 亿元，支取 0.74 亿元，年内净增额 1.38 亿元。

截至 2020 年底，全市累计有 1275 家企业支取售房款 78420.59 万元用于公房修缮。年内，27 家企业支取售房款 1431.05 万元。上述资金主要用于电梯更新维修、供水设备、消防设施整改、楼面及屋顶防水维修等事项。

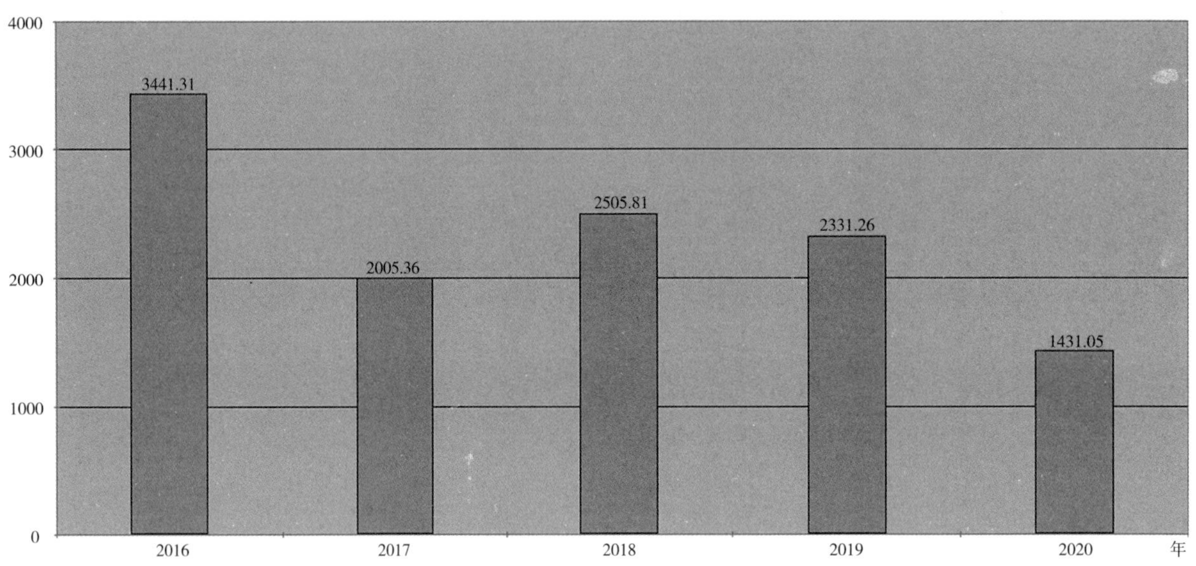

图 5-8　2016—2020 年北京市单位售房款修缮资金支取情况

2020 年，各区房管部门共审核批准 74 家企业支取售后公有住房专项维修资金 3557.01 万元。主要用于屋面防水维修 3.69 万平方米，62 部电梯维修及更新，其余资金用于消防设施改造、供水管道维修、排水管道维修等事项。

第六章

住房保障

第一节 2020年北京市住房保障政策综述

2020年是“十三五”时期的收官之年，北京市坚持“房子是用来住的，不是用来炒的”原则，紧紧围绕首都“四个中心”战略定位，加大保障房建设筹集力度，积极推进公租房精准分配，不断完善租购并举的住房保障制度体系，全力推进住有所居。

一、加强年度目标任务管理

经市政府批准，发布实施《关于印发〈北京市2020年政策性住房工作要点〉的通知》（京住保发〔2020〕7号），确定建设筹集各类政策性住房4.5万套（间）、竣工9万套（间），以及解决特殊困难家庭住房问题等“七有五性”民生实事，明确年度工作目标和要求。截至12月底，全市已建设筹集各类政策性住房6.8万套（间），完成全年4.5万套任务的151%；竣工9.8万套（间），完成全年9万套（间）任务的109%，全年各项建设任务均已提前超额完成。加快推进特殊困难人群住房保障工作，1—12月，新增公租房分配1.29万套（间），全市纳入当前“七有”“五性”监测范围的低保、低收入、重残、大病四类家庭全部实现依申请“应保尽保”。

二、调整完善市场租房补贴政策

印发《北京市住房和城乡建设委员会北京市财政局关于调整本市市场租房补贴申请条件及补贴标准的通知》（京建法〔2020〕6号），自8月1日起实施，进一步放宽本市市场租房补贴申请条件、提高市场租房补贴标准，鼓励更多符合条件的家庭通过市场租房解决住房问题。准入条件由家庭人均月收入不高于2400元调整为不高于4200元，涨幅75%；分档补贴标准，最高补贴由2000元提高到3500元，最低由200元提高到1000元。政策实施以来，全市申请备案量和发放金额大幅增长，实施效果显著。8—12月，全市受理新增申请市场租房补贴11735户，为去年同期的8倍、去年总量的3.3倍；完成备案家庭共6997户，是去年同期的5.2倍、去年总量的2倍；仅12月当月就为1.6万余户家庭发放3300余万元，较去年同期增加近1600万元。

三、加强共有产权住房配套政策研究

研究起草了限价房转为共有产权住房销售、共有产权住房出租试行管理，以及共有产权住房代持机构管理等配套政策，相关政策已陆续报上级部门审批，待审定后再行印发实施。优化调整共有产权住房配售管理政策，指导门头沟、房山、平谷等区扩大共有产权住房配售范围，将城六区京籍和非京籍无房家庭纳入配售对象，实现供需合理匹配。开展“顺销”模式试点，审核通过家庭按照申请先后顺序选房，加快销售进度。1—12月，本市新增共有产权住房申购项目18个、房源2.25万套；开工项目12个、约1.2万套。全市已累计供应共有产权住房项目75个、房源7.9万套。

四、研究完善公租房政策管理体系

为破解公租房房源短缺难题，起草住宅项目

配建公租房等文件，通过恢复地块配建、集体土地试点建设公租房等方式，加大公租房供给。做好公租房市场租金评估工作，通过遴选重新确定10家评估机构，承担公租房项目市场租金评估工作。探索公租房区域定租，在延密平怀四区开展公租房区域定租试点，已在怀柔区划定区域，为试点工作落实打下基础。

五、优化人才住房制度体系

围绕“规模、布局、品质”要求，研究起草加强“三城一区”科技人才住房支持政策，已征求市级部门及“三城一区”管委会、相关区政府意见，拟经市住房城乡建设委专题研究完善后上报市政府。指导各区出台人才住房落地政策，目前全市已有12个区出台人才住房实施细则。做好副中心及周边地区市级搬迁机关、非首都功能疏解单位职工住房支持政策统筹研究。积极推进人才住房建设，目前已确定6个项目、3000余套房源作为市级高层次人才公寓，积极调度7个项目、4100套国际人才公寓规划建设。

第二节　保障性住房建设筹集

一、公共租赁住房和保障性租赁住房开工建设筹集情况

2020年，全市建设筹集公共租赁住房和保障性租赁住房约1.5万套，其中集体土地租赁住房10469套，公租房3206套，转化、改建租赁住房1583套。

表6-1　公共租赁住房和保障性租赁住房开工建设项目表

区县	序号	项目名称	合计（套）	房源类型
朝阳区	1	朝阳区定南棚户区改造定向安置房项目（公租房）	663	公共租赁房
	2	朝阳区垡头地区焦化厂剩余地块保障房项目	1869	公共租赁房
	3	黑庄户乡郎辛庄集体土地租赁住房	2323	集体土地租赁房
海淀区	1	清河市场集体租赁房项目	381	集体土地租赁房
	2	西北旺镇4-1-016（E-1）地块集体土地租赁房项目	726	集体土地租赁房
	3	东升镇马坊村集体土地租赁住房项目	570	集体土地租赁房
丰台区	1	草桥集租房	3406	集体土地租赁房
	2	西局公共租赁住房项目	611	公共租赁房
昌平区	1	员宿北京大兴生物医药基地店	405	转化、改建租赁房
房山区	1	西潞街道东沿村集租房项目	564	集体土地租赁房
通州区	1	通州区环科中路2号院29号楼1层101（部分）及3至8层101装修工程（城家公寓）	242	转化、改建租赁房
	2	通州区2020年筹集租赁房	63	公共租赁房

（续表 6-1）

区县	序号	项目名称	合计（套）	房源类型
怀柔区	1	怀柔区杨宋镇安乐庄村集体土地租赁住房项目	660	集体土地租赁房
	2	陈各庄集体土地租赁住房	901	集体土地租赁房
门头沟区	1	北京市门头沟区石门营环岛北侧项目	910	转化、改建租赁房
顺义区	1	木林镇东沿头村集体土地租赁住房项目（居民楼南侧）	316	集体土地租赁房
	2	木林镇东沿头村集体土地租赁住房项目（居民楼西侧）	622	集体土地租赁房
平谷区	1	北京市平谷区盘龙西路 23 号院	26	转化、改建租赁房
合计			15258	

二、保障性产权住房开工建设情况

2020 年，全市建设筹集保障性产权住房约 5.3 万套，其中定向安置房 40552 套，共有产权房 12469 套。

表 6-2　保障性产权住房开工建设项目表

区县	序号	项目名称	合计（套）	房源类型
东城区	1	朝阳区豆各庄 3、4 号地通惠灌渠西侧地块东城区旧城保护定向安置房	695	定向安置房
西城区	1	光源里棚户区改造项目（C4 地块）	432	定向安置房
	2	光源里棚户区改造项目（C1 地块）	462	定向安置房
	3	菜园街及枣林南里棚户区改造项目	691	定向安置房
朝阳区	1	朝阳区东坝乡单店村 1108-006 地块 R2 二类居住用地项目	999	共有产权房
	2	朝阳区定南棚户区改造定向安置房项目（定向安置房）	1398	定向安置房
	3	朝阳区豆各庄乡水牛坊村 1306-635 地块 R2 二类居住用地、1306-636 地块 A8 社区综合服务用地项目	763	共有产权房
	4	东坝乡驹子房村 1106-720 地块 F1 住宅混合公建用地、1106-721 地块 A33 基础教育用地项目	656	共有产权房
	5	朝阳区将台乡 1018-010 地块 R2 二类居住用地、1016-033 地块 F2 公建混合住宅用地项目	1442	共有产权房
海淀区	1	西三旗建材城中路东侧 1814-630 等地块 R2 二类居住用地，A4 体育用地，A334 托幼用地项目	315	共有产权房
	2	苏州街一体化棚改安置房项目	166	定向安置房
	3	两园之间棚改安置房项目二期	384	定向安置房
	4	海淀区宝山村回迁安置房地块（一期）项目	228	定向安置房
	5	功德寺棚改安置房项目	1544	定向安置房
	6	功德寺棚改安置房项目	1200	定向安置房

（续表 6-2）

区县	序号	项目名称	合计（套）	房源类型
丰台区	1	南苑村 A 区棚户区改造土地开发项目	800	定向安置房
	2	丰台区卢沟桥南里 8 号白菊电器有限公司保障房项目	1430	定向安置房
	3	丰台区长辛店镇张郭庄村 A 区安置房项目	1772	定向安置房
	4	丰台区吴家村梅市口路 1615-761、1615-762 地块项目	2044	共有产权房
石景山区	1	石景山衙门口棚户区改造土地开发项目	3622	定向安置房
	2	石景山区北辛安棚户区改造 B 区土地开发项目	1579	定向安置房
昌平区	1	中关村生命科学园三期及“北四村”棚户区改造和环境整治安置房项目	4174	定向安置房
	2	小沙河村及周边地块棚户区改造和环境整治项目	1127	定向安置房
	3	昌平区北七家镇平坊村三定三限三结合定向安置房项目	516	定向安置房
大兴区	1	北京大兴国际机场噪声区安置房项目	6835	定向安置房
房山区	1	房山区琉璃河镇中心区洄城等 5 村棚户区改造土地开发一片区项目洄城安置房地块	410	定向安置房
	2	房山区城关中心区棚户区改造土地开发项目二期安置地块 FS00-YF06-0004 等地块	299	定向安置房
	3	房山区城关中心区棚户区改造土地开发项目二期安置地块 FS00-YF05-0026 等地块	344	定向安置房
	4	房山区长阳镇 06、07 街区棚户区改造土地开发三片区项目	1236	定向安置房
	5	房山区城关中心区棚户区改造土地开发项目二期安置地块 FS00-YF06-0096 等地块	158	定向安置房
密云区	1	北京市密云区李各庄路 0602、0603 地块二类居住及基础教育用地项目	598	共有产权房
通州区	1	通州区马驹桥镇 C01、C-07、C-09 地块项目	1312	共有产权房
	2	通州区台湖镇 YZ00-0405-0099、YZ00-0405-0104 地块项目	1850	共有产权房
	3	东方厂周边棚户区改造安置房项目	4220	定向安置房
	4	通州区西集镇西集村 TZ07-0103-0019、0029 地块 R2 二类居住用地、TZ07-0103-0020 地块 B1 商业用地项目	966	共有产权房
怀柔区	1	北京市怀柔区雁栖镇陈各庄村 HR-00-0010-6037 地块 R2 二类居住用地、HR-00-0010-6043 地块 A33 基础教育用地项目	664	共有产权房
	2	北京市怀柔区怀柔新城 07 街区（杨宋镇凤翔一园 10 号）HR00-0007-6006 地块 R2 二类居住用地项目（1# 住宅楼等 11 项）	860	共有产权房
门头沟区	1	门头沟区潭柘寺镇定向安置房项目二期	1176	定向安置房
	2	三家店粮库棚改定向安置房	1457	定向安置房
延庆区	1	世园会交通市政配套工程定向安置房项目	925	定向安置房
顺义区	1	马头庄村定向安置房项目	1272	定向安置房
合计			53021	

三、保障性住房基本建成情况

2020年，全市共基本建成各类保障性住房9.8万套，其中公租房20167套，定向安置房59658套，经济适用房6508套，限价商品房5210套，共有产权房6658套。

表6-3 保障性住房基本建成项目表

区县	序号	项目名称	合计（套）	房源类型
东城区	1	朝阳区豆各庄3、4号地通惠灌渠西侧地块东城区旧城保护定向安置房	725	定向安置房
	2	朝阳区豆各庄3、4号地通惠灌渠东侧地块东城区旧城保护定向安置房	823	定向安置房
朝阳区	1	翠成经济适用房项目（D南区）	728	定向安置房
	2	黑庄户棚改安置房	4384	定向安置房
	3	富兴鹏城	382	自住型商品住房
	4	豆各庄一号地农租房腾退安置房	740	定向安置房
	5	宝成雅园	198	定向安置房
	6	焦化厂旧城疏解公租房	4646	公共租赁房
	7	百子湾公租房项目	1000	公共租赁房
	8	东坝驹东A、B、C、D地块经济适用住房项目	4091	经济适用房
海淀区	1	清河西街71号（七一棉织厂）配建公租房项目	145	公共租赁房
	2	中关村东升科技园二期回迁安置房项目	1718	定向安置房
	3	永丰产业基地（新）HD00-0401-0146地块R2二类居住用地（配建自住房项目）	616	自住型商品住房
	4	永丰产业基地（新）HD00-0401-0146地块R2二类居住（配建公租房项目）	872	公共租赁房
	5	永丰C4C5项目	3790	公共租赁房
	6	西北旺C2地块	1418	定向安置房
	7	魏公村小区棚户区改造项目	1328	定向安置房
	8	两园之间村庄安置房（一亩园安置房）	2015	定向安置房
	9	西北旺镇亮甲店HD00-0404-6005、6006地块R2二类居住用地项目	2141	共有产权房
丰台区	1	丰台区城乡一体化槐房村、新宫村旧村改造项目第一期B组团配建公共租赁住房	977	公共租赁房
	2	丰台区花乡樊家村危改6号地回迁房	879	定向安置房
	3	丰台区首钢二通厂南区棚改定向安置房及配套工程项目	3662	定向安置房
	4	大红门重点村	3546	定向安置房
	5	槐房旧村改造回迁房三期	2400	定向安置房
	6	槐房旧村改造回迁房	1622	定向安置房
	7	新宫旧村改造回迁房	1604	定向安置房
	8	地铁九号线郭公庄定向安置房	2782	定向安置房

（续表 6-3）

区县	序号	项目名称	合计（套）	房源类型
石景山区	1	石景山区北辛安棚户区改造 B 区土地开发项目	3168	定向安置房
昌平区	1	沟自头村土地一级开发项目（东侧地块）	1136	限价商品房
	2	北七家镇未来科技城南区 CP07-0600-0049、0062 地块用地项目（人才公租房）	306	公共租赁房
	3	北七家镇（未来科技城南区）CP07-0600-0022、0039、0040 地块 F2 公建混合住宅用地（配建人才公共租赁住房）	150	公共租赁房
	4	北七家镇未来科技城南区 CP07-0600-0049、0062 地块用地项目（自住房）	315	自住型商品住房
	5	沟自头村土地一级开发项目（东侧地块）人才公租房	337	公共租赁房
	6	沟自头村土地一级开发项目（西侧地块）	968	限价商品房
	7	昌平区小汤山镇（未来科技城北区）CP05-0801-0011、0013、0015、0017 地块 F1 住宅混合公建用地、F2 公建混合住宅用地（配建"人才公共租赁住房"）	187	公共租赁房
	8	北京湾项目	3106	限价商品房
房山区	1	房山区良乡镇中心区改造定向安置房（B 地块）	975	定向安置房
	2	房山区城关中心区棚户区改造土地开发项目二期安置地块 SF00-YF06-0009 等地块	700	定向安置房
通州区	1	通州区潞城镇通州新城 0602 街区定向安置房项目	1452	定向安置房
	2	北京市通州区潞城镇棚户区改造土地开发项目 A 区杨坨三号地安置房项目	1238	定向安置房
	3	北京市通州区潞城镇棚户区改造土地开发项目 BCD 区后北营东侧二期地块及西北角地块安置房项目	4390	定向安置房
	4	通州台湖公租房项目	4722	公共租赁房
	5	通州区于家务乡 A-06 等地块居住用地、A-11 地块托幼用地、A-27 地块社会停车场库用地、A-28 地块商业金融用地（配建经济适用住房）项目	658	经济适用房
大兴区	1	首创团河定向安置房项目	774	定向安置房
	2	大兴区黄村镇四街、五街、六街村 DX00-0208-6001 等地块自住房项目（转共产房项目）	171	共有产权房
	3	大兴区黄村镇 DX00-0102-0802 地块 F1 住宅混合公建用地项目	584	共有产权房
	4	2016 年世界月季洲际大会配套安置房项目	6372	定向安置房
	5	北京新机场生活保障基地首期人才公租房项目	2238	公共租赁房
	6	瀛海镇西区 C2 组团 C072 地块经适房项目	1759	经济适用房
亦庄开发区	1	北京经济技术开发区 X84R3 地块自住型商品房项目	1144	自住型商品住房

（续表 6-3）

区县	序号	项目名称	合计（套）	房源类型
门头沟区	1	黑山地块定向安置房项目	2600	定向安置房
	2	门头沟区永定镇苛罗坨、秋坡、石佛村土地一级开发定向安置房	610	定向安置房
	3	门头沟区采空棚户区改造小园 4、5 号地块定向安置房项目	2427	定向安置房
	4	门头沟区采空棚户区改造城子村委会周边地块定向安置房项目	1256	定向安置房
	5	门头沟区采空棚户区改造曹各庄北侧地块定向安置房项目	1788	定向安置房
	6	门头沟区龙泉镇 MC00-0003-0026 等地块 B1 商业用地、F1 住宅混合公建用地及 A33 基础教育用地（原门头沟区城子大街国有资源整合改造升级地块）	797	公共租赁房
密云区	1	密云区十里堡镇王各庄棚户区改造安置房项目	1336	定向安置房
平谷区	1	北京市平谷区山东庄镇西沥津村 PG08-0401-0004 等地块 R2 二类居住用地、A334 托幼用地项目	1305	共有产权房
合计			98201	

第三节　住房保障资格审核与配租配售

一、资格审核情况

北京市 2020 年全年各类保障性住房新增申请 4.05 万户，通过审核备案 3.4 万户，同比分别增长 21.3%、1.52%；其中公租房实物申请 2.1 万户、通过审核备案 1.97 万户，同比分别减少 14.2%、20.55%；市场租房补贴申请 1.36 万户、通过审核备案 8916 户，同比分别增长 179.45%、137%。

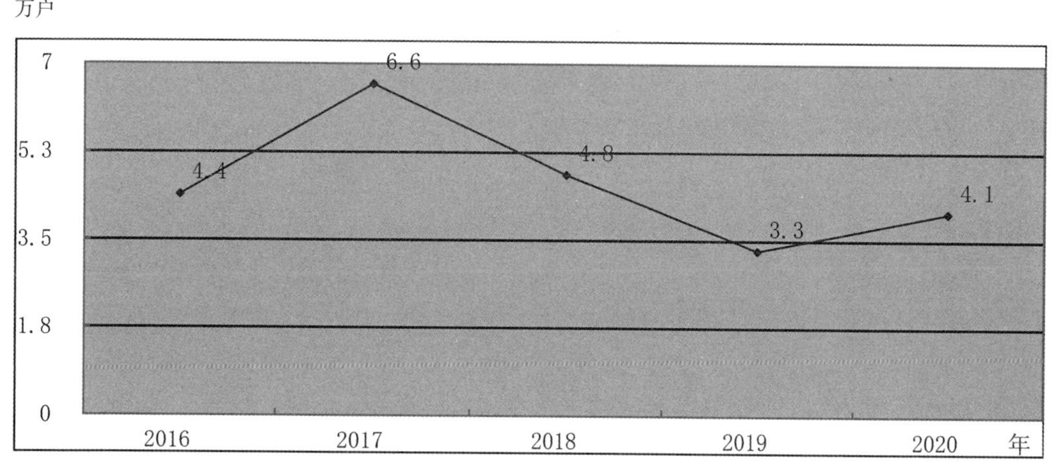

图 6-1　2016—2020 年北京市各类保障性住房新增申请户数

二、配租配售情况

2020年全年公租房分配1.29万套。截至12月底，全市共有产权住房项目共75个、房源约57.9万套；其中启动网申项目共63个、可提供房源6.6万套；年内共有18个项目启动网申，可提供房源2.2万套。

第四节　住房保障使用与监督管理

截至2020年底，全市公共租赁住房项目累计入住房源15.79万套。2020当年发放补贴4.71万户，金额6.2亿元，其中公共租赁住房租金补贴发放2.72万户，发放金额3.66亿元；市场租房补贴发放1.99万户，发放金额2.54亿元。

一、积极开展使用监督工作，不断健全监管工作机制

坚持两手抓，确保疫情防控和运营管理双促进。根据全市疫情防控常态化的要求，市区住房保障管理部门下沉一线，指导产权单位落实小区封闭管理要求，采取多项措施，实施防控管理和运营管理两手抓、两手硬。要求各产权单位不得组织聚集性活动，全面开展测温、查验出入证等工作。为解决受疫情影响部分租户不能及时提供续租材料的问题，出台工作系统种将合同到期时间顺延3个月的措施，共计为300余户自动续期，切实解决租户实际困难。疫情期间，各项目加大智能门禁设备应用力度，加强人员识别、排查和出入管理，进一步助力疫情防控工作。

加强执法检查，日常动态监管机制更加健全。进一步加强“双随机”检查工作，对丰台、海淀、怀柔等区的24个公租房项目开展双随机抽查。及时完善公租房项目名录库，加强执法人员力量，规范行政检查单。2020年全市受理公租房转租转借12起，其中10起已整改或清退，2起列入行政处罚。在市住建城乡建设委网站上公开曝光丰台区王某某、岳某某违规转租家庭基本信息和行政处罚信息，形成有力震慑，并将马某某转租案信息抄送银行监管部门，纳入金融信用联合惩戒。

二、不断提升日常管理水平，实行精细化管理模式

不断规范租务管理，运营水平持续提高。按照工作部署、产权单位自查整改、市区对80个项目开展重点检查、问题整改、市级抽查整改五个阶段进行。从检查结果看，各项目运营水平持续提升；动态监管稳中求进，举报查处渠道畅通有效；技防应用成效初显，部分项目采用了多种技防措施；社会化管理水平提升，八成项目纳入属地社区管理。

制定公租房运营标准。全市各区均已成立平台公司，按照多主体供给、多渠道保障的总体思路提供公租房产品和运营服务，结合市保障房中心及部分产权单位运营经验，编制全市公租房运营标准手册，作为全市公租房运营管理的操作指南，指导各区平台公司开展市场化、专业化、规范化的运营服务。

加强信息化管理，技防应用成效初显。各区积极探索应用智能门锁等技防设备开展服务、监

管工作，如海淀区在山樾嘉园、创客小镇等公租房项目开展多重技防举措，实现监管到户，提升服务质量。经济技术开发区在亦城茗苑项目打造“智能跑道”，通过智能门锁技术自动记录运动数据，设置运动排行榜，用“以跑会友”的方式，构建“人才社交圈”。大兴区瀛海家园人才公租房项目，率先在保障房中应用智能门锁技术，提升监管精准度。市保障房中心持有运营的通瑞嘉苑项目将独居、大病、失能老人作为重点照顾对象，设置久未出入提醒，及时进行走访慰问，帮助解决实际困难。

三、加强协调联动，提升综合服务管理水平

全市公租房小区以“爱党敬党、共建共治、和谐社区、贡献有我”为主题，克服疫情影响，弘扬主旋律，倡导正能量，大力加强公租房小区文化建设，共组织开展各类活动400余次。其中市保障房中心发挥租户管理委员会、燕保志愿服务队、租户之家以及各项目兴趣小组等自组织的积极作用，聚焦机动车电动车乱停乱放、楼内堆物堆料、消防安全、园林绿化等重点难点问题，持续打造公租房活力、品质、人文、法治、智慧等“五个社区”。海淀区保障房发展公司围绕消防防汛演习、垃圾分类、安全宣传、重大节日等内容，积极组织开展各类活动。亦庄博大兴元公司在亦城茗苑、金茂嘉园等社区，与属地居委会、物业单位和社会组织联动，积极开展环境整治、垃圾分类、消防演习、迎中秋国庆等活动。

第五节　住房保障标准与评审

2020年，北京市坚持高起点规划、高品质设计、高质量建设，稳步提升保障房设计质量和居住品质，得到了社会各界的充分肯定。

一、强化保障性住房规划设计方案审查制度

北京市从设计方案入手，坚持合规性审查和优化审查有机融合，大力推进审查工作标准化，以高水平的规划设计为精品保障房的建设保驾护航。2020年，全市累计审查保障房项目规划设计方案35个，涉及住房424.9万平方米，5.2万套；全市累计结合全装修样板间审查保障房项目全装修方案25个，涉及住房227.2万平方米，2.7万套。

二、不断完善保障性住房建设标准

2020年，北京市启动了《北京市租赁住房建设导则（试行）》的编制工作，旨在规范和指导本市租赁住房规划设计建设管理，提高租赁住房品质，促进住房租赁市场健康发展。同时，全市启动修订《北京市共有产权住房规划设计宜居建设导则（试行）》，结合本市已实施共有产权住房项目情况，拟对《北京市共有产权住房规划设计宜居建设导则（试行）》部分条款进行修订，以进一步优化提升共有产权住房建设标准，高质量建设满足百姓需求的住房。

三、出台《北京老城保护房屋修缮技术导则(2019版)》(以下简称《导则》)

该《导则》适用于北京老城内，即二环路以内(含护城河及其遗址)的区域，除文物保护单位、普查登记文物、历史建筑(含挂牌院落)以外的胡同、院落和房屋，进行修缮保护、使用功能改造、市政设施改造、风貌和环境整治提升工程。该《导则》的出台是落实新版城市总体规划的重要内容，把老城区改造提升同保护历史遗迹、保存历史文脉有机结合，将有效地保护北京特有的胡同—四合院传统建筑形态，改善老城平房院落居民的居住条件。目前该《导则》已在东城区直管公房平房大修、西城区菜西片区恢复性修建等项目中发挥显著效用。

四、发布《北京市公共租赁住房人脸识别技术导则(试行)》

该《导则》规范和指导了本市公租房人脸识别技术应用，就人脸识别系统的安装使用提供引导性技术规范，强调通过人脸识别技术丰富服务形式和手段。提高住房保障工作信息化、智能化管理水平，为承租家庭提供更加安全、便利、绿色的生活环境。

五、大力推进保障房产业化，全面推进绿色建筑行动

北京市保障房始终走在住宅产业化前列，自2017年起，新建保障房全部采用装配式建筑，推广应用BIM技术，其中共有产权住房达到绿色建筑二星级及以上标准。截至2020年底，累计实施装配式建筑的保障房项目共计3545万平方米，房源43.2万套，其中2020年新增289万平方米，房源3.1万套。

第七章

综合整治与改造更新

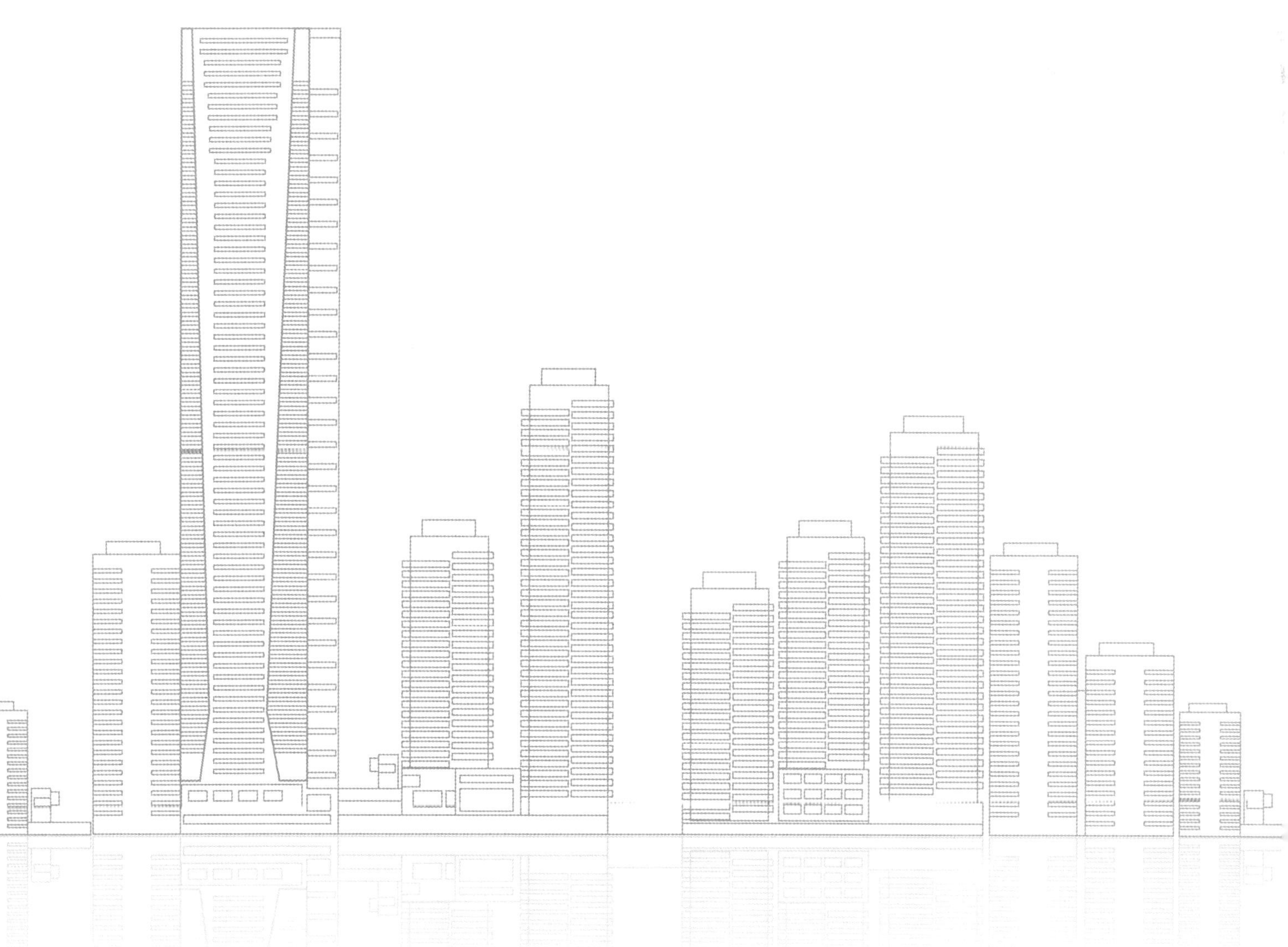

第一节　2020 年房屋安全使用管理

依据《北京市房屋建筑使用安全管理办法》（北京市政府 229 号令）、《城市危险房屋管理规定》（建设部 129 号令），为掌握本市城镇房屋安全状况，及时发现和解除危险隐患，合理制订城镇房屋修缮和改造计划，保障房屋住用安全，市住房城乡建设委印发了《关于开展 2021 年度北京市城镇房屋安全检查工作的通知》（京建发〔2020〕300 号），各区住建委、房管局及各管房单位按市住房城乡建设委统一部署，组织实施城镇房屋安全检查。

（一）房屋安全检查总量及完损状况分析

从 2020 年 11 月至 2021 年 2 月，实查城镇房屋 72461 万平方米，为应查（不包括军产、外事用房及厂矿工业用房等）74202 万平方米的 97.65%，各区查房数量详见图 7-1（图中所标数值为应查房数）。

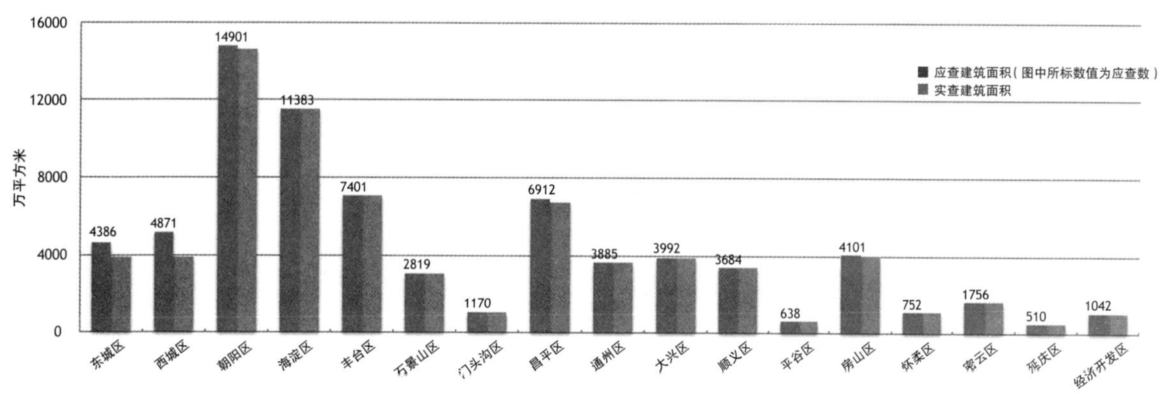

图 7-1　2021 年度城镇房屋安全检查中各区应查和实查房屋建筑面积

在实查城镇房屋 72461 万平方米中，查出疑似危险房屋（未鉴定，以下同）18.79 万平方米，占实查房的 0.03%；严重破损房屋 166 万平方米，占实查房屋的 0.23%；一般破损房屋 1626 万平方米，占实查房屋的 2.24%。按房屋类型划分：疑似危险平房（含中式旧楼）2.99 万平方米，占疑似危险房屋总量 18.79 万平方米的 15.9%；严重破损平房（含中式旧楼）106 万平方米，占严重破损房屋总量 166 万平方米的 63.9%；一般破损平房（含中式旧楼）243 万平方米，占一般破损房屋总量 1626 平方米的 14.9%。疑似危险楼房 15.8 万平方米，占疑似危险房屋总量 18.79 万平方米的 84.1%；严重破损楼房 60 万平方米，占严重破损房屋总量 166 万平方米的 36.1%；一般破损楼房 1383 万平方米，占一般破损房屋总量 1626 万平方米的 85.1%。按房屋区域划分：东城区和西城区查出疑似危险房屋 1.20 万平方米，占疑似危险房屋总量 18.79 万平方米的 6.4%；东西城严重破损房屋 120 万平方米，占严重破损房屋总量 166 万平方米的 72.3%；东西城一般破损房屋 522 万平方米，占一般破损房屋总量 1626 万平方米的 32.1%。疑似危险房屋分布情况：疑似危险房屋 18.79 万平方米中所占比例较多的是：海淀区 7.41 万平方米，占总量的 39.4%；大兴区 5.14 万平方米，占总量的 27.4%（详见表 7-1）。

表 7-1　2021 年城镇房屋完损状况分析表

		应查房屋建筑面积（万平方米）	实查房屋建筑面积												危旧房小计（三四五类）		危破房小计（四五类）	
			合计		完好房屋		基本完好房		一般破损房		严重破损房		疑似危险房					
			万平方米	占应查%	万平方米	占实查%	万平方米	占实查%	万平方米	占实查%	万平方米	占实查%	万平方米	占实查%	万平方米	占实查%	万平方米	占实查%
合计		74202	72461	97.65	59273	81.80	11377	15.70	1626	2.24	166	0.23	18.79	0.03	1811	2.50	185	0.26
按房屋类型分	楼房	72434	70766	97.70	58514	82.69	10793	15.25	1383	1.95	60	0.09	15.80	0.02	1459	2.06	76	0.11
	平房（含中式旧楼）	1768	1695	95.87	759	44.81	584	34.45	243	14.33	106	6.24	2.99	0.18	352	20.74	109	6.41
按区域分	东城西城	9256	7860	84.92	5188	66.01	2028	25.81	522	6.64	120	1.53	1.20	0.02	643	8.19	121	1.54
	朝海丰石	36504	36443	99.83	30002	82.32	5677	15.58	714	1.96	40	0.11	9.62	0.03	764	2.10	50	0.14
	其他区	28442	28158	99.00	24083	85.53	3672	13.04	390	1.38	6	0.02	7.97	0.03	404	1.43	14	0.05

（二）直管房屋安全检查分析

直管房屋安全检查从 2020 年 11 月 15 日开始至 2021 年 2 月 10 日结束。共组织了 167 个查房小组，621 人参加查房，动员工日 2.23 万个。实查直管房 1669.29 万平方米，占应查房屋 1675.12 万平方米的 99.65%。其中：实查平房 295.06 万平方米（包括中式旧楼 11.37 万平方米），占实查直管房总量 1669.29 万平方米的 17.68%；实查楼房 1374.23 万平方米，占实查直管房总量的 82.32%。

1. 直管房屋完损状况（见图 7-2）

（1）直管房屋完好率（完好房和基本完好房）所占的比例由上年的 66.51% 下降为 63.0%，下降 3.51 个百分点，其中：平房完好率（包括中式旧楼，以下同）由上年的 57.29% 下降为 56.08%，下降 1.21 个百分点；楼房完好率由上年的 68.44% 下降为 64.49%，下降 3.95 个百分点。

（2）直管一般破损房所占的比例由上年的 28.48% 上升为 31.46%，上升 2.98 个百分点。其中：一般破损平房由上年的 23.88% 上升为 24.40%，上升 0.52 个百分点；一般破损楼房由上年的 29.44% 上升为 32.98%，上升 3.54 个百分点。

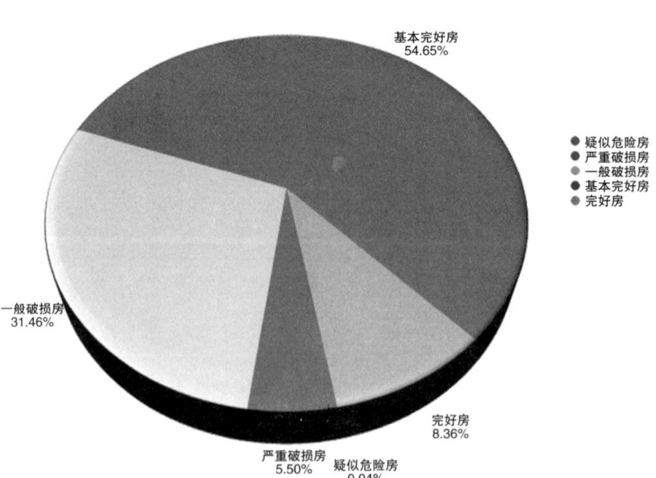

图 7-2　直管房屋完损状况比例图

（3）直管严重破损和疑似危险房屋所占比例由上年的5%上升为5.54%，上升0.54个百分点。其中：直管严重破损和疑似危险平房由上年的18.83%上升为19.52%，上升0.69个百分点；楼房由上年的2.12%上升为2.53%，上升0.41个百分点。

2. 直管房屋应修缮情况

实查直管平房20.10万间(包括中式旧楼0.72万间)，实查直管楼房3874幢24.68万套、1374.23万平方米。应修缮项目见表7-2。

表7-2　直管房屋中查出的应修缮项目

统计单位：平房（间）；楼房（万平方米）

	平房应修缮						楼房应修缮				
	翻挑大修	木结构加固	墙体整修	屋面维修	改善项目	解除院落积水（处）	综合维修	屋面大修	上下水更新	整楼外墙板缝漏雨或外立面粉饰	屋面维修
数量	32143	664	5858	77553	2146	7	21.20	16.71	76.88	0.37	13.60
占总量%	15.99	0.33	2.91	38.58	1.07	—	1.54	1.22	5.59	0.03	0.99

（三）物业和单位自管房屋安全检查分析

1. 实查物业和单位自管房70598.43万平方米，占应查面积72311.25万平方米的97.63%。其中：完好和基本完好房占98.45%，比上年上升1.78个百分点；一般破损房占1.47%，比上年下降0.94个百分点；严重破损及疑似危险房占0.07%，比上年下降0.12个百分点（详见图7-3）。

2. 查出物业和单位自管平房应修8720间，占实查平房36.82万间的2.37%。主要修缮项目：（1）应挑翻大修3484间；（2）木结构应加固669间；（3）平房屋面应补漏4183间；（4）应墙体整修225间；（5）房屋严重阴暗、潮湿、掉土，需做顶棚、地面、改装修159间。

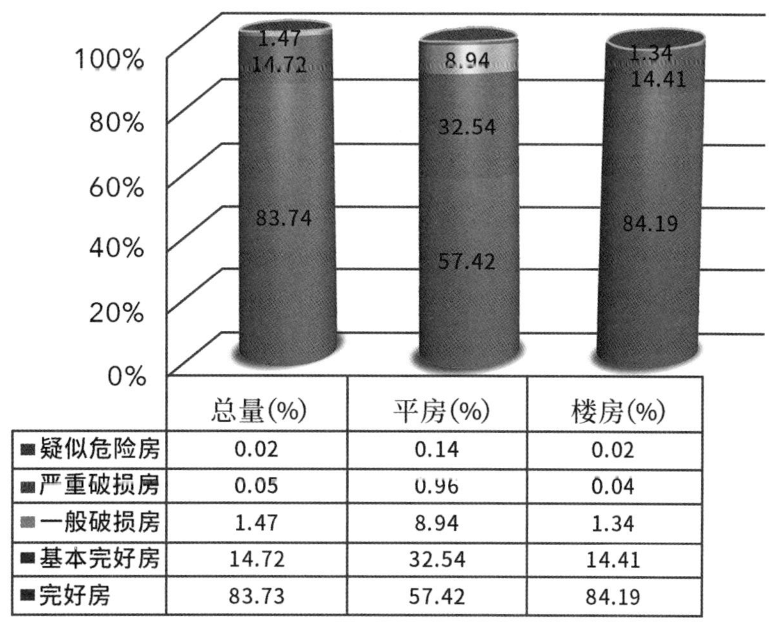

	总量(%)	平房(%)	楼房(%)
疑似危险房	0.02	0.14	0.02
严重破损房	0.05	0.96	0.04
一般破损房	1.47	8.94	1.34
基本完好房	14.72	32.54	14.41
完好房	83.73	57.42	84.19

图7-3　物业和单位自管房屋完损状况

3. 查出物业和单位自管楼房应修 1333.85 万平方米，占实查楼房建筑面积 70766 万平方米的 1.88%。主要修缮项目：（1）楼房应综合维修 99.18 万平方米；（2）整幢楼外墙板缝漏雨应修 43.57 万平方米；（3）外立面应粉刷 83.44 万平方米；（4）楼房屋面应大修及维修 919.07 万平方米；（5）上下水应更新 110.01 万平方米；（6）楼内墙公共部分应粉刷 78.58 万平方米。

（四）城镇私有平房安全检查分析

实查城镇私有平房 12.24 万间，占应查 14.08 万间的 86.93%。其中 96.55% 为自住私有平房，按其产别分类所占比例见图 7–4。

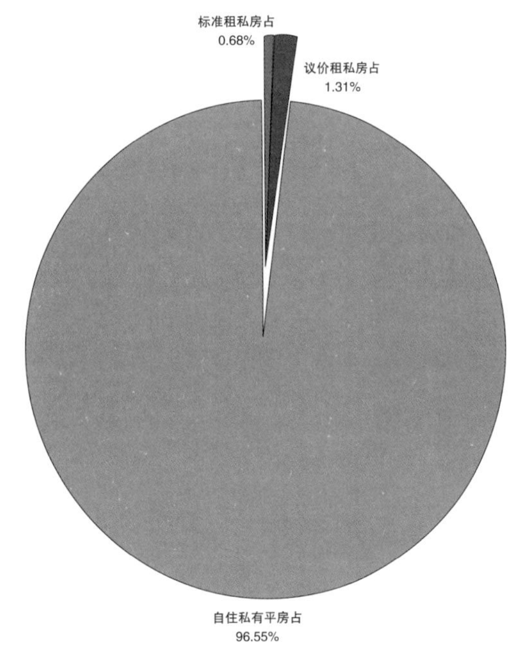

图 7–4　城镇私有平房按产别分类图

1. 标准租出租私房：实查标准租私房 0.95 万平方米，占应查 1.18 万平方米的 80.83%，其中：完好和基本完好房占 12.63%，一般破损房占 18.94%，严重破损房占 68.43%。查出应修标准租私房 427 间，占实查 800 间的 53.38%。主要修缮项目：（1）应翻挑大修 299 间，占实查间数的 37.38%；（2）木结构应抢修加固 16 间，占实查间数的 2.0%；（3）应墙体整修 77 间，占实查间数的 9.63%；（4）严重漏雨 35 间，占实查间数的 4.37%。

2. 自住私房及议价租私房（未规定评定房屋完损等级）：共实查 12.16 万间，占应查 13.98 万间的 86.98%。查出应修自住私房及议价租私房 18677 间，占实查 12.16 万间的 15.36%。主要修缮项目：（1）应翻挑大修 12879 间，占实查间数的 10.59%；（2）木结构应抢修加固 447 间，占实查间数的 0.37%；（3）应墙体整修 4109 间，占实查间数的 3.38%；（4）严重漏雨 1242 间，占实查间数的 1.02%。

（五）房屋设备检查总量分析

1. 2021 年检查电梯 102545 部，电梯检查率为 98.57%，比上年下降 0.25 个百分点。其中检查直管房屋电梯 522 部，检查率为 100%；检查物业管理电梯 88222 部，检查率为 99.44%；检查自管房电梯 13801 部，检查率为 93.31%。

2. 2021 年检查高层二次供水水泵 39055 台，检查率为 96.17%，比上年下降 1.75 个百分点。其中直管房屋高层二次供水水泵 421 台，检查率为 100%；物业管理高层二次供水水泵 31236 台，检查率为 99.28%；自管房高层二次供水水泵 7647 台，检查率为 87.62%。

3. 2021 年检查避雷装置 225510 个系统，检查率为 99.27%，比上年上升 0.14 个百分点。其中直管房屋避雷装置 2368 个系统，检查率为 100%；物业管理检查避雷装置 184657 个系统，检查率为 99.78%；自管房单位检查避雷装置 38485 个系统，检查率为 96.88%。近几年房屋设备检查数量分析见图 7–5。

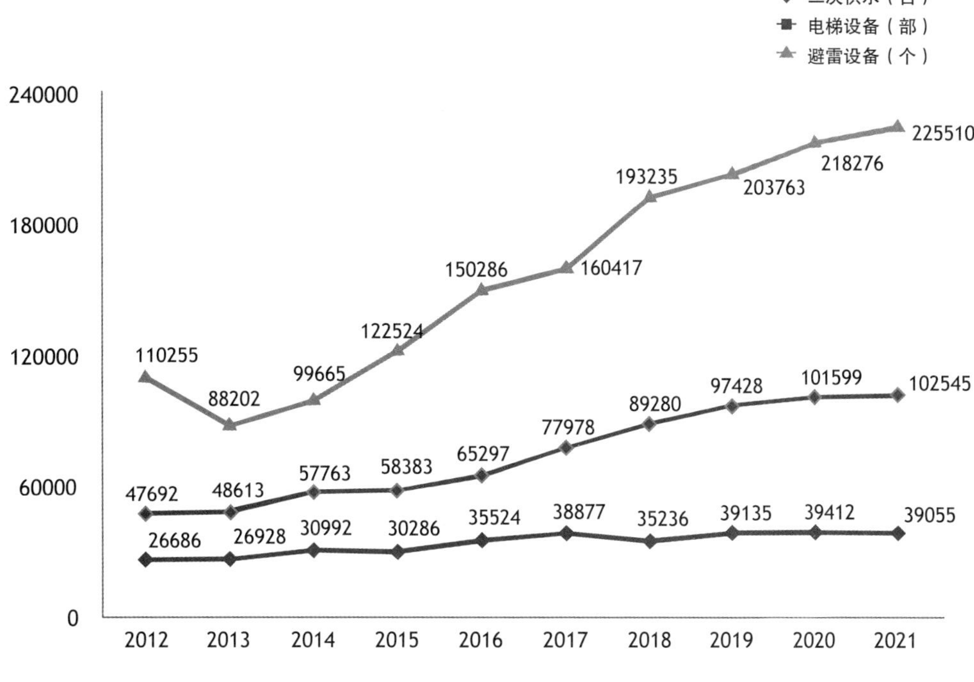

图 7-5 近年房屋设备检查数量分析

（六）房屋设备完好状况分析（详见下表）：

表 7-3 2021 年城镇房屋设备完好状况

		应查	实查							
			合计		完好		一般		较差	
			数量	占应查%	数量	占实查%	数量	占实查%	数量	占实查%
甲		1	2	3=2/1	4	5=4/2	6	7=6/2	8	9=8/2
合计	电梯设备（部）	104030	102545	98.57	93281	90.97	7686	7.50	1578	1.54
	二次供水（台）	40611	39055	96.17	36775	94.16	1989	5.09	291	0.75
	避雷设备（个）	227162	225510	99.27	219349	97.27	5566	2.74	595	0.26
直管	电梯设备（部）	522	522	100	414	79.31	97	18.58	11	2.11
	二次供水（台）	421	421	100	346	82.19	33	7.84	42	9.98
	避雷设备（个）	2368	2368	100	2005	84.67	348	14.70	15	0.63
自管和物业	电梯设备（部）	103508	102023	98.56	92867	91.03	7589	7.44	1567	1.53
	二次供水（台）	40190	38883	96.75	36678	94.33	1956	5.03	249	0.64
	避雷设备（个）	224794	223142	99.27	217344	97.40	5218	2.34	580	0.26

1. 电梯设备完好状况：检查电梯 102545 部，其中完好电梯 93281 部，完好率 90.97%，比上年下降 0.15 个百分点；电梯状况一般的 7686 部，占 7.50%，比上年上升 0.37 个百分点；电梯状况较差的 1578 部，占 1.54%，比上年下降 0.21 个百分点。其中：直管电梯设备完好率 79.31%，比上年 68.44% 上升 10.87 个百分点；单位自管电梯设备完好率 89.25%，比上年 89.22% 上升 0.03 个百分点；物业管理电梯设备完好率 91.30%，比上年 91.94% 下降 0.64 个百分点。

2. 二次供水设备完好状况：检查二次供水设备 39055 台，其中供水设备完好的 36775 台，完好率为 94.16%，比上年上升 0.79 个百分点；供水设备状况一般的 1989 台，占 5.09%，比上年下降 0.77 个百分点；供水设备状况较差的 291 台，占 0.74%，比上年下降 0.01 个百分点。

3. 避雷设备完好状况：检查避雷设备 225510 个系统，其中避雷完好的 219349 个系统，完好率为 97.27%，比上年上升 0.25 个百分点；避雷设备状况一般的 5566 个系统，占 2.47%，比上年下降 0.29 个百分点；避雷设备状况较差的 595 个系统，占 0.26%，比上年上升 0.04 个百分点。

第二节　老旧小区综合整治

一、全市老旧小区综合整治和老楼加装电梯进展情况

2017 年，在“十二五”时期老旧小区抗震节能专项整治工作基础上，北京市委市政府将中心城区老旧小区综合整治工作与“疏解整治促提升”专项行动相结合，启动了新一轮老旧小区综合整治试点，并于 2018 年印发了《老旧小区综合整治工作方案（2018—2020 年）》，方案以新总规为遵循，确定了新一轮老旧小区综合整治的新思路、新模式。三年来，北京市积极改变工作方式，坚持“先治理后改造”，改造工程进场前先要完成拆违等治理内容；坚持“扣紧居民诉求”“凝聚共识、守住底线”“改出良性互动新机制”，由各区街道乡镇搭建居民协商议事平台，组织居民充分参与，立足居民需要，确定改造整治菜单，做好施工现场管理，确保工程质量安全；坚持“共治是起点也是出路”，通过党建引领、健全业主组织，引入专业化物业管理，将改造与管理同步实施，改造后的老旧小区物业管理长效机制初步建立。随着老旧小区综合整治工作的不断深入，工作机制逐步完善，整治效果十分明显，居民居住环境和生活质量得到大幅改善，居民获得感、幸福感和安全感不断增强。

自 2017 年新一轮老旧小区综合整治工作启动以来，全市已累计确认了 433 个项目，涉及小区 511 个、住宅楼 3646 栋，居民 34 万户，建筑面积约 1983 万平方米；累计开工 317 个、完工 105 个。其中，全市 2020 年实现新开工 220 个，涉及 261 个小区、建筑面积 1028 万平方米，新完工 61 个，取得了突破性进展。列入改造整治范围的老旧小区，拆除违法建设、规范物业管理等整治类内容已全面实施，居民满意度达 90% 以上。

经初步统计，北京市新一轮老旧小区综合整治实现拆除违法建设5.1万平方米，节能改造423.19万平方米，抗震加固0.4万平方米，楼内上下水立管改造2855根，楼体清洗粉刷272.1万平方米；绿化补建21.38万平方米，硬化路面38.2万平方米，铺装透水砖37.5万平方米；小区给水管线改造2.46万米，雨水管线改造5.6万米，污水管线改造7.57万米，架空线入地管廊建设22.89万米；完善路灯公共照明3232套，完成监控安防1125套。

按照市委市政府要求，全力推进本市老楼加装电梯工作，2020年，我们认真总结工作经验，进一步完善政策措施，创新工作方法，全年新开工476部，完成加装636部。本市自2017年开始加大推进老楼加装电梯工作力度，累计完成加装且投入使用1843部，方便了2万多户居民上下楼，受到了居民高度称赞，速度、效果和质量处在全国前列。

二、完善政策措施，建立工作机制

为加强组织领导，老旧小区综合整治已纳入全市街道工作和“吹哨报到”改革工作专班重点工作内容，工作任务调度进一步强化；建立了中央国家机关老旧小区综合整治联席会机制，实行“双纳入”；明确了市、区相关部门，水、电、气、热、通信等专业公司和物业管理单位职责，实现政府管理和公共服务进老旧小区；压实属地责任，各区将综合整治工作纳入工作专班统筹推进，切实发挥属地街道办事处（乡镇政府）优势，做好组织、实施工作。同时，为加大工作牵头力度，市住房城乡建设委进一步健全完善了委内老旧小区综合整治工作专班，将综合整治工作列入重要议事议程，主要领导亲自主抓，并设置了8个督导组，及时到各区现地指导，并定期召开专题会，研究政策制定、部署相关工作，形成了凝心聚力、紧盯重点、齐抓共管的良好氛围，全力推进综合整治工作取得新成效。

2020年初，市老旧小区综合整治联席会确立了健全统筹协调机制、完善项目生成机制、完善整治资金共担机制、试点社会资本参与机制、健全金融支持机制、完善群众参与机制、试点存量资源整合利用机制、试点增建公共服务设施机制、试点专业管线改造简化立项和后补助机制、试点危楼和简易楼拆除重建工作机制、改革工程招标机制、完善物业管理长效机制、健全“非经资产”“三供一业”物业管理机制、健全住宅专项维修资金归集补建和续筹机制、完善支持中央国家机关老旧小区综合整治机制，共15项政策机制的研究任务，并明确了各项机制的牵头部门和责任单位，相关工作正稳步开展。

2020年，按照蔡奇书记“老旧小区改造要改出良性互动的新机制”指示要求，北京市在2018—2019年出台“1+5”政策包（工作方案+工程管理、物业长效机制建立、规划建设、加装电梯、财政资金补助5个配套文件）基础上，继续开展“1+4”完善政策研究制定工作（2020年老旧小区综合整治工作方案+工作手册、引入社会资本指导意见、危旧楼改建试点意见和专业管线改造统筹工作方案4个配套文件），进一步建立健全相关配套政策体系，以解决工作中的难点、堵点，实现政策精细化。2020年4月下旬，市住房城乡建设委已会同市有关部门联合印发了《2020年老旧小区综合整治工作方案》和《老旧小区综合整治工作手册》。《关于开展危旧楼房改建试点工作的意见》已于6月30日正式印发实施。《老旧小区综合整治专业管线改造统筹工作方案》已于7月22日正式印发实施。《关于在北京市开展老旧小区综合整治引入社会资本试点意见》已广泛征求各方意见，并将在2021年印发实施。特别是2020年4月，5部门联合印发的

《北京市老旧小区综合整治工作手册》，明确了前期准备工作指引，进一步简化了老旧小区手续办理流程、精简了审核要件、缩短了办理时限，有效提高了项目审核审批效率，进一步理顺了各级各部门工作关系，强化了各项工作衔接。

三、广泛深入开展引入社会资本试点，探索多元资金筹措模式

推广“劲松模式”，总结“首开经验”。2020年初，我们鼓励具有相应能力的央企、市区属企业、民营企业作为社会资本参与老旧小区整治，深入探索“多个一点”方式的资金筹措模式。持续跟进愿景和首开参与实施的6个试点项目，总体进展顺利，全部成立了物管会或业委会。其中，愿景集团实施的劲松北社区改造提升项目，物业费收缴率达到73%，3个楼门加装电梯、适老化和无障碍改造已进场；鲁谷街道“投资＋改造＋运营服务”一体化项目，与产权单位协商推进园区的统一物业管理，物业费收缴率达到52%，五芳园、六合园南、七星园楼本体改造都已进场施工，六合园南立体停车社区服务综合体市政管线迁移改造基本完成；大兴区枣园和三合南里跨小区统筹资源项目，枣园小区3万平方米示范区改造完成已正式亮相，主食厨房、社区便利店、文具书吧已具备运营条件，三合南里锅炉房改造已展开；通州区玉桥街道街区更新项目已开展初步设计招标，以及车棚改造的前期准备工作；西城区真武庙租赁置换项目，已签约14户，与48户居民签订公共区域与室内下水管道、护栏、空调机位改造协议。首开集团实施的石景山区古城南路东西小区开展了楼内上下水改造，十万平小区公共区域环境整治已进场。在上述6个试点项目基础上，积极推进市属国企和其他社会资本与各区对接，认真落实蔡奇书记关于“每个区都要有试点”的指示要求。初步确定新试点项目28个，涉及西城、朝阳、海淀、丰台、石景山、门头沟、顺义、大兴、平谷、密云等10个区，参与的社会资本包括首开集团、金隅集团2家市属国企，中国建筑科学研究院1家央企，海房投资、门城商贸、大兴物业集团、北京天恒建设、北京檀州农业5家区属企业，万科集团、筑福集团、东方雨虹等3家民企共11个企业。其中，16个项目已初步确定了项目方案。

四、出台市政专业管线改造统筹工作方案，开展专业管线改造统筹试点

2020年7月，市住房城乡建设委出台《北京市老旧小区综合整治市政专业管线改造统筹工作方案（试行）》，优化专业管线改造立项审批流程，明确管线改造后产权或管理权移交办法，努力实现一张图审批和一张图施工，为做好老旧小区综合整治市政专业管线改造统筹提供政策指引。市级相关部门已经实地调研了8个区40余个老旧小区，对各区上报的有改造需求的项目进行了现场梳理，并向各区宣传解读了专业管线改造统筹指导意见，讲解了专业管线改造统筹资金支持政策，要求各区积极推进试点项目统筹实施。目前，重点推进海淀区双清路14号院和石景山区六一小学家属楼两个项目。其中，海淀区双清路14号院进展较快，已完成勘察设计招标，正在编制实施方案。

五、印发危旧楼改建试点工作意见，展开改建试点探索

2020年7月，市住房城乡建设委会同市相关部门联合出台了《关于开展危旧楼房改建试点工作的意见》（京建发〔2020〕178号），启动危旧楼改建试点工作。2020年，共确定危旧楼房改建试点项目10个，其中，市属、区属试点项目7个，均在城六区，涉及危旧楼房32栋，约900户，

建筑面积约3.3万平方米。7个项目分别为东城区光明楼17号楼、西城区南营房社区24栋楼、新街口桦皮厂胡同8号楼、朝阳区劲松一区114号楼、海淀区羊坊店铁医路5号勘测社区3栋楼、丰台区开阳里三区19号楼、石景山区五里坨石门路287号院3号楼。其中，东城区光明楼17号、朝阳区劲松一区114号、海淀区铁医路5号勘测社区规划已基本稳定，进展速度相对较快。中央单位试点项目3个，均在西城区，涉及危旧楼房约40栋，约1900户，建筑面积约12万平方米。3个项目分别为真武庙三里、西便门外大街10号院、百万庄小区。西城区拟委托首开集团负责改建工作。为加快推进改建工作落地，市住房城乡建设委多次组织市、区等相关单位召开试点工作联席会，听取实施方案，研究难点问题，提供政策指导，并安排专人跟进督导项目进度。

六、积极支持配合与服务中央单位老旧小区改造工作

2020年，国管局制发了《中央国家机关老旧小区综合整治工作方案（2020—2022年）》，中直管理局也制定了《中直机关老旧小区综合整治工作方案（2020—2022年）》，并与北京市成立了综合整治工作联席会和专班，明确了中央国家机关111个项目、中直机关100个项目的改造任务。2020年8月，按照“双纳入”工作要求，市住房城乡建设委向各区制发了《关于统筹推进中央国家机关老旧小区综合整治有关工作的通知》，统筹推进国管局“1+3”项目任务：将第一批111个综合整治项目纳入各区项目清单，加快推进实施；将拟委托本市实施的699个混合产小区（121万平方米），列入各区工作计划优先安排同步实施；统筹论证实施北京市负责的267个红线外市政管线改造项目；将346个物业管理项目（107万平方米）纳入属地街道牵头，在产权单位配合下，统一完善物业管理。2020年12月，及时向各区制发了《关于统筹推进中直机关老旧小区综合整治有关工作的通知》，将100个项目情况通报各区，并要求各区全力做好支持配合和服务。同时，市住房城乡建设委已将中央国家机关本级老旧小区综合整治工作，纳入市政府折子事项管理，全力跟进组织实施、按月汇总梳理有关情况。中央国家机关本级的综合整治项目，已陆续开展初步设计、招标等前期工作，海淀区2个项目进展较快，实现了进场施工，预计2021年其他项目将陆续开工建设。各区正在积极沟通对接各产权单位，建立工作联系，对于已完成立项审批的项目，做好手续办理服务，加快项目实施。

对于部委所属事业单位和央企在京老旧小区综合整治，市住房城乡建设委一直在积极推动，主动与相关部门沟通联系，支持配合开展相关工作，并参加了国务院国资委、国管局对中石化、中国建研院等央企，以及市属首开集团等开展的老旧小区综合整治调研。后续，将按联席会统一部署和有关要求，全力抓好相关工作对接和落实。

七、持续深入推动建立老旧小区改造长效管理机制

2020年工作中，始终坚持党建引领、业主决策、属地组织和部门指导相结合，积极搭建小区改造议事协商平台，居民共建共治共享的内生动力得到有效激发。坚持改造与管理同步实施，设施改造、环境提升与物业管理引进同步开展，明确老旧小区综合整治必须先成立业委会或物管会，注重整治改造与长效管理的有效衔接，对改造后的小区全部形成常态化的物业管理长效机制，确保了老旧小区综合整治成果能够长期保持。始终坚持“治理+改造+管理”同步推进，截至目前，“十三五”时期实施的433个项目，涉及的511个小区，基本实现物业管理全覆盖，其中

461个小区成立了业委会或物管会，占实施改造小区总数的90%，改造后的老旧小区物业管理长效机制初步建立，居民满意度达90%以上。同时，进一步修改完善了维修资金改革方案、相关配套文件及试点方案，并针对规范业主使用表决程序、简化使用审批要件、房改房维修资金补建、维修资金续筹等重点难点问题开展试点。

八、组织开展老旧小区察访核验工作

为进一步开展好老旧小区综合整治工作，及时了解在老旧小区综合整治工作中存在的问题，按照北京市人民政府办公厅关于印发《老旧小区综合整治工作方案（2018—2020年）》的通知（京政办发〔2018〕6号文）的要求，聘请第三方机构对全市16个区2020年在施和完工的100个老旧小区开展了察访核验工作，中期察访核验在8月上旬到10月上旬开展，年度察访核验在11月中旬到12月上旬开展。在各区积极配合下，两次察访核验顺利完成。察访核验采用现场座谈、资料核查、实地踏勘等方式进行。察访核验围绕各区“六治七补三规范”落实情况，征集民意编制实施方案和设计方案情况，项目推进实施情况，物业管理长效机制建立情况等方面开展，并针对具体项目提出存在问题。各区根据察访核验反映出的问题，抓紧进行整改，并落实完善相关工作机制。此次察访核验工作，察验内容全面、反映问题较客观准确，对老旧小区综合和整治工作起到了很好指导作用，各区针对察验出的问题，及时改进工作，老旧小区综合整治工作水平不断提高。

结合察访核验工作，对100个项目（包括30个2018年立项项目，68个2019年立项项目，2个2020年立项项目）尝试进行了打分，主要包括四个方面，一是小区综合整治方案制定情况；二是改造工程管理情况；三是小区综合整治项目验收与效果；四是居民满意度、长效机制和完善小区治理情况。从全市打分情况来看，80分以上的项目45个（2018年立项项目15个，2019年立项项目30个），朝阳区8个，密云区6个，西城区、海淀区、石景山区、通州区、怀柔区各4个，东城区、丰台区、大兴区、平谷区、延庆区各2个，昌平区1个。

九、配合做好“疏解整治促提升”专项行动

积极推进中心城区和通州区、密云区列入2020年“疏解整治促提升”专项行动的33个老旧小区综合整治项目，涉及楼房159栋、12288户，建筑面积约88.58万平方米。经统计，各项目共完成拆违272.5平方米，治理“开墙打洞”25处、架空线入地铺设管廊2.09万米。改造中，始终紧扣居民最关心、最迫切、最急需解决的问题，注重因地制宜、查漏补缺，有针对性地落实“七补”，不断完善提升老旧小区基础设施和服务设施，创新机制、优化功能、补齐短板、提升环境。2020年，各项目共完成节能保温31.09万平方米，上下水改造746串，屋面平改坡3424平方米，拆除窗外护栏4017个，安装空调护栏10403个，楼体清洗粉刷10.35万平方米，绿化补建4806平方米，硬化路面3.78万平方米，铺装透水砖6.31万平方米，小区给水管线更新4729米，雨水管线新敷设9229米，污水管线更新12052米，路灯公共照明新装1503套，完善安防设施268套。同时，同步积极推进非经资产移交的老旧小区改造，首开集团所属的15个非经项目列入年度项目实施计划。从总体整治效果来看，完成改造整治的老旧小区面貌焕然一新，人居环境显著提升，各类配套设施不断完善，服务功能优化显著，居民的获得感和幸福感显著增强。

10月22日、23日，市住房城乡建设委张国伟副主任带队，市发展改革委、市委督查室、市绩效办联合市住房城乡建设委、市规自委、市城市管理委、市国资委、市委政法委、市园林绿化局和市商务局等部门组成的第一督查组，对朝阳区和怀柔区开展实地督查工作。督查工作重点围绕棚户区改造项目签约、“拔钉子”“战略留白”临时绿化、城乡接合部重点村综合整治、违法建设治理、建筑垃圾处理和再生产品利用、老旧小区综合整治等内容展开，特别是对年度专项行动推进过程中任务量大、进度较慢的重点任务和难点问题进行现地督导。

十、加强老旧小区综合整治工作宣传

2020年，广泛通过电视、报纸、专刊、网络等媒体，对全市新一轮老旧小区综合整治工作进行宣传。做好政策解读，持续释放新阶段老旧小区综合整治“自下而上”、民意立项的政策信号，营造“共商共治共享”的舆论氛围，逐步建立良性互动新机制，实现改一个、成一个，改一片、成一片；持续宣传政策创新，展现本市老旧小区综合整治多措并举、破解难题、力争实效的工作作风。策划典型报道，服务重点媒体，在新华社、中央电视台、《北京日报》等先后发表多篇融媒体专题报道；深度挖掘典型案例，在市住房城乡建设委官方新媒体开设“老旧小区综合整治”工作纪实专栏，系统梳理典型案例，为全市老旧小区综合整治工作营造良好的舆论氛围。

第三节　老城整体保护

2020年，以落实北京市新总规为抓手，有序推进平房直管公房申请式改善、共生院改造等修缮模式，在全面总结菜西、雨儿试点项目的基础上继续巩固扩大试点成果，不断完善政策体系，加大资金和房源支持。先后启动四个项目，累计签约退租居民1229户，退租比例45.8%，各项工作进展顺利。

一、稳步推进试点，不断积累成熟经验。先后启动东城区东直门外北二里庄、雍和宫周边，西城区西板桥、大栅栏观音寺保护更新项目。其中，东直门北二里庄项目涉及居民72户，签约47户，签约比例达65.3%；雍和宫周边院落项目涉及居民36户，签约27户，签约比例约达75%。西板桥涉及居民176户，签约52户，签约比例29.5%；大栅栏观音寺涉及居民2394户，签约1103户，签约比例46%。坚持申请式退租全过程居民自主，并遵循“保障对保障”的原则实施保障性住房对接政策，既弱化了搬迁矛盾，也降低了腾退成本，为提高老城保护和城市更新的可持续性奠定了基础。

二、以“绣花”精神，推进恢复性修建精细化。坚持责任规划师统筹，专家指导、政府把关再实施。一是从基础设施改善做起，解决平房居民“做饭难、洗澡难、上厕所难”这些生活痛点，坚持成套化改造这一最基本底线，在老胡同里引入雨水、污水、电力、自来水等管线，为老胡同的居民过上新时代生活打好基础。二是坚持老北

京传统风貌，坚持使用砖木结构，做到容积率不变、外轮廓不变和檐口高度不变，在公共空间方面恢复老北京生活场景，从建筑形态方面让四合院留住城市的记忆。三是进行适度改善，探索可持续老城更新模式，不追求雕梁画栋、砖雕木砌，在恢复性修建实施过程中，尽量保留原有建筑材料，通过对本地居民口述历史的记录与整理工作，忠实复原本片区建筑特色。

三、增加“造血”功能，保障经营管理可持续。推进直管公房经营权授权，积极引入社会资本开展更新房屋再利用，不走旅游景点和商业路线，坚持一院一策。更新后的房屋优先用于服务保障首都功能，完善地区公共服务设施，补齐地区配套短板和传统文化传承展示服务和人才公寓，实现历史文化街区民生改善和活力复兴。

四、不断完善政策体系，稳步推进各项工作。一是市住房城乡建设委会同市古建所、住宅院等单位编制完成《北京老城保护房屋修缮技术导则（2019版）》，就修缮等级、工艺标准、细部要点、市政设施、建材选用等方面进行了明确。标准中特别明确了老砖瓦、老构件、老门墩的保护利用原则、技术措施和工艺做法，已在试点工作中指导落实。二是统筹中轴线申遗保护三年行动计划项目评估补偿标准。建立工作机制，成立了由东城、西城区政府住建、房管、文物相关部门、实施主体、评估专家共同参与的工作组，对中轴申遗三年行动计划涉及的文物保护腾退、房屋征收、申请式退租等各类项目房屋评估价格进行统筹。

五、加大房源支持，确保各项工作顺利开展。积极调配对接安置房源，已调配安排大兴首创美澜湾房源用于两区中轴线文物腾退及钟鼓楼周边申请式退租项目，保证房源位置相对一致，100%满足房源需求。

第四节　棚户区改造

2020年，市住房城乡建设委深入学习贯彻党的十九届五中全会精神，认真落实市委市政府工作部署，紧紧围绕“疏解整治促提升”要求和新总规要求，对棚户区改造工作加强精细化管理，下大力量开展征拆收尾工作，扎实推进安置房建设、土地整理等各项工作，提前超额完成年度工作任务，取得了显著成效。

一、超额完成年度任务

2020年1—12月，全市累计完成棚户区改造（征收、拆迁、腾退协议签订）约1.08万户，占全年任务的124%。涉及人口约3.15万人，占全年任务的119%。全市共有127个项目启动居民的签约，28个项目完成征拆收尾，19宗入市地块完成土地整理，3.52万套安置房实现回迁入住。

二、整理编印项目册

年内，完成《北京市棚户区改造项目册》和《北京市棚户区改造项目清册》编印，汇集全市2020年实施棚户区改造项目在土地性质、实施主体、改造户数等方面的基本信息。

三、积极协调项目进程

通过月报制度、定期调度会议、重点项目过程跟踪、现场实地调研等多种渠道，及时掌握加快推进项目进展。经全面梳理，认真分析，形成书面简报、专项评估报告或相关材料。

四、探索全过程计划管理体系

在2020年计划编制过程中，探索加强全过程计划管理体系，搭建“1个任务+3个计划”的全过程计划管控体系。将征收拆迁、安置房建设回迁、入市地块整理纳入计划管控范围，逐个项目明确了全生命周期的推进计划和2020年的形象进度目标。

五、加强项目收尾力度

发挥绩效考核作用，加大督查考核力度；以回迁安置房和入市地块收尾为重点，深入调研，精准调度，逐项协调；加强相关单位协调配合，发挥府院联动机制作用，依法快裁、快执，破解签约不交房的执行难题，完成了一批棚改项目的征拆收尾工作，东城区望坛、西城区菜园街等项目收尾攻坚取得明显进展。

第五节　房屋征收拆迁

一、房屋征收拆迁情况综述

2020年，市住房城乡建设委紧紧围绕“解民困、促投资、推申遗、强机制”工作思路，积极开展全市逾期未安置项目清理、加强征收拆迁腾退在途项目推进，加快中轴线申遗相关政策统筹，进一步完善“府院对接”机制平台，全力落实各项工作。

二、全市房屋征收拆迁项目基本情况

（一）房屋征收拆迁项目启动情况

1—12月，全市共启动房屋征收项目13个，征收住宅户数1272户，涉及住宅建筑面积约47万平方米。

依据《中华人民共和国土地管理法》，2020年1月1日起，北京市不再核发集体土地房屋拆迁许可证。

（二）房屋征收拆迁项目签约情况

1—12月，全市房屋征收拆迁共签约住宅户数5191户（其中征收签约1793户，拆迁签约3398户），涉及住宅建筑面积约212万平方米（其中征收涉及约10万平方米，拆迁涉及202万平方米）。

全市共清理完成在征在拆项目43个，其中征收项目14个，拆迁项目29个。

三、征收拆迁管理工作情况

（一）房屋征收拆迁项目有序推进，在征在拆项目清理进展顺利

年内，全市共启动房屋征收项目13个，征收住宅户数1272户，涉及住宅建筑面积约47万平方米。依据《中华人民共和国土地管理法》，

2020年1月1日起，北京市不再核发集体土地房屋拆迁许可证。全市房屋征收拆迁共签约住宅户数5191户（其中征收签约1793户，拆迁签约3398户），涉及住宅建筑面积约212万平方米（其中征收涉及约10万平方米，拆迁涉及202万平方米）。全市共清理完成在征在拆项目43个，其中征收项目14个，拆迁项目29个。

（二）落实市领导批示要求，加快逾期未安置项目清理

按照市政府关于全市逾期未安置项目清理工作指示精神，牵头全市逾期未安置项目清理工作。一是摸清底数，建立台账。全市逾期未安置项目共计88个，涉及16个区，逾期未交付安置房共计92883套，涉及49274户、152516人。二是成立专班，建立清理机制。4月，印发《全市逾期未安置项目清理工作总体方案》，成立市区工作专班，明确“1+3”清理目标，建立市相关职能部门、各区政府局级负责人，处级协调员及联络员三级联系制度及月报制度。三是完善政策体系。针对个别项目规划验收中的问题，协调市规自委出台《关于完善保障房居住公共服务设施用地审批有关问题的通知》；为推进政策性住房规划验收工作，协调市规划与自然资源委出台《关于政策性住房项目规划核验有关问题的指导意见》。在市区联动、司法机关的大力支持下，专班先后19次召开调度会推动相关工作，逾期未安置项目清理工作取得良好成效。

（三）积极做好首都功能核心区文物腾退政策制定等相关工作

年内，共参加北京市推进全国文化中心建设领导小组专题会议、首规委办、市政府组织的专题会议、调研活动30余次。为加快推进核心区重点文物腾退工作依法有序开展，保障中轴线申遗等相关工作顺利推进，市住房城乡建设委多次会同首规委办修改完善《关于加快推进首都功能核心区重点文物腾退的有关意见》，积极配合首规委办做好中轴申遗三年行动计划落实工作，先后9次召开相关工作推进调度会。主要工作有：一是按照“最小代价、区域统筹”指导思想，建立核心区房屋价值评估统筹机制；二是完善政策，研究拟定出台27号文补充通知；三是结合本单位行政职责，积极对《北京中轴线文化遗产保护条例（草案）》和《北京历史文化名城保护条例（修订）》研提相关意见和建议；四是积极调度推动庆成宫、国话家属楼、红十字血液中心家属楼等建筑腾退工作。

（四）加大房屋征收拆迁行政司法工作衔接，合力推进征拆项目收尾工作

为破解征拆项目收尾难、执行难，加快推进棚户区改造等重点工程建设，推进逾期未安置问题解决，全年五次梳理报送征拆在审在执案件台账及涉法难题，提请司法支持。市政府副秘书长会同市高级法院副院长五次召开行政司法衔接联席会，进一步完善市、区两级衔接机制，加大工作协同，行政、司法机关各自压缩工作时限，取得良好成效。一是推进征拆涉诉案件快裁快执。二是加大对未登记建筑认定公示程序中涉法问题研究，明确区房屋征收部门可代行区政府履行对未登记建筑认定结果公示的职能，推进望坛等重点征收项目。三是优化征收收尾工作程序，印发《关于进一步做好国有土地上房屋征收补偿决定有关工作的通知》，压缩行政机关工作时限，优化补偿决定等文书送达程序，提升工作效率。

（五）协助市规划自然资源委做好集体土地房屋征收补偿政策调研及制定工作

按照《中华人民共和国土地管理法》规定及市领导相关批示要求，与市规划自然资源委做好集体土地房屋拆迁管理工作衔接过渡。参与市规划自然资源委组织的到怀柔、延庆、海淀、朝阳等区及广东、浙江、上海、重庆外省市调研工作，研究《北京市集体土地房屋拆迁管理办法》（市政府令第 124 号）废止及全市集体土地房屋征收补偿政策拟定相关工作，为下一步全市集体土地房屋征收管理体制机制设置、政策拟定及征收补偿具体实施等提出相关建议。

（六）加强房屋征收政策研究，提升管理水

一是按照优化营商环境、建立“多规合一”协同平台工作要求，市住房城乡建设委会同市规划自然资源委印发《关于调整本市房屋征收申请要件的通知》（京建发〔2020〕202 号），进一步简化房屋征收前置要件中土地、规划手续要求，加快征收项目启动。二是为严控征收成本，加大房屋征收补助、奖励政策统筹，目前已形成《关于统筹规范国有土地上房屋征收补助奖励类别设置的指导意见》（征求意见稿）。三是落实市领导要求，加强安置房源统筹，起草《关于加强安置房源信息管理有关工作的通知》。

（七）指导推进重点房屋征收项目，取得良好成效

在疫情防控常态化的情况下，积极指导各区将疫情防控与房屋征收工作同步推进，项目进展顺利。如平谷区府前街棚改征收项目（二期），涉及 373 户居民，首日预签约达到 100%。延庆区南菜园五巷二期征收项目，涉及 73 户，启动预签约当日完成 100% 签约。通州区北方亿立工贸中心平房和北泡集团两个项目签约率分别为 96%、100%，仅剩 1 户未签约。密云区中铁十六局集团有限公司路桥公司密云新北路 29 号院棚改征收项目，涉及 731 户，启动预签约首日签约率达到 97.26%，目前剩余 5 户，已签约率达 99.3%。石景山区广宁村棚改征收项目涉及 1600 余户居民，启动预签约第三日达到 90% 的生效比例，于 10 月 17 日发布征收决定，目前已完成 100%，助力冬奥会筹备工作。

第八章

物业管理

为全面贯彻党的十九大和十九届二中、三中、四中、五中全会精神，深入贯彻落实习近平总书记对北京重要讲话精神，坚持以人民为中心的发展理念，完善物业管理体制机制，加强精细化管理，切实提升服务水平，持续改善人居环境，推进首都城市治理体系和治理能力现代化，不断增强人民群众获得感、幸福感、安全感，2019年北京市启动了《北京市物业管理条例》（以下简称《条例》）立法，2020年3月27日，市人大常委会第二十次会议表决通过了《条例》，并于2020年5月1日正式实施。2020年4月24日蔡奇书记主持召开生活垃圾分类和物业管理推进大会，动员全市齐心协力抓好这两个“关键小事”。一年来，全市上下共同努力，提高政治站位，切实增强责任感使命感紧迫感，顺势而为、乘势而上，坚持物业管理与疫情防控有机结合，坚持依靠群众、发动群众，坚持下沉、赋权、增效，构建党建引领社区治理框架下的物业管理体系取得积极进展。

第一节 物业管理的主要成效

一、党建引领下的物业管理体系初步建立。物业管理工作纳入全市街道工作和“吹哨报到”改革联席会统筹推进，并在区委书记点评会上按月点评调度；市级部门及各区成立物业管理工作专班推进实施；街道（乡镇）、社区主体责任逐步落实，基本能实现物业管理“事有人干”。

二、全面助力打赢疫情防控攻坚战。全市3000余家物业企业，20余万物业工作人员昼夜坚守在工作岗位，坚决服从社区统一安排调度，全力配合做好疫情防控。各街道（乡镇）、社区以疫情防控为契机，强化基础薄弱小区管理，努力实现各类小区都有人管。

三、物业管理“三率”显著提升。全市业委会(物管会)组建率从11.9%增加到85.1%，物业服务覆盖率由64.1%增加至90.9%，党的组织覆盖率由25.2%增加到96.6%。

四、物业管理配套政策体系逐步健全。围绕1个条例，制订28个配套文件指导稿、9批89个问题的操作指引，构建“1+28+9”的配套政策体系。

五、物业管理突出问题专项治理取得初步成效。第一批纳入专项治理的102个项目中，有90个项目已退出第二批诉求前100名。

第二节 主要做法与工作实践

一年来，全市上下全面贯彻实施《条例》，全力构建党建引领社区治理框架下的物业管理体系，切实提升物业服务水平，建设和谐宜居社区。主要做法可以概括为“一个统领、两个提升、三个健全、七个同步”。

“一个统领”：坚持以构建党建引领社区治理框架下的物业管理体系为统领；

“两个提升”：狠抓物业管理“三率”提升和基层社区治理框架下的物业管理能力提升；

“三个健全”：健全市、区、街道（乡镇）、社区四级管理体系、健全配套政策体系、健全街道赋权和综合执法体系；

“七个同步”：同步推进老旧小区改造与物业管理水平提升、同步推进专维资金改革和试点先行、同步推进物业管理突出问题治理和群众诉求解决、同步推进“北京业主”APP优化提升和智慧物业建设、同步推进《条例》宣贯与相关人员培训、同步推进疫情防控生活垃圾分类和物业管理工作协同、同步推进行业党建与行业水平提升。

一、坚持党建引领，推进构建社区治理框架下的物业管理体系

市委办公厅市政府办公厅出台工作方案，把党的领导贯穿于基层社会治理各方面各环节，以区域化党建为依托，强化街道（乡镇）、社区党组织的政治引领、组织引领、能力引领、机制引领作用，动员广大党员、居民群众和社会组织积极参与家园建设，提升城市治理体系和治理能力现代化水平。将物业管理“三率”推进情况纳入年度党建述职评议考核内容，推动各区把提升“三率”作为一把手工程；同时纳入街道工作和“吹哨报到”改革年度重点任务、社区治理20条措施，定期调度。总结基层探索的党建引领物业管理的有效做法，选育一批党建引领物业管理的先进典型，示范带动其他小区，整体提升全市物业服务水平。

二、全面提升物业管理“三率”和基层社区治理框架下的物业管理能力，夯实《条例》实施基础

（一）狠抓业委会(物管会)组建率、物业管理覆盖率以及党的组织覆盖率提升。党建引领提升物业管理“三率”的2020年阶段性任务目标提前完成。各区在推进“三率”提升方面也不断创新方式，加大工作力度，门头沟、平谷、延庆3个单位纳入考核的项目已实现“三率”100%全覆盖。

（二）狠抓基层社区治理框架下的物业管理能力提升。落实街道（乡镇）主责，推动建立街道（乡镇）一把手亲自抓的工作机制；社区党组织引导建立议事协商机制，积极引导业主自治管理，逐步推动物业管理从行业管理向社会治理转变。

三、逐步健全完善管理、政策、执法三大体系，为保障《条例》实施提供强有力的支持

（一）加强工作统筹，健全市、区、街道（乡

镇）、社区四级监督管理体系。将物业管理工作纳入全市街道工作和“吹哨报到”改革联席会统筹推进，按月调度，并在区委书记点评会上进行点评。市政府成立由 15 个市属部门和各区委区政府构成的物业管理专班，建立联席会议制度，定期调度推进，市级各部门按照职责分工齐头并进开展工作。市住房城乡建设委党组在全委抽调专人成立实体化运行物业专班，设立 8 个专项工作小组，集中攻坚，包区包片，下沉各区各街道，《条例》实施三个月内就实现了对全市 153 个街道指导全覆盖。各区委、区政府把物业管理作为一把手工程，成立物业管理工作专班，建立健全相应综合协调推进机制，统筹推进物业管理工作落实，促进基层党建与物业服务深度融合，增派党员力量或专业人员到物业管理的基层一线；各街道（乡镇）落实主体责任，结合管理体制改革，明确物业管理的监督管理工作机构，优化力量配置，全面推进“三率”提升；各社区狠抓具体落实，强化居民自治发动，引导业主共商自治。

（二）市区协同推进配套实施政策体系不断完善。市委办公厅、市政府办公厅联合印发《关于加强北京市物业管理工作提升物业服务水平三年行动计划（2020—2022 年）》，细化明确下一步重点工作任务和目标，把握《条例》贯彻实施的方向。市委组织部出台《关于党建引领物业服务企业和业主委员会建设的指导意见》，建立区、街道、社区三级党建协调工作委员会，在居委会下成立环境和物业管理委员会，推进社区“交叉任职”。市住房城乡建设委分三批制定 28 个配套政策指导稿发各区、各街道（乡镇）先行先试，鼓励基层主动创新，用一线实践检验政策是否科学合理；编制《条例》实施操作指引，以问答方式对基层关注的 89 个重点突出问题进行解答。

（三）健全完善街道赋权和综合执法体系，形成《条例》实施的强大执法保障。全市 16 个区和开发区 281 个街乡镇的物业备案赋权已全部落实，3 项执法权下放各街道，通过“吹哨报到”形成部门执法合力。住建部门持续加大物业执法检查力度，开展物业“五合一”综合检查，全市住建、房管系统共开展物业检查 10000 余次，实施物业类处罚 520 余起，下达责令改正通知 220 余起。

四、坚持问题导向和改革突破并重，同步抓好七项重点任务推进实施

（一）同步推进老旧小区改造与物业管理水平提升，建立老旧小区长效管理机制。坚持“治理 + 改造 + 管理”同步推进，发挥业主委员会、物业管理委员会等业主组织作用，搭建好改造整治议事平台，激发居民主人翁意识，引导居民参与配合改造整治，参与规范小区物业管理，引导培养居民付费享受物业服务习惯，提升老旧小区物业管理水平，积极推动居民实现由“尝”到“买”的转变。2017 年以来实施改造的 500 余个小区中，物业管理基本实现全覆盖，有 470 多个小区成立了业委会或物管会。据不完全调查，完成改造的项目居民满意率达到 90% 以上。

（二）同步推进专维资金改革和试点先行，健全维修资金管理制度。加快研究出台维修资金改革的相关配套政策，制定《北京市深化住宅专项维修资金管理改革实施方案》。持续推进维修资金历史数据清理完善，开展维修资金数据清理及补齐工作。开展专户存储银行增选公开招标工作，进一步规范住宅专项维修资金存储银行准入、退出机制，建立存储银行服务考核制度，不断提高存储银行的服务水平。扎实做好住宅专项维修资金审计问题整改工作，多部门联合开展专维资金专项执法，催缴部分小区欠交、滞留或挪用的维修资金，收回欠交资金约 2.6 亿元。

（三）同步推进物业管理突出问题治理和群

众诉求解决，以点带面促进物业服务水平提升。建立专项物业管理突出问题治理长效机制，市、区、街道、社区四级联动，共同推动“12345”市民服务热线物业管理突出问题诉求前100项目的专项治理。市级部门加强指导、按月调度；区级部门统筹协调，具体指导各街道、社区按照“一项目一方案”的原则，切实解决群众关心的突出问题。加强“12345”市民服务热线物业管理问题诉求“三率”回访排名后十名街乡镇约谈指导，按照见人见事原则，共同分析接诉即办问题，研究整改措施。

（四）同步推进“北京业主”APP优化提升和智慧物业建设，提升物业服务信息化智慧化水平。加快完善“北京业主”APP系统，持续推进项目上线，截至年底，“北京业主”APP前台共上线项目3000余个。推进全市房屋平台物业管理“落点落图”，基本实现底数清、点位明、区域准。推进物业管理区域内各类信息的“一网通办”，同时开展试点工作。

（五）同步推进《条例》宣贯与相关人员培训，形成《条例》贯彻实施的浓厚氛围。《条例》出台后市住房城乡建设委第一时间通过新闻发布会进行权威解读，并陆续接受北京交通广播《今日交通》、北京电视台《第一房产》等栏目采访；对市区两级住建房管系统进行全面培训，并为怀柔区、延庆区、首开集团等几十家单位进行宣讲培训；根据市、区提供的各类素材，中央、市属主流媒体累计发稿776篇；发挥典型案例示范作用，总结基层113个典型案例，汇编成册发各区、各街道（乡镇）参考；官网开设“党建引领小物业 社区治理大民生”物业管理专栏，专栏共发布各类信息200余条。市委组织部将《北京市物业管理条例》宣贯列为市委党校局级干部培训班和处级干部培训班培训课程，强化领导干部法规宣贯。

（六）同步推进疫情防控、垃圾分类和物业管理工作协同，促进社区生活环境不断改善。落实全市社区防控各项要求，物业服务企业快速反应，服从社区统一安排、统一调度指挥和培训指导，全力配合社区做好疫情防控各项工作。不计得失参与防控，加大物资和资金投入，加强居住小区出入管理，在本市社区防疫中发挥中坚力量的作用。各区根据疫情情况强化物业管理疫情防控调度，督促物业服务企业严格执行各项疫情防控措施；加强动员部署，全面推进物业服务从业人员疫苗接种覆盖。制定《北京市住房和城乡建设委员会生活垃圾分类社会动员工作方案》，落实物业服务企业在生活垃圾分类工作中分类管理人的相关责任。持续开展物业项目疫情防控、物业管理和垃圾分类专项检查，确保疫情防控、垃圾分类、物业管理三项任务协同推进。

（七）同步推进行业党建与行业水平提升，物业协会及行业党委建设取得初步进展。强化党建引领行业发展，贯彻中央及市委“两新”工作有关要求，结合物业行业特点，深入推动“两新”组织党建工作向纵深发展，党建引领破解行业发展难题。开展物业服务行业党建专题调研，研究推动建立市级物业服务行业党委。完善区级行业协会建设，朝阳、海淀、石景山、通州、延庆、怀柔、密云、经开区共8个区成立了区级物业协会。

第三节 各区亮点做法

东城区出台《东城区落实街道物业管理职责试点工作方案》，构建区、街、社区物业管理协同联动、无缝衔接的工作机制；全面调查摸底全区小区现状情况，实现小区统一编号管理和工作数据可视化管理；创新采取“一局包一社区”策略，与街道、社区共同推进“三率”提升。

西城区实行区领导重点小区包案负责制，将提升“三率”工作纳入政府绩效考核和基层党建考核；结合“西城大脑”打造智慧物业；依托“西城家园”微信公众号和手机客户端，打造物业管理常态化线上培训系统。

朝阳区明确各方工作职责，推进“法治物业”建设；打造智慧物业，建立物业大数据“一张图”；打造品牌物业，开展品牌物业项目评价；强化物业协会行业引领，成立协会党委，发布《朝阳区物业服务费用成本监测报告》。

海淀区实行“房管专员”下沉街镇工作机制，强化街镇工作指导；581个社区共选定2000余名专（兼）职物业管理干部，提升基层工作水平；创新“民情驿站”“社区合伙人”，推动业主自我管理；强化行业党建引领，成立全市首个物业行业综合党委。

丰台区把失管小区治理作为“一把手”工程抓好抓实，对66个失管小区开展专项治理；出台《丰台区业主委员会、物业管理委员会组建参考手册》，指导街乡工作；组织辖区街乡选派优秀干部组建“百名教员培训团”，打造物业管理和社区治理的骨干力量。

石景山区印发《关于推动物业管理融入社区治理的通知》等一揽子文件，推动各类社区治理主体同频共振、深度融合；试点开展接诉即办“双派双考”工作；探索商务楼宇物业管理模式，在北京融科创意中心成立业委会，党建引领提升商务楼宇物业管理规范化水平。

门头沟区推动4个“一批”提升物业服务，“先尝后买”引进一批，“组团团购”拓展一批，“真督实导”提升一批，“国企托底”保障一批，实现全区小区物业管理全覆盖。

房山区由法院、住建、司法、街道联合在西潞街道北潞园社区成立“五位一体”矛盾调解工作站，按照“前期介入、中期调和、心理疏导、一站解纷”的四步法化解物业管理纠纷；以“上一线、做贡献”实践活动为抓手，通过“云承诺”等方式，发动全区7万多名党员干部主动参与基层治理、物业管理。

通州区向相关街道乡镇发放无物业老旧小区物业管理专项支持资金2800余万元，强化区级资金支持，统筹用于补齐无物业或准物业管理小区基础设施短板；组织开展物业服务达标考核，将考核结果与物业服务企业日常管理、接诉即办、参与社区治理等工作挂钩，并对优秀物业服务企业发放奖励资金1500余万元。

顺义区主推物管会发挥实效，制定出台落实业委会（物管会）实效的工作意见，以业委会（物管会）为社区工作核心，总结归纳出与居民“结对子”、设立物业监督协管员、开展社区履约考评等经验做法。

昌平区建立片区联动机制，将全区街镇划为回天地区、中心城区及老城区、城乡接合部地区、平原农村地区四大片区，采取联席会、交流会等共同研究解决共性难点问题；打造先进示范点，总结推广“五方共建”“霍营管家”等一批行之有效的经验做法，发挥示范引领作用。

大兴区推动业委会成立力争一步到位，《条例》实施以来新成立业委会290个，数量位居全市第一；参照“两委换届”选举程序，严格筛选、审查业委会委员资格条件，确保选出组织认可、居民满意的业委会；注重发挥社会力量作用，街镇聘请第三方专业机构或律师对业委会（物管会）组建的各个环节进行把关，提供有力支撑。

平谷区强化物管会的群众发动作用，持续稳步引导居民成立业委会，全区164个小区中已有139个小区成立业委会；区级专班设立综合执法组，由区城管执法局牵头，消防、住建、公安、规自等部门组成，会同各街镇固定每周开展联合执法，重点查处私搭乱建、违规充电、楼道堆物、私装地锁、侵占绿地、高空抛物等违法行为。

怀柔区出台无物业小区引进物业管理实施方案，推进无物业小区实现“有安全防范、有绿化养护、有基本维修维护、有停车管理、有卫生保洁管理”；强化党建引领，由社区党组织牵头，建立69个物业议事党支部，发动多方力量参与，建立物业议事制度，定期召开议事例会，条例实施至今已协调解决涉及居民切身利益的问题2600余件。

密云区做实区、镇街（地区）、社区三级物业管理体系，结合业委会（物管会）、物业企业两个主体构建“3＋2”管理机制，做到小事不出社区，难事不出镇街（地区）；出台文件动员全区机关事业单位、镇街所属在职行政事业人员、社区工作者、村（社区）“两委”干部，国有企业管理人员和合同制人员带头缴纳物业费。

延庆区建立“一周一执法”和“一月一考核”工作机制，7个执法部门联合对物业企业未履行合同等违法行为进行查处，有效推动物业管理综合执法进小区；制订住宅项目物业服务管理考核方案及细则，从“三率”覆盖、社区执法、“接诉即办”、居民满意度和物业合同履约五方面对各街道乡镇进行月度考核，促进物业企业服务质量的提升。

经开区制定《北京经济技术开发区住宅物业服务指导体系》，对物业管理全面开展评价；推进物业项目经理社区报到，住宅小区物业项目经理向社区党组织报到率100%。行业部门和街道“条块结合”着力解决疑难复杂诉求，提升“12345”热线诉求办理质量和办事效率，全年物业管理类群众诉求“三率”综合评分位居全市前列。

第九章

房地产行业信息

第一节　房地产开发企业

一、2020年房地产开发企业概况

截至2020年底，全市资质有效期范围内房地产开发企业2293家，其中一级企业51家，二级企业103家，三级企业70家，四级企业1730家，暂定级企业339家。2017年全市新设立房地产开发企业139家。依法注销企业321家。

二、房地产开发企业资质等级核定情况

2020年内，审查房地产开发企业资质等级核定1653项，其中四级756项、三级26项、二级39项、暂定资质延续224项、资质变更449项、新备案资质139项（见表9-1）。

表9-1　2020年度北京市房地产开发企业资质业务办理情况表

注册区	新设立	暂定级延续	四级核定	三级核定	二级核定	一级初审	变更	总计
东城区	3	5	19	0	0	0	19	46
西城区	2	0	27	0	6	2	17	54
海淀区	15	8	45	5	0	4	34	111
朝阳区	13	33	74	3	5	3	57	188
丰台区	17	17	58	1	3	2	55	153
石景山区	5	12	21	1	1	3	13	56
昌平区	7	9	89	2	1	0	39	147
顺义区	9	18	47	3	5	0	34	116
怀柔区	10	9	11	0	2	0	11	43
门头沟区	8	16	25	1	2	0	15	67
通州区	10	21	144	6	4	1	54	240
大兴区	12	19	75	1	2	1	27	137
延庆区（县）	3	10	14	0	0	0	14	41
平谷区	3	12	17	0	2	3	5	42
房山区	9	10	51	1	3	0	14	88
密云区（县）	5	14	27	0	1	0	23	70
经济技术开发区	8	11	12	2	2	0	17	52
合计	139	224	756	26	39	20	449	1653

三、2020 年房地产开发企业名录

截至 2020 年底，北京市共有有效期内一、二、三级房地产开发企业 224 家，其中一级企业 51 家、二级企业 103 家，三级企业 70 家。（具体见附表）

第二节　房产测绘行业

一、加强房产测绘成果审核管理，推动历史遗留问题解决

2020 年，通过对群众反映的历史遗留问题、军队停偿工作涉及的测绘问题以及市区两级审核部门提出的共性问题进行研究，今年发布测绘成果审核政策口径两项，重新梳理制定了测绘审核要件标准及各环节审核要点，积极推进了 11 个历史遗留项目的解决。

二、开展业务培训，紧密市区联系

2020 年下半年，克服疫情不利影响，在保证防控措施落实到位的基础上，组织对各区房屋交易、房产测绘成果审核部门业务工作培训会。分两批召集各区管理、经办人员 130 余人，就商品房预售许可申请新系统上线、商品住房销售价格引导规则和引导规程、现房销售备案价格抄报、实预测绘成果审核办理流程等业务进行了系统培训，更新业务知识，提升业务能力，增强各区联络员互动，高效解决日常问题。

三、房产测绘单位及人员情况

截至 2020 年底，全市已在市住房城乡建设委备案的房产测绘机构 138 家，从业人员 1054 人。其中，甲级资质 27 家，乙级资质 43 家，丙级资质 37 家，丁级资质 31 家（机构名录见附表）。

第三节　房地产评估行业

一、估价机构和人员注册管理

自 2019 年承接估价师注册下放试点工作以来，按照住建部要求进一步推进试点工作。市住房城乡建设委会同中房学进一步完善了对接体系，明确责任分工，稳步开展注册业务，完成 18 批共 1048 名估价师注册工作。

围绕估价机构监管，认真处理估价机构违法违规行为，检查房地产估价机构 72 家 / 次，行政处罚 9 家，罚款 1 万元；按时完成涉及估价机构监管信访投诉及公安提示函的回复工作，围绕落实区级部门估价行业监管责任，加强调研，梳理法律法规，初步形成落实区级部门房地产估价行业监管责任的方案思路，并继续进行调整完善。

二、估价机构备案系统上线

经近一年开发，估价机构备案系统于年中正式上线试运行。目前共完成网上办理二、三、暂定级的估价机构备案22件，系统运行稳定，基本实现全程网办和不见面审批的预定目标。

三、房地产估价机构情况

2020年，全市共有执业房地产估价机构133家。其中，一级估价机构59家；二级估价机构40家；三级估价机构24家；三级（暂定）估价机构1家；外地一级机构在京分支机构9家。2020年，新批准成立的三级（暂定）估价机构1家；三级核定二级备案1家；二级核定一级备案2家；外地一级机构迁京备案1家。详见下面列表。

表9-2　2020年北京市三级（暂定）备案房地产评估机构列表

机构名称	资质证书编号	办公地址	联系电话	联系人
中天成土地房地产评估（北京）有限公司	京建房估备字〔2020〕第0229号	北京市朝阳区八里庄北里129号院9号楼14层3单元1401	15611106102	赵　前

表9-3　2020年北京市二级核定备案房地产估价机构列表

机构名称	资质证书编号	办公地址	联系电话	联系人
北京浩诚业房地产评估有限公司	京建房估备字〔2002〕第0078号	北京市西城区西直门内大街132号4幢二层201	13311090351	郑　川

表9-4　2020年一级核定备案房地产估价机构列表

机构名称	资质证书编号	办公地址	联系电话	联系人
北京国众联土地房地产评估有限公司	京建房估备字〔2020〕第0229号	北京市大兴区旧桥路1号院6号楼11层1205	13811505002	李　亮
北京新兴宏基房地产土地评估有限公司	京建房估备字〔2006〕第0151号	北京市朝阳区麦子店街78号1幢一层102	13521501016	方满红

表9-5　2020年外地一级房地产估价机构在京分支机构备案列表

公司名称	办公地址	联系电话	联系人
广州第一太平戴维斯房地产与土地评估有限公司北京分公司	北京市大兴区旧桥路1号院6号楼11层1205	010-59252288	司采英
深圳市国房土地房地产资产评估咨询有限公司北京分公司	北京市朝阳区将台路6号丽都饭店4层0-411室	010-64367688	仝文玉
深圳市融泽源资产评估土地房地产估价有限公司北京分公司	北京市东城区永生巷4号12号楼1层103	010-67109036	王　帅

（续表 9-5）

公司名称	办公地址	联系电话	联系人
深圳市戴德梁行土地房地产评估有限公司北京分公司	北京市朝阳区光华路 1 号（写字楼）14 层 1429-1430 单元	010-85198000	胡　峰
厦门均达房地产资产评估咨询有限公司北京分公司	北京市东城区王府井大街 99 号 A811A	1065126187	邢益谱
深圳市国策房地产土地估价有限公司北京分公司	北京市朝阳区东四环中路 62 号楼 2705	010-85911588	蔡庄宝
深圳市同致诚土地房地产估价顾问有限公司北京分公司	北京市丰台区汽车博物馆东路 8 号院 3 号楼 9 层 903	010-65388685	张方艳
国众联资产评估土地房地产估价有限公司北京分公司	北京市大兴区旧桥路 1 号院 6 号楼 10 层 1105	010-56407311	李　亮
深圳市世联土地房地产评估有限公司北京分公司	北京市朝阳区西大望路 15 号 4 号楼 B 座 13 层 1301 号 001 室	010-57611002 转 8007	吕玥涵

表 9-6　北京市一级房地产估价机构列表

机构名称	办公地址	联系电话	联系人
北京海创房地产土地评估有限公司	北京市海淀区茉莉园西里 23 号楼 1 层 101-1	010-62487316	马晋功
仲量联行（北京）土地房地产评估顾问有限公司	北京市朝阳区建国路乙 118 号 8 层 01A/01B/01C/01D/02A	18611636105	李萍萍
北京华瑞行房地产评估咨询有限公司	北京市朝阳区安慧里四区 15 号楼院 2 号楼 1-14 层 2-4 号 6 层 601 室	010-82843315	程　群
北京高地经典房地产评估有限责任公司	北京市西城区太平桥大街 98 号院 5 号楼 1 门 101	010-68000178	郭俊英
北京潞通房地产土地评估有限公司	北京市通州区漷县镇漷兴一街 610 号	80817145、13601221203	张海涛
北京盛华翔伦房地产土地评估有限责任公司	北京市朝阳区东三环南路 58 号 2 号楼 701 室	58673053	陈丽名
博文房地产评估造价集团有限公司	北京市东城区宣武门外大街 6、8、10、12、16、18 号 6 号楼 8 层 804	010-83482911	徐文井
北京中鼎联合房地产评估有限公司	北京市朝阳区东四环中路 39 号 13 层 B 单元 1605	010-88825655	徐春荣
北京圣元房地产评估咨询有限公司	北京市大兴区中关村科技园区大兴生物医药产业基地天华大街 5 号院 3 号楼 7 层 701 室	010-56170050	冯永辉
北京安泰祥土地房地产评估有限公司	北京市石景山区苹果园南路 69 号院 1 号楼 14 层 1416	68631733	晋　植
北京明鉴永兴房地产土地资产评估有限公司	顺通路西侧办公楼二层	89442222	段黎红
北京吉翔房地产土地评估有限公司	北京市海淀区亮甲店 130 号 21 号楼四层 A416	010-82483585	吴日才
中财宝信（北京）房地产土地资产评估有限公司	北京市海淀区玲珑路 9 号院东区 8 号楼 16 层 1608	010-84865027	于　娟

（续表 9-6）

机构名称	办公地址	联系电话	联系人
北京瀚鼎房地产土地评估有限公司	北京市朝阳区西大望路 3 号院 3 号楼 18 层 2109	1085994987	赖　萍
北京国众联土地房地产评估有限公司	北京市大兴区旧桥路 1 号院 6 号楼 11 层 1205	010-50950495	周晓平
北京华源龙泰房地产土地资产评估有限公司	北京市丰台区丰台北路 18 号院 C 座 601 室	010-84831344	邓　峰
中安盛世（北京）土地房地产评估有限责任公司	北京市朝阳区将台路 6 号丽都饭店 6 层 0-602 室	010-84702788	王　健
中建银（北京）房地产土地资产评估有限公司	北京市丰台区丰台北路 18 号院 4 号楼 9 层 901 内 902 室	010-83733977	陈红江
北京宝孚房地产评估事务所有限公司	北京市东城区青龙胡同 1 号 6 层 605B	010-84186982	杨国龙
北京仁达房地产土地资产评估有限公司	北京市西城区车公庄大街 9 号院五栋大楼 B 座 1-401 室	010-88395886	于京博
北京国融兴华房地产土地评估有限公司	西城区裕民路 18 号北环中心 2011 室	010-82252886	程殿卿
杜鸣联合房地产土地资产评估（北京）有限公司	北京市西城区陶然亭路 45 号北京电信建筑工程有限公司网信鸿玺宾馆 516 室	010-65186610	杜　鸣
北京华信房地产评估有限公司	北京市西城区安德路 83 号 4 层办公 01-401 室	85926553	王庆泽
北京市金利安房地产咨询评估有限责任公司	北京市西城区右安门内大街 65 号 11 幢 432 房间	010-88400887	谢　静
北京市中恒业房地产评估有限责任公司	北京市朝阳区东土城路 8 号 A 座 21 层 21F	010-66137551	陆伟俊
北京康正宏基房地产评估有限公司	北京市丰台区芳城园一区 16 号楼 2 层 2 门配套公建 01	010-82253558	齐　宏
北京首佳房地产评估有限公司	北京市海淀区紫竹院路 116 号嘉豪国际中心 B 座 7 层	010-58930818	姚文波
北京北方房地产咨询评估有限责任公司	北京市西城区金融大街 27 号投资广场 A601	010-66210088	白龙吉
北京百成首信房地产评估有限公司	北京市朝阳区农展馆南路 12 号 1 号楼 2 层 2003 室	010-65821797	陈再进
宝业恒（北京）土地房地产资产评估咨询有限公司	北京市东城区藏经馆胡同 17 号 1 幢 2165 室	010-64051428	王学发
北京国地房地产土地评估有限公司	北京市海淀区中关村南大街 17 号韦伯时代中心 3 号楼 1401 室	010-51667273	蔡苏文
北京北方亚事房地产土地评估有限公司	北京市丰台区丰台北路 18 号院 3 号楼 6 层 601 内 0607 室	010-51292929	夏铁石
北京中诚亿房地产土地评估有限责任公司	北京市丰台区丰科路 6 号院 2 号楼 1101 室	13124700039	蒋　敏
北京俞诚立信房地产土地评估有限公司	顺义区龙湾屯镇府前街 12 号 201	010-89446767	张丽颖
北京东华天业房地产评估有限公司	北京市朝阳区朝外雅宝路 12 号 22 层 2205	010-85550730	马　云
北京新兴宏基房地产土地评估有限公司	北京市朝阳区麦子店街 78 号 1 幢一层 102 室	010-64403716-840	刘　力

（续表 9-6）

机构名称	办公地址	联系电话	联系人
北京植地通诚房地产评估有限公司	北京市怀柔区于家园二区 30 号楼 12 号 1-2 层	010-69648826	温　杰
北京京港房地产估价有限公司	北京市海淀区西三环北路 100 号金玉大厦 1101 室	010-68727081	吴庆忠
北京申洋房地产土地评估有限公司	北京市顺义区杜杨南街 10 号院 4 号楼 11 层 1106	1069441598	田朝旭
中瑞国际房地产土地资产评估有限公司	北京市海淀区西直门北大街 32 号院 1 号楼 15 层 1809-1	010-66553366	吕晓英
北京华中兆源房地产土地评估有限公司	北京市大兴区黄村镇兴政街甲 23 号 2 幢 5 层 502 室	69288161	陈　蓓
北京大地盛业房地产土地评估有限公司	北京市朝阳区和平街西苑甲 12 号楼二层 203 室	84285588	黄　辉
北京建正合生房地产评估有限公司	北京市朝阳区高碑店乡半壁店村惠河南街 1008-B 四惠大厦 3 层 3013-3015 房间	85517887	刘　凯
北京京城捷信房地产评估有限公司	北京市朝阳区芍药居甲 2 号院 1-4 号 403 室 -411 室	010-84635538	龚秋平
北京银通安泰房地产评估有限公司	北京市朝阳区朝阳北路 199 号 1811 室	010-85970326	范先平
北京建亚恒泰房地产评估有限公司	北京市丰台区南三环西路 88 号 1022 室	010-68133577	杨　军
北京中锐行房地产土地评估有限公司	北京市丰台区郭公庄中街 20 号院 1 号楼 3 层 301	1056319311	张化学
北京市国盛房地产评估有限责任公司	北京市海淀区中关村南大街 2 号 A 座 13 层 1615	010-84477677	彭惠秋
北京华天通房地产评估有限公司	北京市海淀区甘家口 21 号楼 7 层	010-88385315	张治超
名洋灏正房地产土地评估（北京）有限公司	北京市朝阳区北辰东路 8 号院 1 号楼 27 层 2701 内 2715 号	1064932353	钟　芹
北京中地华夏土地房地产评估有限公司	北京市西城区闹市口大街 1 号院 2 号楼 5A1、5A2 室	010-58528307	张　红
北京京都房地产土地评估有限公司	北京市朝阳区建国门外大街 22 号（赛特广场）3 号楼十层 30509 室	85665863	李中江
北京汇盛信达房地产土地评估有限公司	北京市顺义区怀昌路北石槽段 1 号 4 幢	010-63927361	张　慎
北京鼎春德房地产土地评估有限公司	北京市门头沟区滨河南路 3 号 415 室	010-64966611-8708	刘长刚
北京国信达房地产土地评估有限公司	北京市东城区安外大街 2 号 1901 室	010-84215900	翟　猛
北京中企华土地房地产资产评估有限公司	北京市朝阳区工体东路 18 号 2 号楼三层东南侧	010-65881818	刘洪帅
北京银地联合房地产土地资产评估有限公司	北京市通州区通胡大街 25 号 10 幢三层 302	010-60561599	罗登江
北京中资房地产土地评估有限公司	北京市西城区西直门外大街 18 号楼 13 层 6 单元 1603	010-88334853	冯春雷
北京世诚嘉业房地产土地评估有限责任公司	北京市海淀区北小马厂 6 号 14 层 1401	63393188	董月华

第四节　房屋安全鉴定行业

一、房屋安全鉴定机构情况

2020年北京市新增1个业务范围不限和1个中小型的房屋安全鉴定机构备案，鉴定机构备案注销1个。截至2020年底，备案鉴定机构总数达36个，其中业务范围不限18个，中小型5个，小型13个（见表9–7）。

业务范围不限的鉴定机构可以受理各种房屋建筑的安全评估与鉴定业务。

业务范围中小型的鉴定机构可以受理的业务有：（1）一般公共建筑工程，（a）单体建筑面积20000平方米及以下，不含钢结构；（b）建筑高度50米及以下。（2）住宅宿舍，20层及以下一般标准的居住建筑工程，不含钢结构。（3）地下工程，（a）总建筑面积10000平方米及以下地下空间；（b）防护等级五级及以下附建式人防工程。（4）其他类，（a）使用住宅专项维修资金鉴定；（b）变动房屋建筑主体和承重结构认定。

业务范围小型的鉴定机构可以受理的业务有：（1）使用住宅专项维修资金鉴定。（2）变动房屋建筑主体和承重结构认定。（3）平房（文物古建筑房屋除外）。（4）跨度小于12米的单层空旷砖房。（5）六层及以下砖混、砖木结构楼房。

表9–7　北京市房屋安全鉴定机构一览表

序号	备案编号	机构名称	机构地址	联系电话	业务范围
1	京鉴字01006	北京市住房和城乡建设科学技术研究所（北京市房屋安全鉴定总站）	北京市通州区达济街9号院3号楼	55598315	不限
2	京鉴字01007	北京市朝阳区房屋安全鉴定站	北京市朝阳区三里屯南56号	64186164	不限
3	京鉴字01008	北京市海淀区房屋安全鉴定站	海淀区东王庄小区16甲楼	62525745	不限
4	京鉴字01012	北京市建设工程质量第三检测所有限责任公司	西城区百万庄大街3号	68334806	不限
5	京鉴字01018	北京市建设工程质量第六检测所有限公司	丰台区南苑新华路1号	67941895	不限
6	京鉴字01021	北京市建设工程质量第二检测所有限公司	西城区南礼士路62号10号楼	68054658	不限
7	京鉴字01022	中国建筑科学研究院有限公司/国家建筑工程质量监督检验中心	北京市北三环东路30号	64693119	不限
8	京鉴字01023	北京市建设工程质量第一检测所有限责任公司	北京市海淀区复兴路34号	88223802	不限
9	京鉴字01027	中冶建筑研究总院有限公司/国家工业建构筑物质量安全监督检验中心	北京市海淀区西土城路33号	82227138	不限
10	京鉴字01028	奥来国信（北京）检测技术有限责任公司	北京市顺义区高丽营镇顺于路高丽营段138号	81700898	不限

（续表 9-7）

序号	备案编号	机构名称	机构地址	联系电话	业务范围
11	京鉴字 01029	北京市建设工程质量第五检测所有限公司	北京市朝阳区南三环成寿寺路甲135号2号楼5层504室	67731836	不限
12	京鉴字 01030	中国建材检验认证集团股份有限公司	北京市朝阳区管庄东里1号CTC结构部（放射小院）	80896652	不限
13	京鉴字 01031	中电投工程研究检测评定中心有限公司	北京市海淀区西四环北路160号	88194105	不限
14	京鉴字 01032	北京三茂建筑工程检测鉴定有限公司	北京市海淀区马甸东路19号9层1026	62912726	不限
15	京鉴字 01033	清华大学/清华大学结构工程检测中心	北京市海淀区清华大学土木系	62788624	不限
16	京鉴字 01034	湖南中大检测技术集团有限公司北京分公司	北京市密云区密云经济技术开发区康宝路12号	61096100	不限
17	京鉴字 01038	北京康桥隆盛工程检测有限责任公司	北京市大兴区兴华大街（二段）19号院23号楼-1层-109	69269124	不限
18	京鉴字 01039	北京环安工程检测有限责任公司	北京市海淀区明光村小区21号楼旁环安公司	010-62258860	不限
19	京鉴字 02001	北京首华建设经营有限公司房屋安全鉴定室	北京市朝阳区芍药居2号院	84643383	中小型
20	京鉴字 02004	北京佳宁安信房屋安全鉴定站	北京市西城区西四东大街49号	66026813	中小型
21	京鉴字 02014	北京房地集团有限公司房屋安全鉴定室	北京市朝阳区芍药居甲2号院1号楼北楼一层	84631858	中小型
22	京鉴字 02025	北京科远智恒鉴定检测技术有限公司	丰台区大井东里甲2号	63812390	中小型
23	京鉴字 02040	中震（北京）工程检测股份有限公司	北京市大兴区鼎利路10号院14号楼1至4层	68845221	暂停营业
24	京鉴字 03002	北京紫衡轩建筑工程检测有限公司	北京市房山区苏庄东街2号	69376993	小型
25	京鉴字 03003	北京市门头沟区房屋安全鉴定站	北京市门头沟区滨河路18号	69822760	小型
26	京鉴字 03009	北京市昌平区房屋安全鉴定站	昌平区南环东路36号302室	69746096	小型
27	京鉴字 03010	北京天岳恒房屋经营管理有限公司房屋安全鉴定室	北京市丰台区右安门外西三条甲2号	63295296	小型
28	京鉴字 03011	北京市怀柔区房屋安全鉴定站	怀柔区青春路48号	69628122	小型
29	京鉴字 03015	北京石房投资管理有限公司房屋安全鉴定室	石景山区古城东街103号	68867438	小型
30	京鉴字 03016	北京众鑫云工程质量检测有限公司	北京市密云区河南寨镇工业开发区	010-61088522	小型
31	京鉴字 03017	北京市平谷区房屋安全鉴定站	北京市平谷区府前街31号	010-89991590	小型
32	京鉴字 03019	北京市东城区房屋安全鉴定管理所	北京市东城区东花市二区3号楼底商	64023166	暂停营业
33	京鉴字 03020	通州区房屋安全鉴定站	通州区玉桥南里24号楼	81587316	小型
34	京鉴字 03024	北京市大兴区房屋安全鉴定站	北京市大兴区黄村镇工业开发区科苑路17号	69262152	小型

（续表 9-7）

序号	备案编号	机构名称	机构地址	联系电话	业务范围
35	京鉴字 03026	北京市延庆区房屋安全鉴定站	北京市延庆区东外大街 89 号城建大厦 11 楼 1106	69176128	小型
36	京鉴字 03037	北京市西城区房屋安全鉴定二站	北京市西城区万明路 18 号院 1 号楼 103 室	83551191	小型

注：1. 房山区将原北京市房山区房屋安全鉴定站鉴定职能划转至北京紫衡轩建筑工程检测有限公司。

2. 密云区将原北京市密云区房屋安全鉴定站鉴定职能划转至北京众鑫云工程质量检测有限公司。

3. 丰台区将原北京市丰台区房屋安全鉴定站鉴定职能划转至北京科远智恒鉴定检测技术有限公司。

4. 北京市西城区房屋安全鉴定一站更名为北京佳宁安信房屋安全鉴定站。

二、2020 年房屋安全鉴定和评估业务完成情况：

全市 36 个鉴定机构在 2020 年共完成涉及建筑面积 4544 万平方米的房屋安全鉴定和评估（详见表 9-8）。其中涉及小区围墙、小区给排水等无法统计的建筑面积未统计在内。

表 9-8 2020 年完成房屋安全鉴定和评估

序号	机构名称	建筑面积（平方米）								
		小计	安全鉴定（楼房）	安全鉴定（平房）	综合安全性鉴定（楼房）	综合安全性鉴定（平房）	修缮定案鉴定（楼房）	修缮定案鉴定（平房）	安全评估（楼房）	安全评估（平房）
1	北京市总站	4244	0	0	0	0	4244	0	0	0
2	东城区鉴定站	0	0	0	0	0	0	0	0	0
3	西城区鉴定一站	936629	691469	4586	7476	154	232942	0	0	0
4	西城区鉴定二站	142573	309	1523	0	0	140742	0	0	0
5	朝阳区鉴定站	5635127	61665	12	54602	446	5427201	0	91200	0
6	海淀区鉴定站	4924352	681494	2171	95810	3485	4054899	4188	82305	0
7	海淀区鉴定站	1777196	32995	2045	874	118	1741165	0	0	0
8	北京科远智恒鉴定检测技术有限公司（原北京市丰台区房屋安全鉴定站）	0	0	0	0	0	0	0	0	0
9	门头沟区鉴定站	314	0	314	0	0	0	0	0	0
10	昌平区鉴定站	130033	0	1423	0	0	128610	0	0	0
11	通州区鉴定站	24608	0	1692	0	0	22916	0	0	0
12	大兴区鉴定站	64	0	64	0	0	0	0	0	0
13	紫衡轩检测检测有限公司（原房山区鉴定站）	68662	4240	358	0	0	64064	0	0	0
14	平谷区鉴定站	0	0	0	0	0	0	0	0	0

（续表 9-8）

序号	机构名称	建筑面积（平方米）								
		小计	安全鉴定（楼房）	安全鉴定（平房）	综合安全性鉴定（楼房）	综合安全性鉴定（平房）	修缮定案鉴定（楼房）	修缮定案鉴定（平房）	安全评估（楼房）	安全评估（平房）
15	怀柔区鉴定站	0	0	0	0	0	0	0	0	0
16	北京众鑫云工程质量检测有限公司（原北京市密云区房屋安全鉴定站）	29659	8145	6975	0	0	14006	533	0	0
17	延庆区鉴定站	815	0	815	0	0	0	0	0	0
18	首华鉴定室	196536	75150	0	0	0	121385	0	0	0
19	北京环安工程检测有限责任公司	311112	0	0	311112	0	0	0	0	0
20	天岳恒鉴定室	0	0	0	0	0	0	0	0	0
21	房地集团鉴定室	105688	9386	2282	14108	225	67257	0	12430	0
22	建设工程质量第一检测所	664298	423672	0	59238	0	0	0	181388	0
23	建设工程质量第二检测所	4329931	2406946	12316	1442284	24062	214244	0	229753	324
24	建设工程质量第三检测所	3257306	1914232	29758	51786	12441	784327	0	464761	0
25	建设工程质量第五检测所	3360913	463749	341	53746	0	2843078	0	0	0
26	建设工程质量第六检测所	2154883	955700	256	165691	0	508231	0	525006	0
27	国家建筑工程质量监督检验中心	7060089	4181592	2134	899479	2641	0	0	1974243	0
28	国家工业建构筑物质量安全监督检验中心	3099546	2144917	3999	743852	17382	0	0	189397	0
29	中国建材检验认证集团股份有限公司	3378159	899695	27243	50740	0	330493	0	2069988	0
30	奥来国信（北京）检测技术有限责任公司	1011584	521457	3288	169613	186	168624	0	148416	0
31	中电投工程研究检测评定中心有限公司	1945505	959253	2982	629115	3222	349685	0		0
32	北京三茂建筑工程检测鉴定有限公司	356273	154011	5070	70490	611	0	0	1247	0
33	清华大学/清华大学结构工程检测中心	89880	50000	0	0	0	39880	0	126091	0
34	湖南中大检测技术集团有限公司北京分公司	26059	7051	0	19008	0	0	0	0	0
35	北京康桥隆盛工程检测有限责任公司	421845	241397	7035	146910	868	16555	0	0	0
36	中震（北京）工程检测股份有限公司	0	0	0	0	0	0	0	9083	0
合计		45443883	16888525	118682	4985934	65841	17274548	4721	6105308	324

附录一

业界观点

2020 年北京房地产市场报告之一

——中国指数研究院　中国房地产指数系统

一、政策环境：多次重申“房住不炒”定位，推进建立房地产长效机制

1. 全国政策：中央坚持“房住不炒”定位不变，房地产金融监管不断深化

对于房地产市场来说，2020 年中央调控力度不放松，即使是在疫情最为严重的一季度，仍坚持“房子是用来住的，不是用来炒的”定位不变，银保监会、央行、住建部等中央部委多次召开会议强调保持楼市调控政策的连续性和稳定性。7 月以来，受热点城市房价、地价的不稳定预期增加的影响，中央多次召开会议强调不将房地产作为短期刺激经济的手段，稳地价、稳房价、稳预期，因城施策，从各地实际出发，及时科学精准调控，确保房地产市场平稳健康发展。7 月 24 日，韩正副总理主持召开的房地产工作座谈会上，中央对于房地产调控的措辞更加严厉，也充分表明了中央调控的决心，整体政策环境收紧。

2. 房地产长效机制加速建立，土地、住房等相关政策进一步落实

为促进房地产平稳健康发展，中央提出要综合运用金融、土地、财税、投资、立法等手段，加快研究建立符合国情、适应市场规律的基础性制度和长效机制，加速推进近几年房地产长效机制建设。2020 年，土地管理制度改革、房地产金融长效机制以及多主体供应、多渠道保障、租购并举的住房制度等相关举措进一步落地实施。

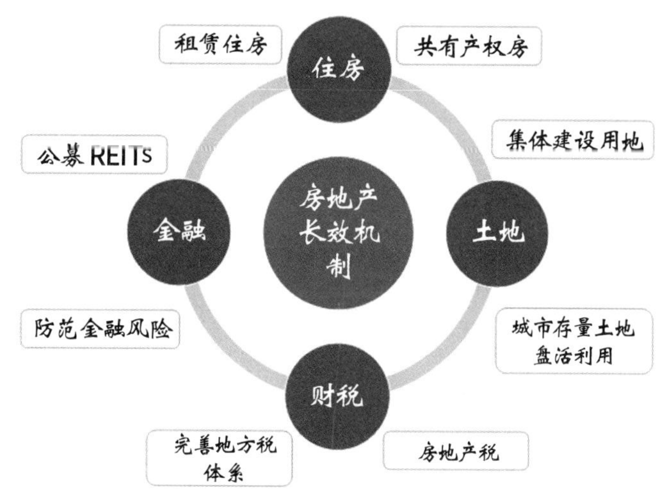

图附 1-1　房地产长效机制主要内容

3. 北京政策：调控环境保持从严态势，强化市场监管，重视保障性租赁住房建设

调控政策方面，北京房地产政策保持一致性和延续性，调控力度不放松，调整优化土地供

应结构，落地实施学区房政策，并强调“因区施策”，楼市调控更趋于精细化。同时，继续强化市场监管，对公积金贷款、市场销售行为、商品房预售资金等进行监管，整饬市场秩序，稳定市场预期。

住房保障方面，北京积极落实中央经济工作提出“解决好大城市住房突出问题”“要高度重视保障性租赁住房建设”要求，2021年计划供应集租房5000套左右，积极推进租售并举住房机制的建设。

城市规划方面，北京明确首都功能核心区规划，严格控制建设总量和人口规模，城市外延发展趋势突出。通州与北三县协同发展，将建设成为京津冀区域协同发展示范区，利好北三县区域发展。北京自贸区成立，利好昌平、海淀、朝阳、通州、大兴等区域规划片区未来发展。

表附1-1　2020年北京市主要房地产调控政策

类型	时间	重点内容
调控政策	1月	市场表现符合预期，2020年坚持“房住不炒”，进一步完善长效管理调控机制
	2月	住宅供地首次分类为产权类住宅用地和租赁类住宅用地
	5月	城六区均明确提出新购置二手房将通过“六年一学位”“多校划片”等措施入学
	6月	顺义共有产权房房源基本可以满足申请家庭需求，今年暂不供应共有产权住房用地
	9月	将坚持房地产调控目标不动摇，力度不放松，“因区施策”，注重调控精细化，做好根据形势发展预调微调政策储备
	12月	2021年计划供应集租房5000套左右
市场监管	4月	北京公积金贷款申请将联网核查婚姻情况，11月取消了提取次数的限制
	5月	严查发布委托手续不全、虚假宣传“不限购”、炒作“学区房”等违法违规行为
	8月	严禁城镇居民到农村购买宅基地和宅基地上房屋
	9月	西城区要求不得借控规内容炒作核心区环境资源、教育资源等，以免引发房价波动
	10月	开展住房限购政策执行、商品房预售资金监管、住房租赁合同备案三个专项检查
	12月	首都功能核心区内禁止经营短租住房
	12月	对首付款资金来源进行实质性审核，不得使用“首付贷”等金融产品加杠杆、挪用其他个人类贷款资金或信用卡融资用于支付首付款
人才引进	5月	修订积分落户相关政策，提出将针对“非城六区人”落户给予额外加分
	8月	经开区发布“人才十条”，将围绕住房、教育、落户等十个人才创新创业要素，进一步优化人才发展环境
	12月	在北京全局户籍派出所推动设立“公共户”，符合条件的可申请在“公共户”落户
发展规划	1月	雄安出台规划，定位北京非首都功能疏解集中承载区
	3月	通州与北三县协同发展规划出炉，将建设成为京津冀区域协同发展示范区
	8月	核心区控规发布，将严控房地产开发强度
	9月	北京自贸区成立，涵盖三个片区：科技创新片区、国际商务服务片区、高端产业片区，利好昌平、海淀、朝阳、通州、大兴等区域发展

（1）功能定位

科技创新片区重点发展新一代信息技术、生物与健康、科技服务等产业，打造数字经济试验区、全球创业投资中心和科技体制改革先行示范区。

国际商务服务片区重点发展数字贸易、文化贸易、商务会展、医疗健康、国际寄递物流、跨境金融等产业，打造临空经济创新引领示范区。

高端产业片区重点发展商务服务、国际金融、文化创意、生物技术和大健康等产业，建设科技成果转换承载地、战略性新兴产业集聚区和国际高端功能机构集聚区。

（2）区域分布

科技创新片区共31.85平方公里，包括中关村科学城21.59平方公里和北京生命科学园周边可利用产业空间10.26平方公里（中关村科学城区域主要涵盖翠湖科技园、永丰基地及周边可利用产业空间）。

国际商务服务片区共48.34平方公里，包括首都国际机场周边可利用产业空间28.5平方公里，北京CBD4.96平方公里，金盏国际合作服务区2.96平方公里，以及城市副中心运河商务区和张家湾设计小镇周边可利用产业空间10.87平方公里（包括天竺综合保税区、临空经济核心区、新国展和金马工业园在内的首都国际机场周边区域是我国临空经济引领示范区）。

高端产业片区共39.49平方公里，包括大兴国际机场西侧可利用产业空间10.36平方公里和北京经济技术开发区27.83平方公里。

自2013年上海自贸区建设以来，截至目前全国已设立21个自贸区。本次北京、湖南、安徽自贸区的新增与浙江自贸区的扩展，分别围绕着服务贸易、先进制造业、科技创新和数字经济等新领域、新业态，提出了特色鲜明的差别化试点任务，有助于进一步优化产业结构，吸引更多高新技术人才的进入，提高城市的经济发展水平，特别是利好功能规划区域，同时对房地产市场的发展也存在一定的推动作用。此外，还将有利于推动京津冀协同发展，打造国际合作与竞争新优势。

二、市场分析：成交量涨幅明显收窄，价格止涨转跌

1. 商品房市场：价格结束“五连涨”，市场供大于求状态进一步缓和

2020年，北京商品房销售均价为36802元/平方米，受商业用房价格明显下跌影响，止涨转跌，同比微降0.6%；住宅市场价格稳步增长，均价达到45734元/平方米，突破历史高位，涨幅收窄至3.0%。供应方面，新批上市面积维持平稳，同比升幅为2.3%，商品房销供比为0.66，住宅销供比0.77，整体市场供大于求状态进一步缓和。

（1）价格：商品房价格止涨回落，同比小幅下降0.6%

北京商品房销售均价为36802元/平方米，止涨回落。2020年，北京商品房销售均价为36802元/平方米，同比小幅下降0.6%。

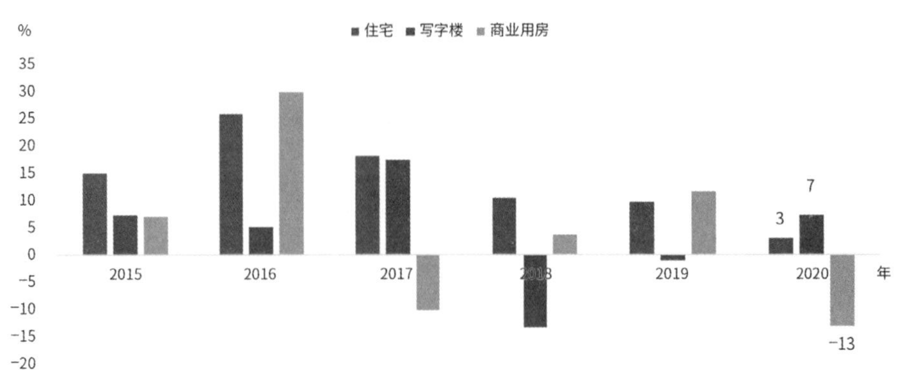

图附 1-2 2015—2020 年北京市不同物业销售均价增速

数据来源：CREIS 中指数据，fdc.fang.com

住宅价格涨幅持续收窄，写字楼价格由降转增，商业价格显著下降。分物业看，2019 年北京市住宅销售均价 45734 元 / 平方米，再创历史新高，涨幅回落到 3.0%；写字楼销售均价同比由降转增，涨幅为 7.4%。商业用房同比由增转降，同比降幅为 12.9%。

（2）需求：商品房及住宅销售面积均创近四年新高，涨幅明显收窄

商品房市场及住宅市场均继续升温，金额及面积同比涨幅均明显收窄。2020 年，北京市共成交商品房 1138 万平方米，销售金额 4188 亿元，同比分别增长 8.9%、8.3%。其中，住宅销售面积 746 万平方米，同比增长 2.3%，销售金额 3410 亿元，同比上涨 5.4%。2020 年上半年受新冠疫情冲击影响，北京整体成交量同比降幅达四成；随着疫情逐步控制，前期积压的需求集中释放，叠加学区房政策刺激下的学区房置换需求带动，新房市场快速恢复。

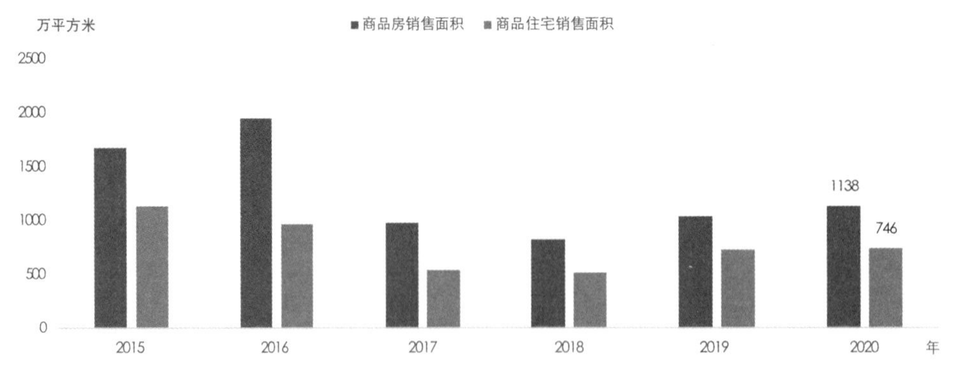

图附 1-3 2015—2020 年北京市商品房及住宅销售面积

数据来源：CREIS 中指数据，fdc.fang.com

（3）供给：新批上市面积稳中有升，涨幅为 2.3%

商品房供应量保持平稳，同比回升 2.3%。2020 年，北京市商品房新批上市面积 1730 万平方米，近三年供应量保持平稳，近两年同比涨幅分别为 0.6%、2.3%，其中写字楼供应明显增加，住宅供应同比跌幅收窄，商业供应同比由涨转跌。

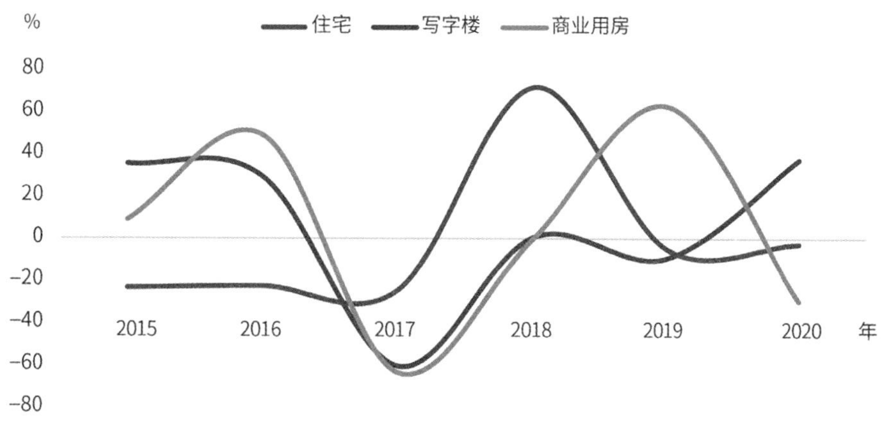

图附 1-4　2015—2020 年北京市不同物业新批上市面积增速

数据来源：CREIS 中指数据，fdc.fang.com

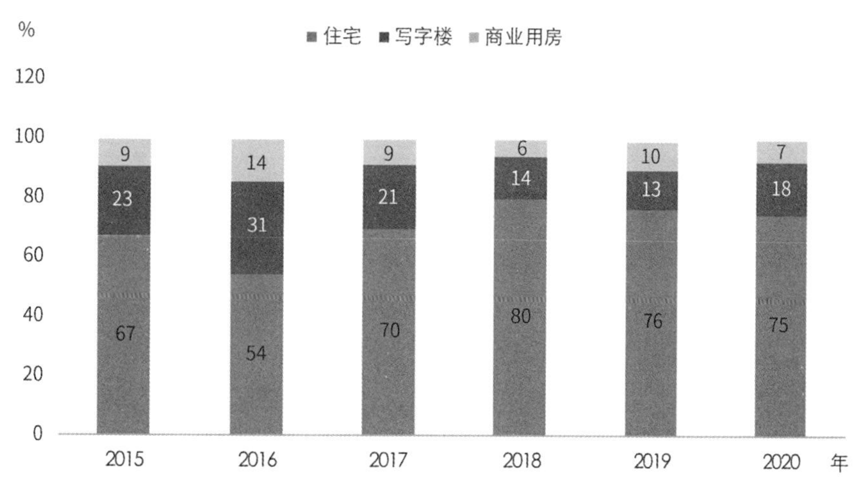

图附 1-5　2015—2020 年北京市不同物业新批上市面积占比

数据来源：CREIS 中指数据，fdc.fang.com

住宅及商业用房新批上市面积同比下降，其中商业用房同比跌幅达三成，写字楼新批上市面积同比显著增加，涨幅达 37.7%。分物业看，2020 年北京住宅新批上市面积 973 万平方米，同比继续下降，跌幅收窄为 2%；写字楼新批上市面积 234 万平方米，同比明显回升 37.7%；商业用房新批上市面积为 89 万平方米，同比显著回落 29.6%。从占比看，住宅、写字楼占比分别为 75%、18%，住宅占比保持稳定，小幅下降 1 个百分点，写字楼占比回升 5 个百分点，商业用房占比下降3个百分点。

（4）供求对比：商品房仍处于供大于求状态，销供比为0.66

商品房供应规模仍明显大于成交规模。2020年，北京市商品房新批上市面积与销售面积相差592万平方米，销供比为0.66，市场供大于求状态继续缓和。2020年受金融、互联网等头部行业调整与波动等因素影响，企业规模扩张趋于谨慎，新租、扩租动力不足，短期内供大于求现象严重，商办产品去化风险进一步增加。

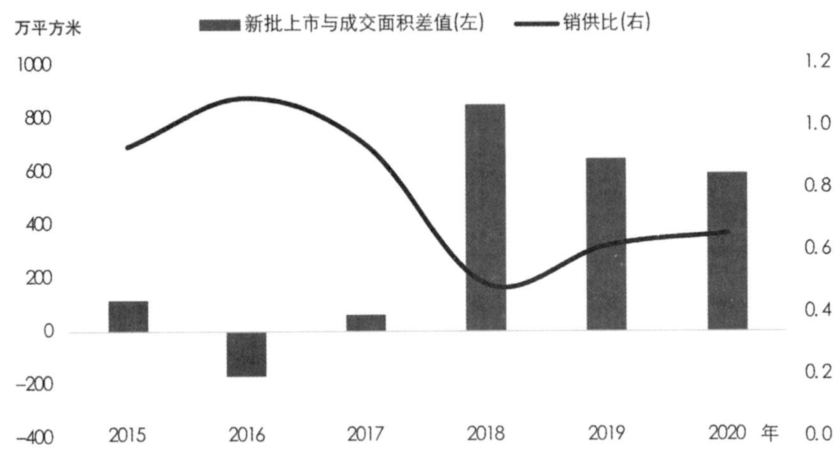

图附1-6　2015—2020年北京市商品房销供比

数据来源：CREIS中指数据，fdc.fang.com

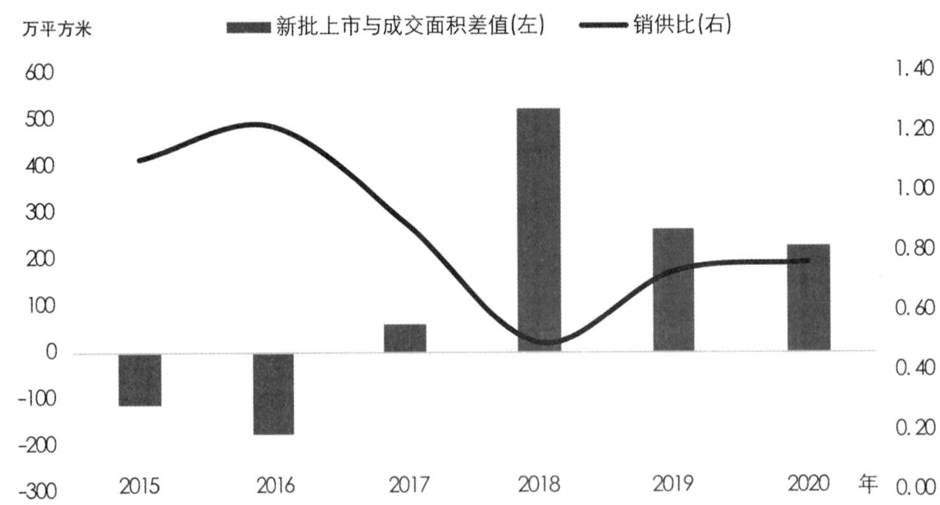

图附1-7　2015—2020年北京市住宅销供比

数据来源：CREIS中指数据，fdc.fang.com

住宅成交量继续增加，供应量小幅下降，供大于求状态进一步缓解。2020 年，北京商品住宅供应量小幅回落，今年纯商品房供应量明显增加，近两年抑制的改善需求明显释放，同时限竞房性价比提升带动成交显著增加，整体市场热度明显升高，进入上行周期。今年住宅累计成交规模创近四年新高，同时供应规模保持稳定，供销比为 0.77，市场供大于求状态有所缓和。

2. 住宅市场：北京市场成交同比量价齐升

北京房地产政策保持一致性和延续性，调控力度不放松，调整优化土地供应结构，落地实施学区房政策，并强调“因区施策”，楼市调控更趋于精细化；同时，继续强化市场监管，对公积金贷款、市场销售行为、商品房预售资金等进行监管，整饬市场秩序，稳定市场预期。其中，北京新建商品住宅均价整体稳中有升，二手房价格指数略有下滑。需求方面，全年累计成交规模达 721.99 万平方米，同比小幅回升 3%，创近四年成交规模新高；60～90 平方米成交占比稳中有降，仍占据市场主导地位，改善型产品成交稍有回升；五环外仍为主要成交区域，五六环之间区域成交占比最大；供应规模稍有回落，市场需求快速释放，但整体依然处于供大于求状态，库存规模持续走高，出清周期逐步下滑。

（1）全市总体：整体市场“量价齐升”，改善型产品成交占比上升

①价格：调控政策保持一致性和延续性，新房成交均价稳中有升

楼市主体调控政策保持一致性和延续性，新房成交均价稳中有升。2020 年，疫情并未对市场产生较大影响，成交均价同比微涨。从环比变化来看，各月成交均价基本是一涨一跌，呈现稳定波动状态。其中，疫情主要在二三月影响了北京新房市场，成交量大幅下降，但受成交结构影响成交均价升至高位；4 月后，随着疫情影响的逐步减弱，北京市场迅速恢复，在货币金融端等宽松政策的影响下，短期市场预期向好，改善型项目积极入市，带动成交均价延续高位波动；同时，考虑到 2020 年不限价地块成为市场主力、二手房市场的逐步升温等因素的影响，限竞房项目的性价比优势逐步凸显，四季度限竞房项目成交量创新高，但对成交均价形成一定的抑制作用。全年来看，整体成交均价呈现出先涨后跌的态势，限竞房项目起到了很好的房价稳定器的作用，全年成交均价同比微涨。

从价格指数来看，新房价格指数先抑后扬，整体趋稳。2020 年，北京新房价格指数从 1 月的 4546 点降至 4 月的 4529 点，跌幅 17 个点，随后波动上升至 12 月的 4545 点，升幅 16 个点。二手房价格指数上半年表现有所下滑，受新冠肺炎疫情的影响，二手房指数从 1 月的 8122 点跌至 5 月的 8055 点，下跌 67 个点。北京楼市调控日益常态化，但由于今年不限价地块成交比例大幅上升，对 2021 年房价走高预期起到支撑作用，同时考虑到限竞房产品价格稳定器作用的持续，预计明年商品住宅成交均价大幅上涨的可能性不大，价格指数将呈现稳中有升的态势。

从成交价格来看，北京住宅（不含保障房）成交均价同比上涨。2020 年，北京商品住宅（不含保障房）成交均价为 46931 元 / 平方米，同比结构性小幅上涨 2.34%，创近五年新高，但与其他一线城市相比，北京商品住宅价格总体保持相对平稳。具体来看，2020 年在新冠疫情冲击下，改善型需求持续释放，叠加不限价地块项目逐步入市，二三季度中高端产品及豪宅市场表现较好，带动成交均价结构性上涨；随着不限价地块项目的逐步入市，限竞房性价比凸显，刚需购房者积极入市，叠加限竞房供应改善带动，四季度限竞

房成交规模创新高，在一定程度上平抑了成交均价上涨态势。

按价格段来看，5 万元以上价格段产品市场占比进一步提升，3.4 万～5 万之间产品市场占比小幅回落。市场成交主力延续去年形势，5 万元 / 平方米以上的产品价格段较上年上升 7.5 个百分点；3.4 万～5 万元 / 平方米价格段产品占比小幅回落 2.1 个百分点至 27.3%。随着北京不限价地块项目入市、改善型产品供应改善影响，改善型需求逐步释放，新房成交结构向高价位产品转移，带动高价格段成交占比再创新高。

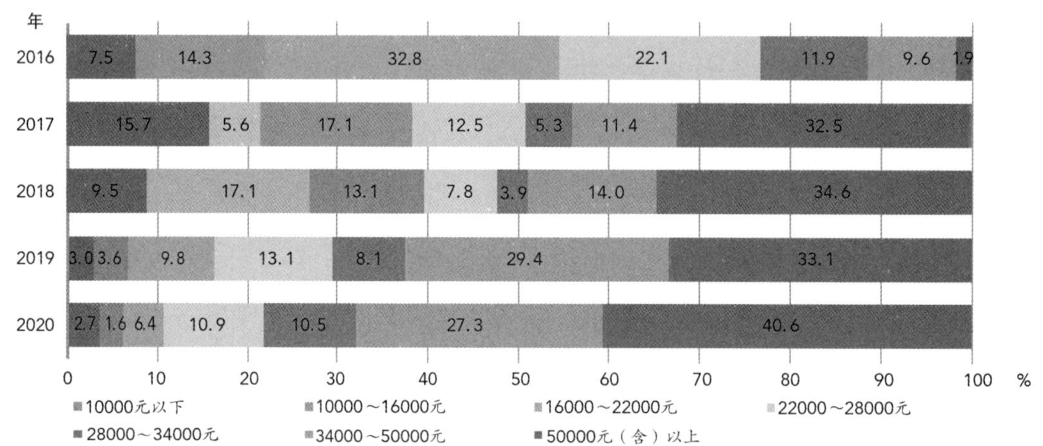

图附 1-8　2015—2020 年北京商品住宅分价格段成交套数占比

数据来源：CREIS 中指数据，fdc.fang.com

②需求：后疫情时期需求快速释放，新房成交量先抑后扬，全年同比微涨

新房成交面积先抑后扬，全年同比微涨 3%。2020 年商品住宅成交量呈现先抑后扬的走势，上半年受新冠疫情冲击影响，北京整体成交量同比降幅达四成；随着疫情逐步控制，4 月底疫情防控等级下调，前期积压的需求集中释放，叠加学区房政策刺激下的学区房置换需求带动，新房市场快速恢复，单月成交规模呈上升态势，下半年成交规模同比上涨近五成，全年累计成交规模达 721.99 万平方米，同比小幅回升 3%，创近四年成交规模新高。其中，限竞房成交量逐年提升，成为拉动整体成交量上涨的因素之一。限竞房自 2018 年开始入市，且近三年限竞房成交量占整体市场成交量的比例逐年上升。随着不限价纯商品住宅逐步入市，限竞房成交占比将逐步降低，但在短期内仍将对整体市场成交量起到较好的支撑作用。

2020 年共有产权房项目成交占比较去年下降 18 个百分点。2020 年北京市共有产权房项目新批入市规模缩减，全年成交占比下降 18 个百分点，商品住宅项目成交占比上升至 82%。

③供应：新增供应量微降，但仍处于高位

北京商品住宅全年供应规模同比小幅回落，但仍处高位。近三年北京新房供应规模虽持续小幅回落，但总体规模仍保持相对平稳，总量均在

900 万平方米以上。2020 年初，受新冠肺炎疫情的影响，北京商品住宅项目入市受阻，供应量同比跌幅显著。疫情缓解后，房企在京推售和营销力度加大，不限价地块项目积极取证入市，新房供应节奏加快，6 月、9 月、12 月单月供应规模均超 110 万平方米，全年商品住宅（不含保障房）累计供应 931.97 万平方米，同比小幅回落 4%，但仍处相对高位。

（2）重点区域：通州和开发区供应及需求两端占比均有所提升

①价格：东城、西城成交均价最高，海淀、延庆成交均价同比涨幅较大

西城、开发区、丰台、顺义和昌平同比下跌，其他区域成交均价均同比上涨，西城和开发区领跌，海淀和延庆领涨。2020 年，北京中心城区商品住宅（不含保障房）全年成交均价最高，其中东、西城成交均价最高，均超 70000 元 / 平方米，远郊区整体成交均价最低，其中平谷和密云成交均价最低，全年成交均价不足 23000 元 / 平方米。从同比变化来看，远郊区商品住宅成交均价同比涨幅较大，其中延庆成交价格同比涨幅达 30%，居全市各区价格涨幅第二位；中心城区成交均价同比涨幅 8%，其中，海淀成交均价同比涨幅较大，达 34%，居全市各区价格涨幅首位。

②需求：昌平、顺义、大兴、朝阳和丰台成交面积占比位居前列

各区域中昌平、顺义、大兴、朝阳和丰台成交规模相对较大，占比均超 10%。从各区域成交占比来看，2020 年，北京楼市的热点板块郊区化趋势明显，其中昌平、顺义、大兴、朝阳和丰台商品住宅（不含保障房）成交规模均超 69 万平方米，成交占比位居全市前列，其余区域成交占比均未达到 10%。与 2019 年相比，昌平、开发区和通州三个区域成交占比增幅均超 2 个百分点，朝阳、丰台成交占比分别下降 5 个和 4 个百分点。

③供给：通州、海淀供应面积占比处于高位

通州、海淀供应量最大，占比分别达 13%、11%。2020 年，通州、海淀和大兴供应规模均超 100 万平方米，占供应规模居前三位。其中，新批上市面积占比下降明显的区域有顺义、丰台、平谷和石景山，与 2019 年相比，占比分别下滑 5.9%、4.0%、3.6%、3.5%；海淀、通州、密云和大兴供应面积占比提升较多，较 2018 年分别提升 5.5%、4.5%、3.4%、3.3%；其他区域占比波动较小。

④供求对比：多数区域处于供大于求状态，海淀、密云、通州和怀柔较为突出

2020 年，多数区域依然处于供大于求状态，海淀、密云、通州和怀柔较为突出。2020 年，开发区、朝阳、昌平和西城供求基本平衡；平谷、东城、延庆和石景山区域销供比处于高位，市场供不应求态势明显；海淀、密云、通州、怀柔、房山和大兴等区域供应持续发力，导致市场竞争压力有所提升，供过于求态势较为严重。

表附 1-2　2020 年北京商品住宅成交面积 TOP10

排名	项目名称	成交金额（亿元）	成交面积（万平方米）	成交套数（套）	单价（元 / 平方米）	套均总价（万元 / 套）	套均面积（平方米 / 套）
1	萬橡悦府	97.3	18.8	2064	51709	471	91
2	中海寰宇时代	85.4	16.2	2097	52812	407	77
3	西山锦绣府	75.7	12.9	1281	58615	591	101
4	华樾北京	59.8	8.0	798	74439	749	101
5	中铁诺德春风和院	58.9	8.7	917	67499	642	95
6	禧悦学府	53.4	8.7	915	61204	583	95
7	未来金茂府	47.5	9.0	699	52900	680	129
8	绿城·奥海明月生活美学馆	43.2	7.4	925	58366	467	80
9	长安九里	41.4	6.0	530	69229	782	113
10	颐和金茂府	38.8	3.4	158	112861	2453	217
前十名合计		601.3	99.2	10384	60631	579	96
全市		3388.4	722.0	62475	46931	542	116

数据来源：CREIS 中指数据，fdc.fang.com（不含自住及保障房项目）

⑤热销项目：限竞房项目为市场成交主力

热销项目以限竞房项目为主。2020 年北京商品住宅十大热销项目共成交面积 99.2 万平方米（占全市商品住宅的 14%），成交金额约 601.3 亿元（占全市商品住宅的 18%），市场集中度较高，成交均价为 60631 元 / 平方米，较全市商品住宅成交均价高 29%，其中有 5 个项目单价超过 6 万 / 平方米。分项目来看，热销面积前十大项目中限竞房为市场成交主力，套均总价 579 万元 / 套，套均面积 96 平方米，套均总价高于全市平均水平，其中 3 个项目套均总价高于 700 万元。

3. 写字楼：供求规模止落回升，销售价格小幅增长

2020 年，北京写字楼市场步入稳步复苏通道，销售价格小幅回升。供给方面，新批上市面积为 234.08 万平方米，同比增长 37%。需求方面，在供应的带动下，北京写字楼销售面积止落回升，成交面积为 106.01 万平方米，同比增长 28%；销售额为 344.16 亿元，同比增长 38%。销供比为 0.45，市场继续处于供大于求状态，供求矛盾进一步加剧。

（1）价格：销售价格为 32465 元 / 平方米，同比止跌回升

写字楼价格止落回升，同比增长 7%。2017—2019 年，北京写字楼成交均价连续两年呈回落态势，2017 年成交价格升至近几年最高点，达 35222 元 / 平方米；2019 年成交均价降至 30222 元 / 平方米。2020 年北京写字楼销售价格止落回升，均价为 32465 元 / 平方米，同比增长 7%。分月来看，2020 年，北京写字楼平均价格起伏波动较大，受京投银泰·琨御府高价项目的带动，10 月成交均价为全年的最高值，达到 44629 元 / 平方米；而受通泰·国际公馆的影响，8 月北京写字楼成交均价仅为 13527 元 / 平方米，为全年最低值。

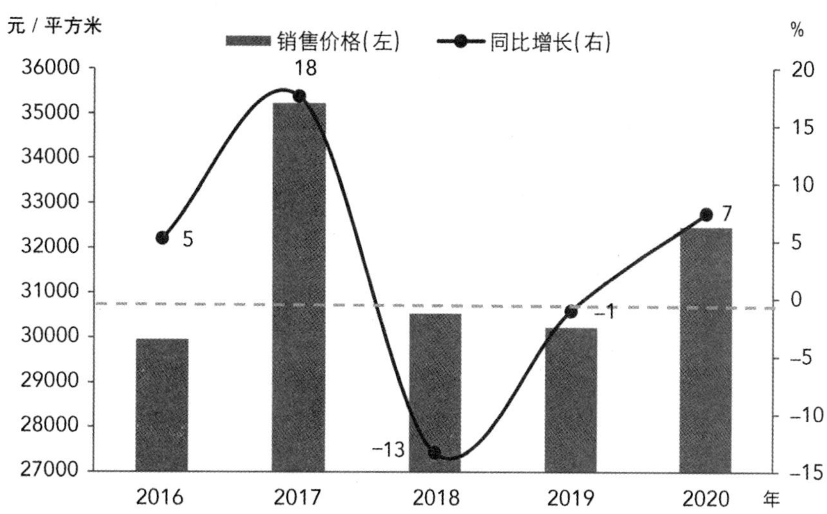

图附 1-9　2016—2020 年北京写字楼销售价格及同比增长率

数据来源：CREIS 中指数据，fdc.fang.com

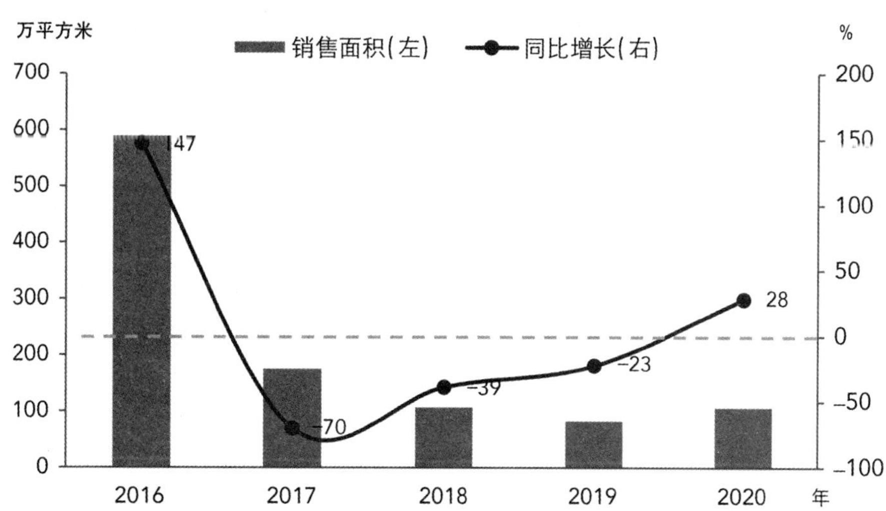

图附 1-10　2016—2020 年北京写字楼销售面积及同比增长率

数据来源：CREIS 中指数据，fdc.fang.com

（2）需求：销售面积为 106.01 万平方米，同比增长 28%

①销售面积：结束连续 3 年回落，同比增长 28%

写字楼销售面积结束三连降态势，销售面积为 106.01 万平方米，同比增长 28%。纵观写字楼近几年市场行情，2016 年，受北京住宅市场及城市规划影响，大兴、顺义和通州成为写字楼成交热点区域，拉动整体写字楼市场成交面积大幅上升至 589 万平方米，同比增加 147%。2017 年“326”政策出台后，商业、办公类项目销售受到严厉限制，商办市场成交量持续低位运行。同时北京发布新版产业禁止和限制目录政策，成交规模进一步下降。2018 年北京写字楼项目供应大部分位于大兴、通州、顺义和昌平等郊区，核心区域的供应面积明显减少，全年写字楼销售 106.90 万平方米，同比下降 39%。2019 年全国经济增速不断放缓，经济下行压力增加，对办公楼的需求量不断下滑，销售面积跌破 100万平方米，仅为 82.72 万平方米，同比下降 23%。2020 年下半年，北京写字楼市场逐步进入平稳复苏轨道，受北京自贸区落地的带动，市场信心持续恢复和提升，全年写字楼成交规模为 106.01 万平方米，同比增长 28%。

②销售金额：止落回升，同比增幅近四成

写字楼销售额止跌回升，同比增幅近四成。2016 年，房地产市场火热，受上渡中心、林肯公园等项目的热销影响，北京写字楼市场销售额达 1765 亿元，同比大幅增长 160%。2017 年，受房地产政策持续收紧影响，写字楼需求大幅下降，销售额同比减少 65%。2018 年初，楼市调控升级，政策对办公类项目销售限制明显，市场预期不明导致 2018 年销售情况进一步下降，销售金额为 326 亿元，同比下降 47%。2019 年受第三产业增速放缓及互联网投资热潮降温等影响，需求端进一步下滑，成交金额仅为 250 亿元，同比下降 23%。2020 年，受供应带动以及成大广场、京投银泰·琨御府、北京丰台金茂广场项目热销，北京写字楼市场销售额回升至 344.16 亿元，同比增长 38%。

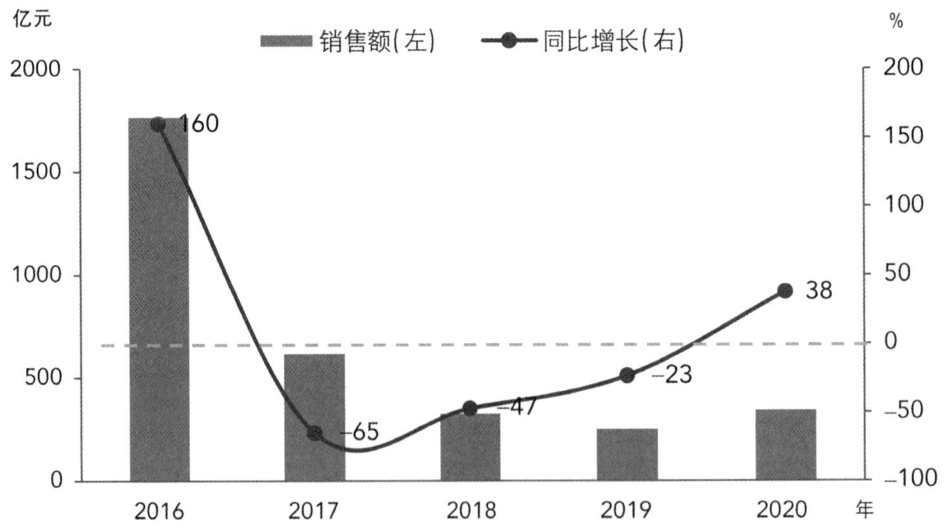

图附 1-11　2016—2020 年北京写字楼销售额及同比增长率

数据来源：CREIS 中指数据，fdc.fang.com

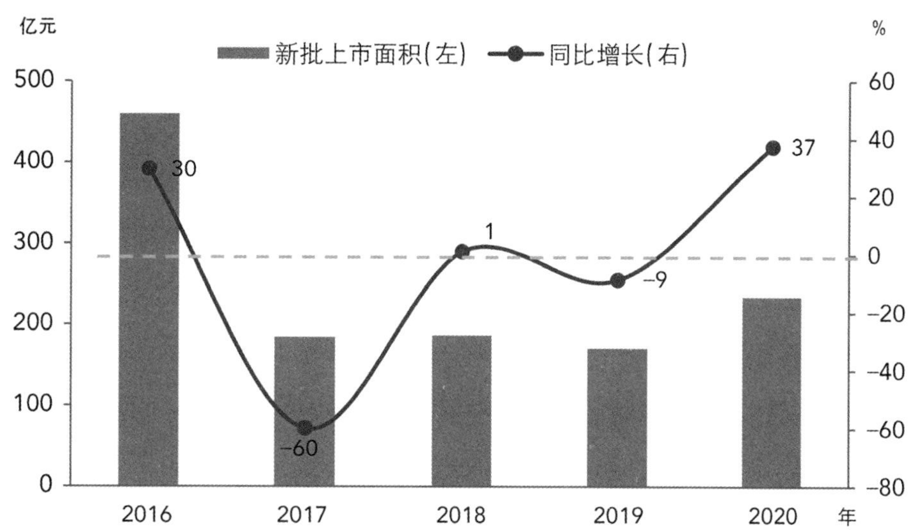

图附 1–12　2016—2020 年北京写字楼新批上市面积及同比增长率

数据来源：CREIS 中指数据，fdc.fang.com

（3）供应：新批上市面积超 230 万平方米，同比增长 37%

写字楼新批上市面积同比增长 37%。2016 年，受政策扶持、联合办公需求多元化等影响，北京写字楼市场新批上市面积达 459.32 万平方米，同比大幅上升 30%。2017 年，受政策收紧、需求下降、项目入市节奏变缓影响，北京写字楼市场新批上市面积 184.39 万平方米，同比减少 60%。2018 年，北京写字楼新批入市面积同比微增 1%，供应大部分位于大兴、通州、顺义、昌平等郊区，核心区域供应规模较小，供求不匹配态势明显。2019 年，随着北京写字楼空置率不断上升，以及对未来市场信心不足，开发商推出写字楼的规模进一步下降，供应量为 170 万平方米，环比下降 9%。2020 年，北京自贸区助力首都建设具有全球影响力的科技创新中心，加快打造服务业扩大开放先行区、数字经济试验区，构建京津冀协同发展的高水平对外开放平台，利好北京商业地产的快速发展，全年北京写字楼新批上市面积达 234.08 万平方米，同比增长 37%。

（4）供求对比：连续 4 年供过于求，库存风险进一步加剧

2020 年北京市写字楼销供比为 0.45，供需矛盾进一步加剧。2016 年，整体市场呈现供不应求状态，销供比为 1.3，市场库存有所下滑。2017 年，供需两端较去年均下滑明显，市场整体表现为供求基本平衡。2018 年，受政策限制以及供需之间的空间不匹配等多重因素影响，北京写字楼需求端下滑明显，销供比为 0.6，供需矛盾加剧。近两年，需求端低迷，成交规模继续下滑，导致供求矛盾进一步加剧，2020 年销供比降至 0.45。

表附 1-3　2020 年北京写字楼成交金额热销排行榜前十位

排名	项目名称	单价（元 / 平方米）	套均总价（万元 / 套）	套均面积（平方米 / 套）
1	成大广场	41.38	45447	通州区
2	电子城国际电子总部	26.80	40000	朝阳区
3	京投银泰 · 琨御府	24.23	57005	海淀区
4	北京丰台金茂广场	23.89	48039	丰台区
5	兆泰国际中心	23.45	50249	朝阳区
6	通用时代中心	19.81	38341	丰台区
7	北京商务公园	15.34	21000	通州区
8	海淀绿地中央广场	12.71	32364	海淀区
9	道丰科技商务园	9.64	16880	丰台区
10	保利佲悦大都汇	9.31	56000	丰台区

数据来源：CREIS 中指数据，fdc.fang.com

（5）写字楼热销项目分析

2020 年北京写字楼成交额排行榜前十项目主要分布在主城区域和通州区域，丰台区域占据 4 席，海淀、朝阳和通州区各 2 个。热销项目大体可分为三种类型：第一类项目所在板块未来规划较好，板块内产业逐渐聚集以及写字楼的需求量将增加，比如通州区域的成大广场；第二类项目所在板块内产业集聚，人口密集，对写字楼需求量较大，比如位于海淀区中关村产业园的海淀绿地中央广场、位于丰台区丽泽板块的北京丰台金茂广场，以及位于朝阳区望京板块的电子城国际电子总部；第三类项目临近地铁线，交通便捷，成交均价较低，性价比较高，比如丰台区的道丰科技商务园。

成大广场全年销售 41.38 亿元，位居 2020 年北京写字楼成交金额首位。成大广场位居通州副中心核心板块——运河 CBD，拥享一线运河景观，对望运河奥体公园，东南侧紧邻城市绿地公园，生态环境得天独厚。项目距地铁 6 号线北运河西站约 300 米，距北京副中心行政办公区直线距离约 3 公里，畅享五河交汇、公园簇拥、轨道纵横、商业林立、名校云集的全系全优配套资源。

4. 商业用房：整体市场量升价跌，连续三年供大于求，库存压力提升

受新冠肺炎疫情影响以及市场热度持续低落的影响，北京商业用房成交规模依然处于较低水平，市场整体呈现量升价跌态势，2020 北京商业用房销售规模低位回升，全年销售 72.68 万平方米，同比增长 23.7%；销售均价 28334 元 / 平方米，同比下跌 12.9%；新批上市面积 89.11 万平方米，连续三年供大于求，库存压力进一步提升。

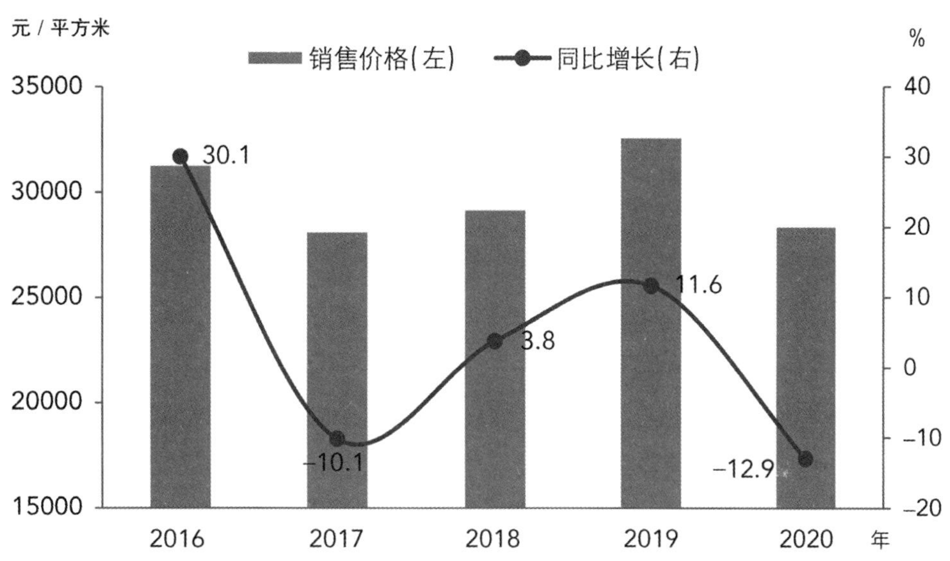

图附 1-13　2016—2020 年北京商业用房销售均价及同比增长率

数据来源：CREIS 中指数据，fdc.fang.com

（1）价格：商业用房销售均价同比下降 12.9%

商业用房销售价格同比下降 12.9%。从近几年的商业用房销售价格来看，2016 年受投资需求增加的影响，商业用房销售均价同比大幅上涨。2017 年销售均价回调，同比下降 10.1%。2018—2019 年，北京商业用房销售均价同比呈持续上涨态势。2020 年，北京商业用房销售价格有所回落，为 28334 元 / 平方米，同比下降 12.9%。分月度来看，2020 年北京商业用房销售均价起伏波动较大，6 月成交价格达到年度最高值 42074 元 / 平方米，同比上涨 68.8%；受疫情影响，3 月成交价格为 19945 元 / 平方米，为一年内最低水平。

（2）需求：销售规模触底回升，结束连续 3 年下滑态势

① 销售面积：销售规模触底回升，结束连续 3 年下滑态势

2020 年商业用房市场小幅回暖，销售面积同比增长 23.7%。从近五年商业用房的销售面积来看，2016 年市场大幅升温，销售面积达近几年最高值，为 173.62 万平方米。2017 年，商业用房销售面积大幅减少至 95.8 万平方米，同比减少 44.8%，全年销售面积未超百万平方米，市场进入下行通道。2019 年，在政策限制下，市场预期不明，导致成交量进一步下滑，全年仅成交 58.8 万平方米，创近五年新低。2020 年北京商业用房市场销售面积为 72.68 万平方米，同比增长 23.7%。但整体来看，受新冠肺炎疫情影响以及市场热度持续低落的影响，北京商业用房成交规模依然处于较低水平。分月度来看，受疫情影响，2 月、3 月、5 月以及 7 月，北京商业用房销售面积处于低位，4 月受疫情防控态势好转影响，北京商业用房市场快速复苏，成交规模升至年内最高水平，为 12.46 万平方米；9 月以来，成交规模呈持续回升态势。

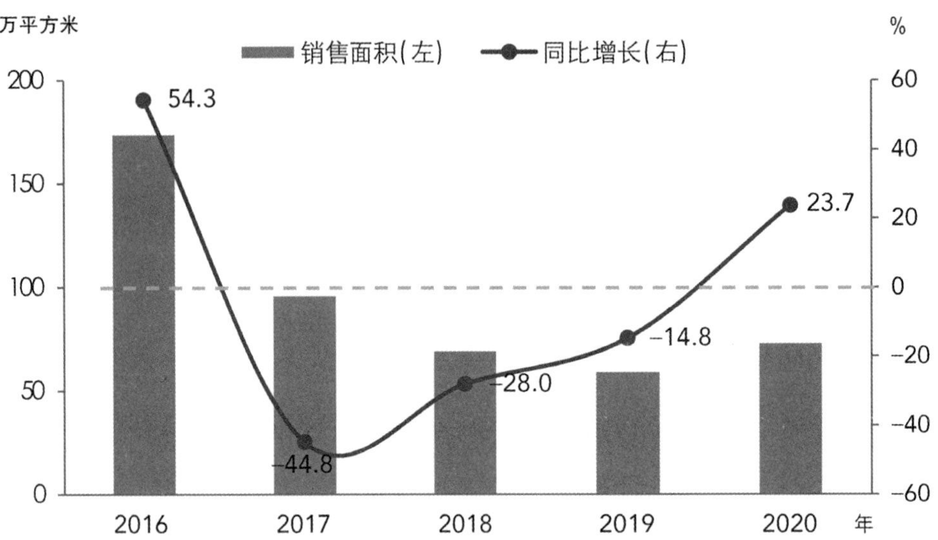

图附 1-14　2016—2020 年北京商业用房销售面积及同比增长率

数据来源：CREIS 中指数据，fdc.fang.com

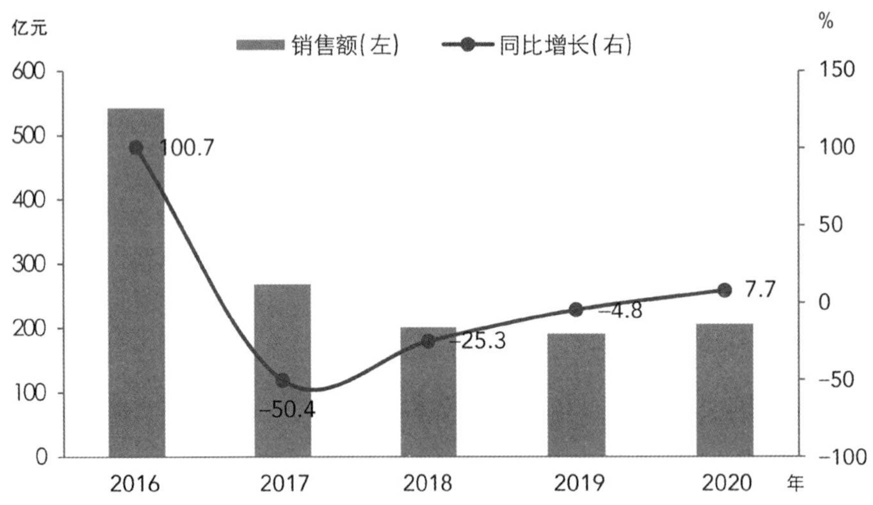

图附 1-15　2016—2020 年北京商业用房销售金额及同比增长率

数据来源：CREIS 中指数据，fdc.fang.com

②销售金额：受成交量带动影响，销售金额同比增长 7.7%

销售金额同比增长 7.7%。从近五年销售金额来看，其走势与销售面积基本一致，但变化幅度相对较为平稳，2016 年市场大幅升温，销售金额创历史新高，达 542.4 亿元，同比增长超一倍。2017 年，市场降温，销售金额同比下滑超五成。2019 年，调控政策收紧，融资监管压力下，市场继续降温，但降幅有所收窄，销售金额同比下滑 4.8%。2020 年，北京商业用房销售金额有所回升，为 205.93 亿元，同比增长 7.7%。

（3）供应：新增供应同比下降近三成

2020 年新增供应不足百万平方米，同比下滑近三成。从近五年商业用房整体供应来看，2016 年新增供应高达 212.4 万平方米，同比大幅增加 48.8%，创历史新高。随后出现断崖式回落，2017 年，受政策收紧、项目推盘暂缓影响，新批上市面积同比降幅超六成。2019 年，市场供应持续修复，供应规模同比上涨 36.6%。2020 年，北京商业用房新增供应 89.11 万平方米，同比下降 29.6%。分月度来看，受疫情影响，北京商业用房新增面积处于较低水平，下半年随着疫情后市场恢复常态化，商业用房供应速度加快。

（4）供求对比：销供比为 0.8，商业用房市场供大于求

2020 年商业用房销供比为 0.8，市场整体表现为供大于求。从近五年商业用房销供比来看，2017 年，北京商业用房市场供求均降，但供应速度小于销售速度，年度销供比为 1.2，市场整体表现为供不应求。除 2017 年外，其他年份均呈现供大于求态势。其中，2019 年，随着限制性政策的出台，在新增供给大幅上涨情况下，需求萎缩明显，导致供需矛盾加剧，商业用房市场呈现出明显的供大于求态势，销供比为 0.5。2020 年商业用房供需矛盾有所缓解，但市场整体表现依然为供大于求，销售比为 0.8。

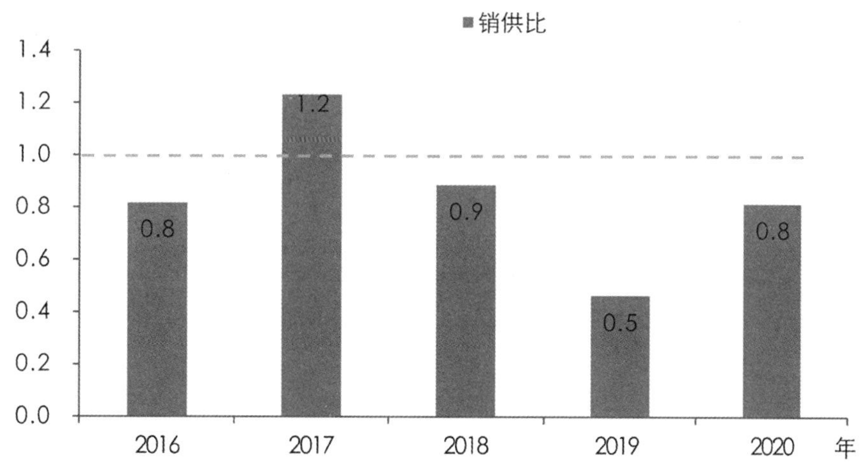

图附 1–16　2016—2020 年北京商业用房供求对比

数据来源：CREIS 中指数据，fdc.fang.com

表附 1-4　2020 年北京商业用房销售金额 TOP10

排名	项目名称	成交金额（亿元）	成交均价（元/平方米）	区县
1	永丰智慧谷中心	21.45	52471	海淀区
2	京杭广场	16.50	20389	通州区
3	长安太和	12.16	126073	东城区
4	京投银泰·琨御府	9.55	52557	海淀区
5	万橡家园	9.42	34000	昌平区
6	都汇大厦	6.12	40093	朝阳区
7	成大广场	5.49	38028	通州区
8	中海枫丹公馆	4.28	64154	朝阳区
9	峯汇国际中心	4.09	50055	昌平区
10	公园 1872	3.76	30707	朝阳区

数据来源：CREIS 中指数据，fdc.fang.com

（5）商业用房热销项目分析

2020 年，上榜商业用房项目多位于北京核心主城区。商业销售金额 TOP10 中朝阳 3 个项目，海淀、通州和昌平各 2 个项目，东城区 1 个项目。永丰智慧谷中心位于海淀区永丰产业基地，凭借优越的地理位置，完善的基础设施配套，交通便利等优势，在成交金额中位居第一位。

永丰智慧谷中心是集产业、生活、商业、文化、生态等于一体的科创生态小镇。项目位于海淀区，地处北清路前沿科创发展轴与中关村大街高端创新集聚发展轴交叉的黄金十字线上，与故宫北院一河之隔，随着故宫北院 2022 年落成开放，未来区域将成为具有全球影响力的文化和科创中心。

5. 二手房市场：成交规模创近四年新高，成交均价同比小幅下跌

北京二手房市场远远活跃于新房市场，2020 年北京二手房与新房成交套数比值高达为 2.7，二手房成交 16.6 万套，新房仅成交 6.2 万套。面对新冠肺炎疫情对经济的冲击，中央多次强调“房住不炒”定位不变，坚持不将房地产作为短期刺激经济的手段，坚持稳地价、稳房价、稳预期，确保房地产市场平稳健康发展。2020 年北京市住房领域新出台政策主要涉及租赁市场、老旧小区改造等，个人购买住房的调控政策没有调整。在政策基调不变的情况下，市场总体处于比较稳定的状态，二手市场成交规模创新高。

（1）全市总体：成交“量升价跌”，年成交量 16.6 万套，同比上升 17%，价格同比下降 2%

2020 年北京二手房成交 16.6 万套，同比上升 17%，创近四年历史新高。受疫情影响，北京上半年二手商品住宅成交套数 6.4 万套，同比下降 10%，创近六年同期成交规模最低。三季度二手房成交逐步向外围城区转移，政策收紧下外围区县二手房挂牌价明显下滑，刚需客群积极入市，成交量持续保持高位。12 月二手房成交套数达 2.1 万套，创 2018 年来单月成交量新高。

2020 年北京二手房成交均价为 55340 元/平

方米，同比下降2%。全年来看，北京二手房成交均价连续保持相对平稳态势，北京成交的二手住宅表现为外围量升、中间价涨的特点，在学区房多校划片实施的影响下，价格逐步趋稳。

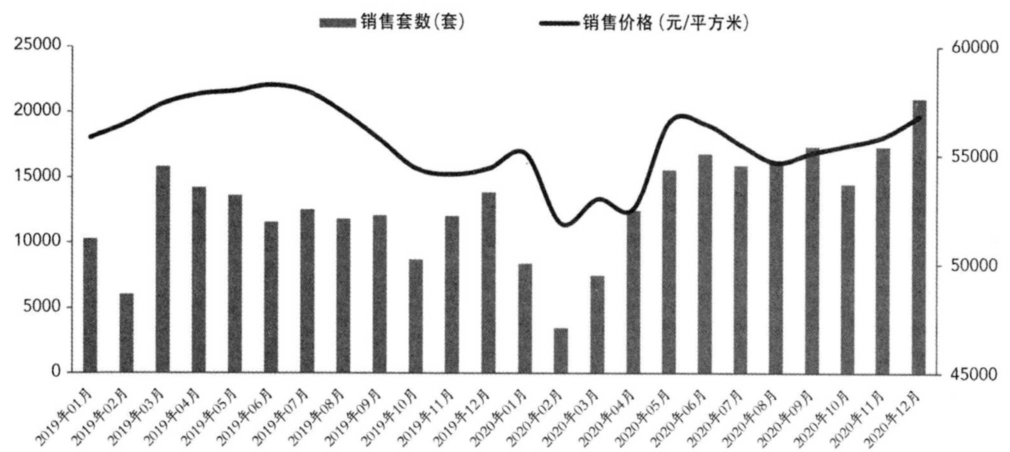

图附1-17 北京二手房历史成交套数及价格走势

数据来源：CREIS中指数据，fdc.fang.com

表附1-5 部分城区二手房价格环比涨跌幅

单位：%

城区	1月环比	2月环比	3月环比	4月环比	5月环比	6月环比	7月环比	8月环比	9月环比	10月环比	11月环比	12月环比	2020年同比
东城	-1	-8	12	0	0	1	1	0	0	0	0	0	0
西城	2	-3	0	2	8	-3	-4	-6	2	3	0	2	2
朝阳	5	-12	6	4	4	-3	4	1	0	-1	1	0	1
海淀	-1	-5	9	-4	6	-3	1	2	1	1	2	0	3
丰台	2	-3	-1	3	1	0	-1	2	0	-1	0	0	-2
石景山	2	-10	9	2	3	2	-3	4	-3	3	-2	-1	0
通州	2	-10	8	5	-1	-4	3	-2	1	1	-1	0	-5
房山	26	-24	9	-2	12	-9	-1	2	2	-3	-1	1	-2
顺义	-2	-8	6	7	0	-5	9	0	-6	5	4	-5	0
门头沟	3	13	-15	3	5	1	1	-3	4	0	-5	7	-2
大兴	3	-9	4	2	4	-1	0	0	-1	3	-1	-3	-3
怀柔	-2	-3	-36	65	-4	-2	6	7	9	-14	11	-8	1
密云	5	-2	-33	3	1	-3	-3	-1	8	2	3	-4	-7

（续附表 1-5）

城区	1月环比	2月环比	3月环比	4月环比	5月环比	6月环比	7月环比	8月环比	9月环比	10月环比	11月环比	12月环比	2020年同比
昌平	1	-10	7	3	1	0	2	2	-3	4	-1	-3	-1
延庆	-7	-6	7	1	-42	16	4	-28	23	-17	18	53	-33
平谷	-13	-39	80	-8	12	5	2	-4	-5	8	-1	-10	1
亦庄开发区	-6	-6	12	2	4	-3	3	-2	-2	5	-1	6	-1

数据来源：CREIS 中指数据，fdc.fang.com

（2）分区域：除怀柔、密云、延庆和平谷外，其他区域成交均价波幅不大，密云跌幅最大，开发区涨幅最大

分城区来看，2020 年各区域二手房成交均价除怀柔、密云、延庆和平谷外，其他区域波幅不大，其中密云全年跌幅最大，达 30%，开发区涨幅最大，达 16%，其他区域涨跌幅均在 10% 之内。分月份来看，12 月平均涨幅最大，4 月平均跌幅最大。

分区域来看，西城和东城区成交价格最高，分别为 109825 元 / 平方米和 89736 元 / 平方米，其次为海淀和朝阳区，分别为 81140 元 / 平方米和 64109 元 / 平方米。由于区域、交通、配套等方面优势明显，朝阳、海淀、昌平和丰台二手房市场比较活跃，成交面积均超过 130 万平方米，其中朝阳区成交量达 370 万平方米，居各区第一位。

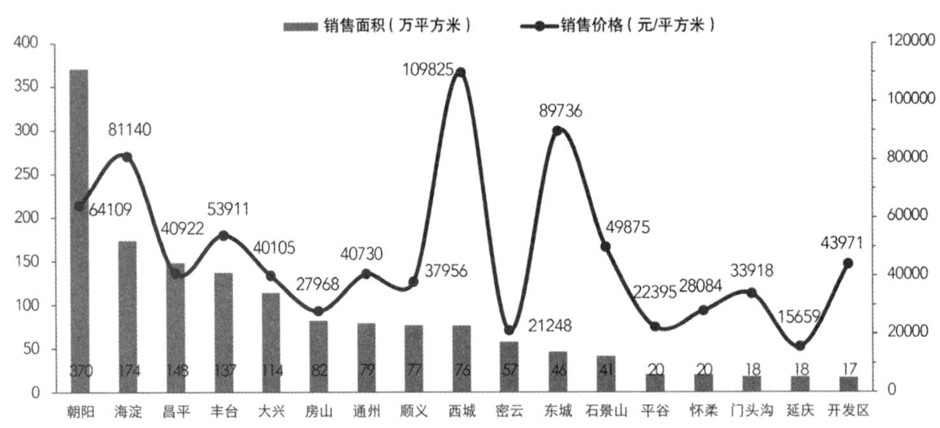

图附 1-18　2020 年北京二手房分区域成交量价走势

数据来源：CREIS 中指数据，fdc.fang.com

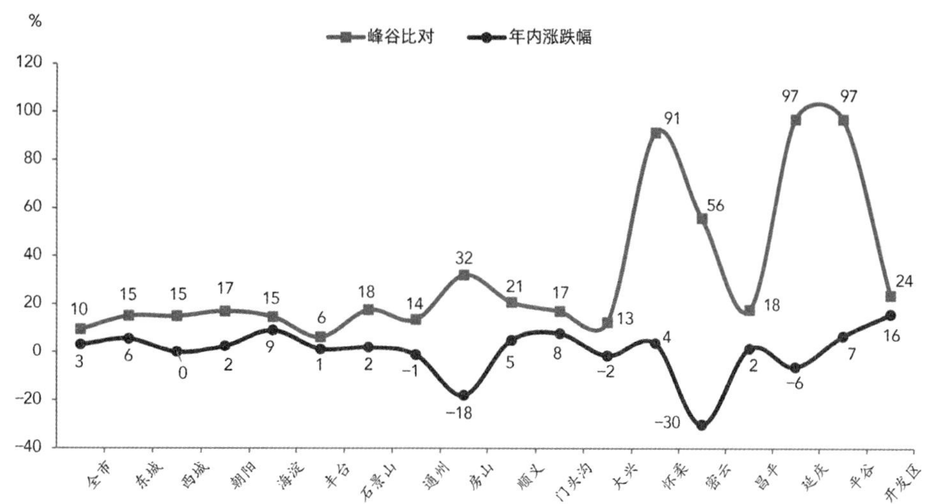

图附 1-19　2020 年北京分城区二手房均价峰谷与年内涨跌幅对比

注：峰谷对比为年内最高值与最低值变化幅度；年内涨跌幅为 12 月与 1 月变化幅度

数据来源：CREIS 中指数据，fdc.fang.com

2020 年主城区（海淀区、朝阳区、西城区、东城区、丰台区、石景山区）中峰谷对比值相对较高的是朝阳和石景山。2020 年，全市二手房均价峰谷对比值(年内最高价与最低价变化幅度）为 10%，年内涨跌幅（12 月价格与 1 月价格对比变化幅度）为 3%，2018 年全市二手房均价峰谷对比值为 8%，年内涨跌幅为 -3%。从重点城区看，朝阳和石景山峰谷对比值最高，分别为 17%、18%，其次是西城、东城和海淀峰谷对比值为 15%；丰台峰谷对比值最低，为 6%。年内变化幅度方面，2020 年海淀变化幅度最高，上涨 9%，而西城最低，与去年持平。

从郊区看，2020 年延庆、平谷峰谷对比值相对较高，达 97%，其次是怀柔，达 91%。年内变化幅度方面，2020 年密云变化幅度最高，下跌 30%，而昌平最低，仅微涨 2%。

2020 年北京房地产市场报告之二

——北京首佳顾问

一、政经跟踪

1. 宏观经济

（1）GDP：2020 年，全市实现地区生产总值 36102.6 亿元，按可比价格计算，比上年增长 1.2%，比 1—3 季度提高 1.1 个百分点。分产业看，第一产业实现增加值 107.6 亿元，下降 8.5%；第二产业实现增加值 5716.4 亿元，增长 2.1%；第三产业实现增加值 30278.6 亿元，增长 1.0%。

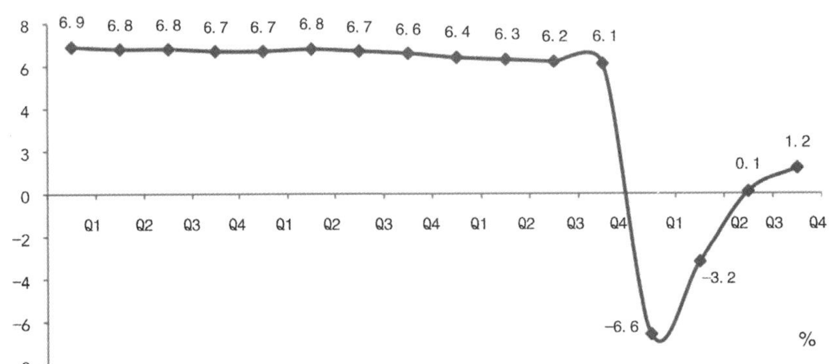

图附 1-20 地区生产总值累计同比增速

资料来源：北京市统计局

（注：按照我国地区生产总值统一核算和数据发布制度规定，地区生产总值核算包括初步核算和最终核实两个步骤。经最终核实，2019 年，北京地区生产总值现价总量为 35445.1 亿元，按可比价格计算，比上年增长 6.1%。）

（2）CPI：2020 年 12 月，全市 CPI 环比上涨 0.3%，同比上涨 0.2%，涨幅与上月持平。

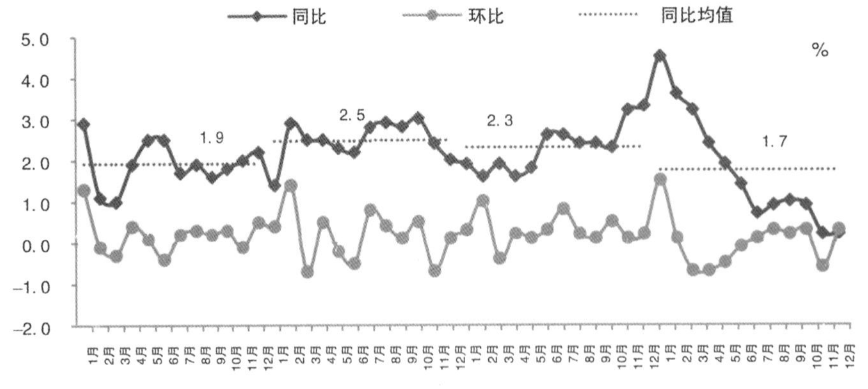

图附 1-21 北京市 CPI 涨跌幅

资料来源：北京市统计局

（3）PPI：2020年12月，全市PPI同比下降1.0%，环比上涨0.5%，增速较上月增加0.4个百分点。

（4）社会消费品零售额：2020年，全市实现社会消费品零售总额13716.4亿元，同比下降8.9%。其中，线上批发零售业、住宿餐饮业网上零售额为4423.3亿元，同比增长30.1%。2020年12月，全市实现社会消费品零售总额1432亿元，环比下降0.2%；同比下降3.1%，涨幅由正转负。

（5）人均可支配收入：2020年，全市居民人均可支配收入69434元，同比增长2.5%。其中，城镇居民人均可支配收入75602元，同比增长2.4%。

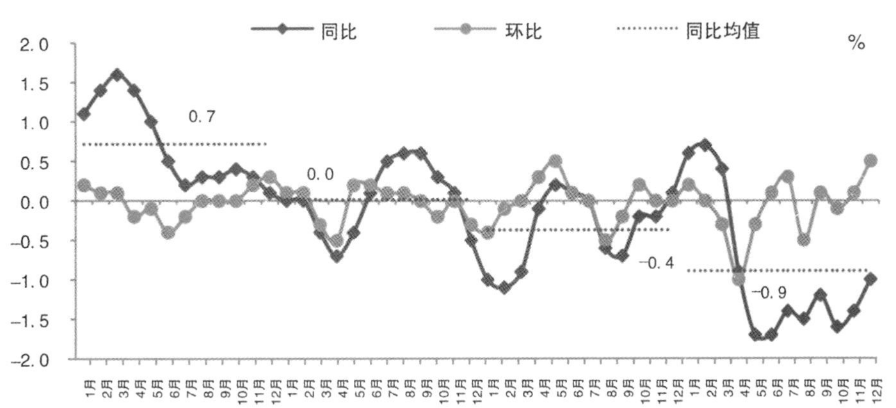

图附1-22 北京市PPI涨跌幅

资料来源：北京市统计局

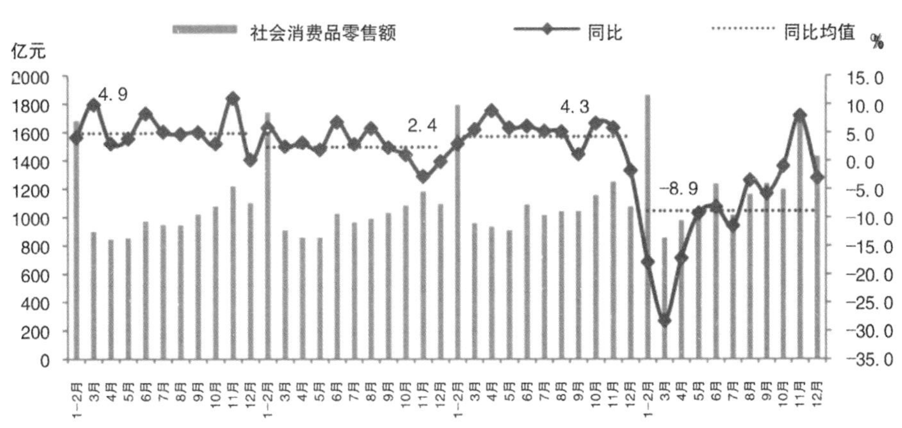

图附1-23 北京市社会消费品零售额同比增速

资料来源：北京市统计局

（注：国家统计局根据第四次全国经济普查结果对全国及各省市2019年社会消费品零售总额进行了修订，2020年月度增速按照可比口径计算。）

（6）PMI：2020年12月，中国PMI为51.9，位于荣枯线以上，同比增长3.39%，涨幅较上月回落0.39个百分点。

（7）固定资产投资（不含农户）：2020年，全市固定资产投资（不含农户）同比增长2.2%，增速与上月持平。其中，房地产开发投资同比增长2.6%，增速自四季度以来持续放缓。

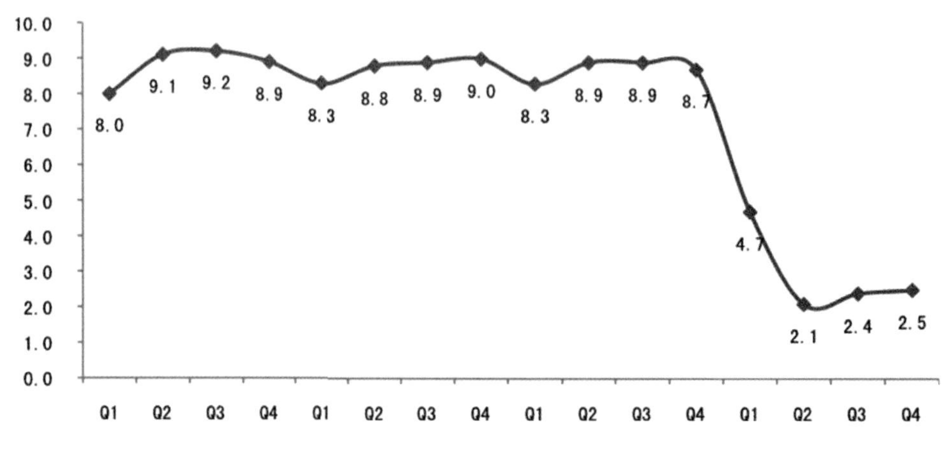

图附1–24　北京市人均可支配收入同比增速（%）

资料来源：北京市统计局

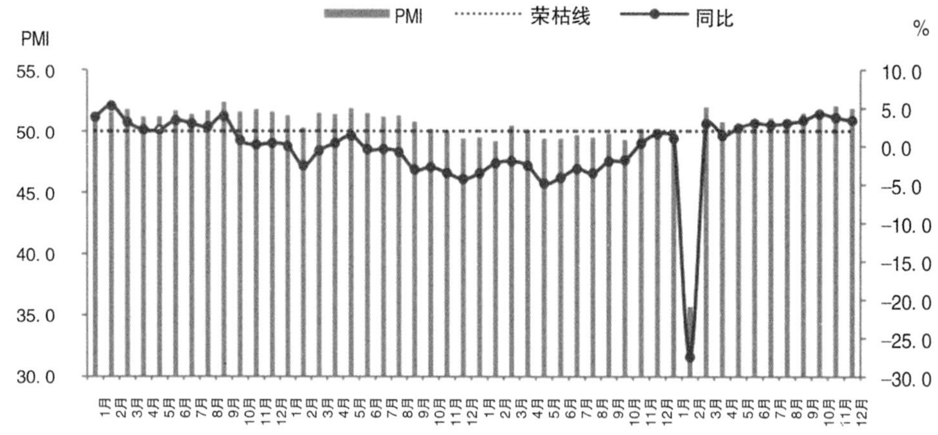

图附1–25　中国PMI涨跌幅（%）

资料来源：国家统计局

（8）房地产开发情况：2020年，全市房地产开发企业房屋新开工面积为3006.6万平方米，同比增长45%。其中，住宅新开工面积为1716.4万平方米，同比增长71%；办公楼为130.5万平方米，同比下降23.5%；商业营业用房为124.6万平方米，同比下降10.7%。

2020年，全市房屋竣工面积为1545.7万平方米，同比增长15.1%。其中，住宅竣工面积为728.5万平方米，同比增长24.9%；办公楼为242.2万平方米，同比下降16.6%；商业营业用房为95.1万平方米，同比下降3.5%。

2020年，全市房地产开发企业到位资金为5820.9亿元，同比增长2.6%。其中，国内贷款为1423.1亿元，增长5.7%；自筹资金为1406.5亿元，增长16.7%；定金及预收款为2450.9亿元，同比下降2.6%。

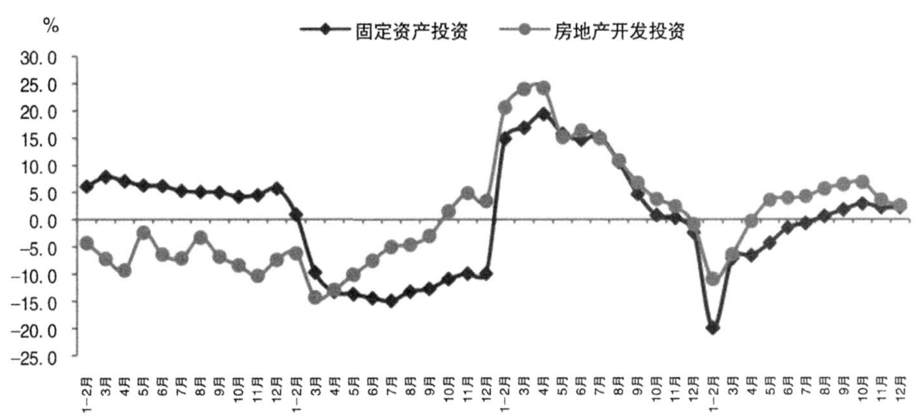

图附1–26　北京市固定资产投资累计同比增速

资料来源：北京市统计局

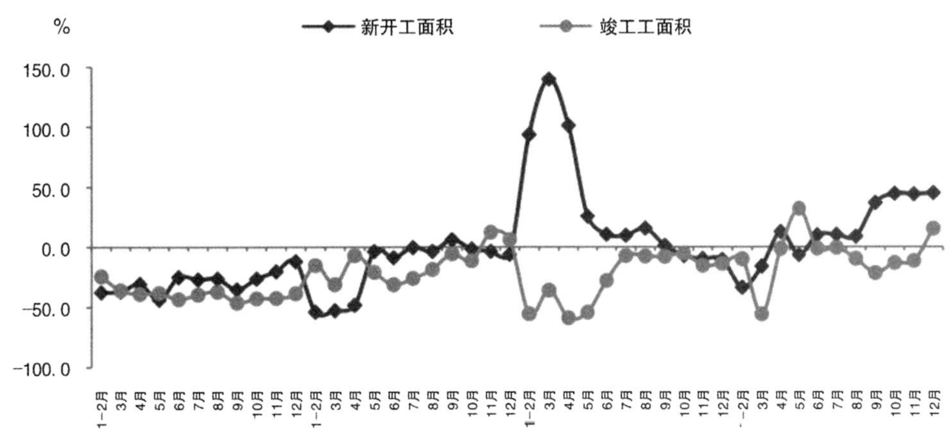

图附1–27　北京市房地产开发累计同比增速

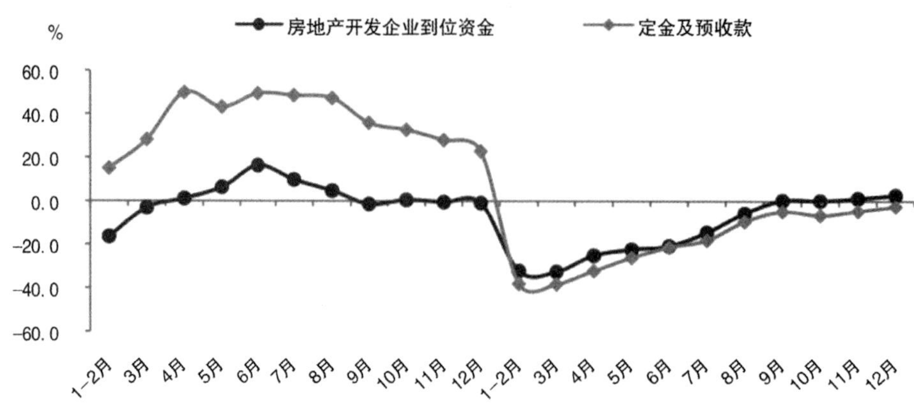

图附 1-28 北京市房地产开发企业到位资金同比增速（%）

资料来源：北京市统计局

2. 重点政策

（1）国家政策

12 月 3 日，韩正在住建部召开座谈会。韩正强调，要深入学习贯彻习近平总书记重要讲话和指示批示精神，贯彻落实党的十九届五中全会精神，坚定不移落实房地产长效机制，谋划好"十四五"时期住房工作，加强住房保障体系建设，有效扩大保障性租赁住房供给。韩正表示，房地产长效机制实施以来，各地各部门认真贯彻党中央、国务院决策部署，紧紧围绕稳地价、稳房价、稳预期的调控目标，坚持因城施策、一城一策，夯实城市主体责任，加强房地产金融调控，房地产工作取得了明显成效。要牢牢坚持"房子是用来住的，不是用来炒的"定位，不把房地产作为短期刺激经济的手段，时刻绷紧房地产市场调控这根弦，从实际出发不断完善政策工具箱，推动房地产市场平稳健康发展。要加强"十四五"时期住房发展顶层设计，研究好住房市场和住房保障两个体系，更好发挥规划的导向作用；完善相关法规和政策，加强日常监管，促进住房租赁市场健康发展。韩正强调，要以保障性租赁住房为着力点，完善基础性制度和支持政策，加强住房保障体系建设，要处理好基本保障和非基本保障的关系，尽力而为、量力而行，着力解决困难群体和新市民住房问题，要处理好政府和市场的关系，既强化政府保障作用，也要积极运用市场化手段，要处理好中央和地方的关系，坚持不搞"一刀切"，鼓励和指导城市政府因地制宜，完善住房保障方式，落实好城市主体责任。

12 月 11 日，习近平主持中央政治局会议。会议要求，要整体推进改革开放，强化国家战略科技力量，增强产业链供应链自主可控能力，形成强大国内市场，夯实农业基础，强化反垄断和防止资本无序扩张，促进房地产市场平稳健康发展，持续改善生态环境质量。

12 月 15 日，自然资源部发布《关于进一步做好村庄规划工作的意见》（以下简称《意见》）。《意见》要求统筹城乡发展，有序推进村庄规划编制，全域全要素编制村庄规划，尊重自然地理格局，彰显乡村特色优势，精准落实最严格的耕地保护制度，统筹县域城镇和村庄规划建设，优化功能布局，充分尊重农民意愿，加强村庄规划实施监督和评估。

12 月 17 日，财政部发布《罚没财物管理办法》，自2021年1月1日起实施。《办法》第二十二条明示，依法应当进行权属登记的房产、土地使用权等罚没财产和财产权利，变卖前可以依据行政处罚决定，没收、追缴决定，法院生效裁定、判决进行权属变更，变更后应当按本办法相关规定处置。权属变更后的承接权属主体可以是执法机关、政府公物仓、同级财政部门或者其他指定机构，但不改变罚没财物的性质，承接单位不得占用、出租、出借。

12月17日，住建部发布《关于印发城镇老旧小区改造可复制政策机制清单（第一批）的通知》。住建部总结地方加快城镇老旧小区改造项目审批、存量资源整合利用和改造资金政府与居民、社会力量合理共担等3个方面的探索实践，形成了《城镇老旧小区改造可复制政策机制清单（第一批）》。加快改造项目审批主要包括联合审查改造方案、简化立项用地规划许可审批、精简工程建设许可和施工许可、实行联合竣工验收；存量资源整合利用主要包括制定支持整合利用政策、加强规划设计引导；改造资金政府与居民、社会力量合理共担主要包括完善资金分摊规则、落实居民出资责任、加大政府支持力度、吸引市场力量参与、推动专业经营单位参与、加大金融支持、落实税费减免政策。

12月21日，全国住房和城乡建设工作会议在京召开。会议指出，2021年要持续深入学习贯彻习近平总书记关于住房和城乡建设工作的重要指示批示精神，贯彻落实党的十九届五中全会和中央经济工作会议决策部署，重点抓好八个方面工作：一是全力实施城市更新行动，推动城市高质量发展。二是稳妥实施房地产长效机制方案，促进房地产市场平稳健康发展。牢牢坚持“房子是用来住的，不是用来炒的”定位，全面落实房地产长效机制，强化城市主体责任，完善政策协同、调控联动、监测预警、舆情引导、市场监管等机制，保持房地产市场平稳运行。三是大力发展租赁住房，解决好大城市住房突出问题。加强住房市场体系和住房保障体系建设，加快补齐租赁住房短板，解决好新市民、青年人特别是从事基本公共服务人员等住房困难群体的住房问题。加快构建以保障性租赁住房和共有产权住房为主体的住房保障体系。扩大保障性租赁住房供给，做好公租房保障，在人口净流入的大城市重点发展政策性租赁住房。规范发展住房租赁市场，加快培育专业化、规模化住房租赁企业，建立健全住房租赁管理服务平台。整顿租赁市场秩序，规范市场行为。稳步推进棚户区改造。进一步完善住房公积金缴存、使用和管理机制。四是加大城市治理力度，推进韧性城市建设。五是实施乡村建设行动，提升乡村建设水平。全面开展乡村建设评价工作。六是加快发展“中国建造”，推动建筑产业转型升级。七是持续推进改革创新，加强法规标准体系建设。八是加强党的全面领导，打造高素质干部队伍。

12月21日，中国人民银行授权全国银行间同业拆借中心公布，2020年12月21日贷款市场报价利率（LPR）为：一年期LPR为3.85%，五年期以上LPR为4.65%。至此，LPR已连续八个月不变。

12月25日，住建部等十部门联合发布《关于加强和改进住宅物业管理工作的通知》。《通知》共21条，从融入基层社会治理体系、健全业主委员会治理结构、提升物业管理服务水平、推动发展生活服务业、规范维修资金使用和管理、强化物业服务监督管理六个方面对提升住宅物业管理水平和效能提出要求。

12月29日，住建部部长王蒙徽在《人民日报》发表《实施城市更新行动》的署名文章，再次强调要实施城市更新行动，完善住房制度。实施城市更新行动，总体目标是建设宜居城市、绿色城市、韧性城市、智慧城市和人文城市，不断提升城市人居环境质量、人民生活质量和城市竞争力，走出一条中国特色城市发展道路。目标任务包括完善城市空间结构、健全城镇体系、加强居住社区建设和加强城镇老旧小区改造等八项。在完善住房制度方面，坚持“房子是用来住的，不是用来炒的”定位，着力解决住房结构性供给不足的矛盾，完善住房市场体系和住房保障体系，基本建立多主体供给、多渠道保障和租购并举的住房制度，推动实现全体人民住有所居。稳妥实施房地产长效机制方案，完善住房保障体系，完善土地出让收入分配机制，改革完善住房公积金制度，提升住房品质。

（2）北京政策

12 月 9 日，市住房城乡建设委发布《关于进一步做好国有土地上房屋征收补偿决定有关工作的通知（征求意见稿）》公开征求意见的公告。《通知》拟提出，区人民政府原则上自征收补偿方案确定的签约期满之日起六个月内作出补偿决定。

12 月 21 日，市住房城乡建设委发布《关于启用商品房预售许可电子证书的通知》。《通知》指出，自 2020 年 12 月 23 日起，启用商品房预售许可证电子证书。证书承载信息包含证书编号、开发企业、项目名称、房地坐落、预售范围、建筑面积、用途、土地使用期限、建设工程规划许可证、备注、发证机关、发证日期、验证二维码、发证机关电子签章和有效性提示等内容。自 2020 年 12 月 23 日起至 2021 年 2 月 28 日，开发企业可自主选择继续使用纸质证书或启用电子证书。2021 年 3 月 1 日起，市住房城乡建设委将全面推行商品房预售许可证电子证书。

12 月 24 日，市住房城乡建设委、公安局、网信办和文旅局正式印发《关于规范管理短租住房的通知》，自 2021 年 2 月 1 日起施行。《通知》明确了政策调整范围及经营短租住房的管理要求。短租住房是指利用本市国有土地上的规划用途为住宅的居住小区内房屋，按日或者小时收费，提供住宿休息服务的经营场所。本市短租住房按区域实行差异化管理，首都功能核心区内禁止经营短租住房。

12 月 29 日，北京市召开“回顾‘十三五’，展望‘十四五’”系列新闻发布会——社会民生专场。北京市住房城乡建设委副主任张国伟表示，“十四五”期间北京市坚持“房住不炒”定位，有效增加保障性住房供给，完善住房保障体系，努力实现“住有所居”目标。对于“十四五”期间住房保障领域的工作安排，一是调整优化公租房政策。继续大力发展公租房，通过新建、改建、收购和长期租赁等方式，有效增加房源供应。二是加快集租房建设供应。2021 年计划向市场供应集租房 5000 套左右，重点解决“新市民”等群体过渡性居住需求。三是加大市场租房补贴力度。四是有效增加共有产权住房供给。优化共有产权住房项目选址，在新城区域交通方便、配套完善地区优先供应，按需配置共有产权住房地块、布局和供应时序，带动中心城区人口向新城转移，实现职住平衡。五是推进住房租赁条例地方立法。强化长租房管理，控制企业资金池。强化联合监管和信用监管，规范租赁市场秩序，维护租赁各方合法权益，使住房租赁回归服务属性。

二、房地产市场

1. 新建商品房

2020 年，全市新建商品房销售面积为 970.9 万平方米，同比增长 3.4%。其中，12 月全市新建商品房销售面积为 210.6 万平方米，同比增长 0.8%。

2. 住宅市场

（1）销售市场

①新建商品住宅

2020 年，全市新建商品住宅销售面积为 733.6 万平方米，同比下降 7.0%；批准上市面积为 787.65 万平方米，套数为 72167 套。其中，12 月全市新建商品住宅销售面积为135.9万平方米，同比下降 23.7%；批准上市面积为 159 万平方米，套数为 15790 套；销售价格同比指数为 103.3%，较上月降低 2.1 个百分点。

截至 2020 年 12 月，全市新建商品住宅库存总量为 881.9 万平方米，同比减少 1.3%。去化周期为 13.6 个月，较上月缩短 0.4 个月。

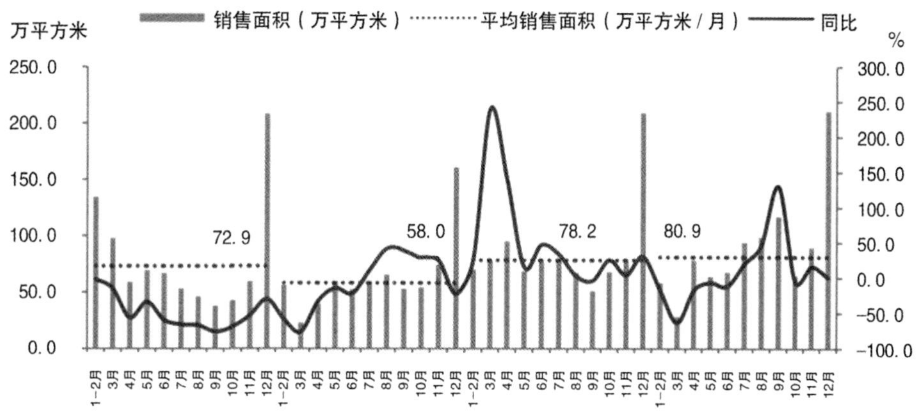

图附 1–29　北京市新建商品房销售面积趋势

资料来源：北京市统计局

注：新建商品房包括住宅、办公楼、商业营业用房及其他房屋建筑物（如车库等）

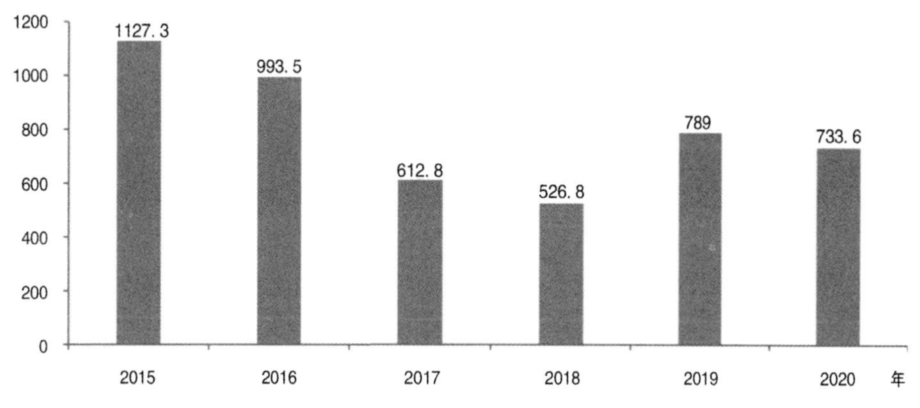

图附 1–30　北京市新建商品住宅历年销售面积（万平方米）

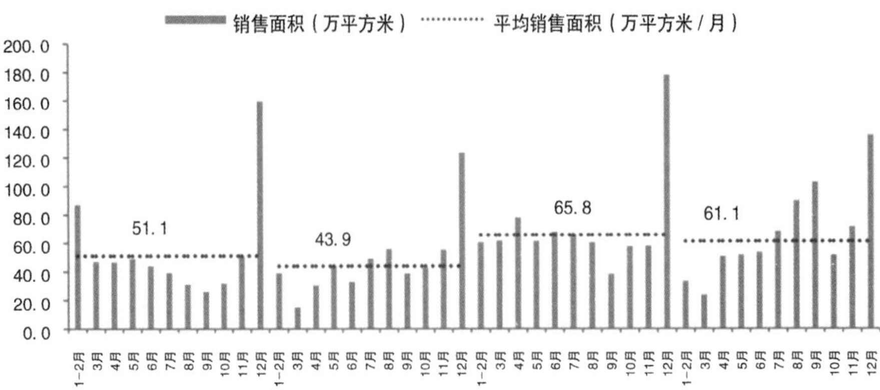

图附 1-31 北京市新建商品住宅销售面积趋势

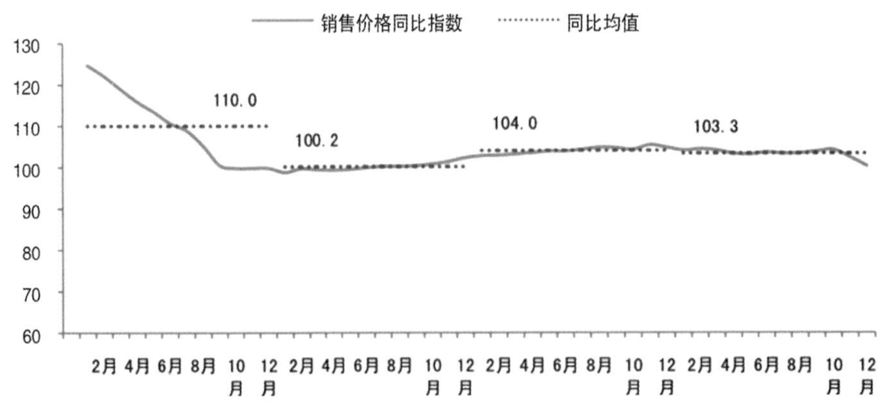

图附 1-32 北京市新建商品住宅销售价格同比指数（%）

资料来源：北京市统计局

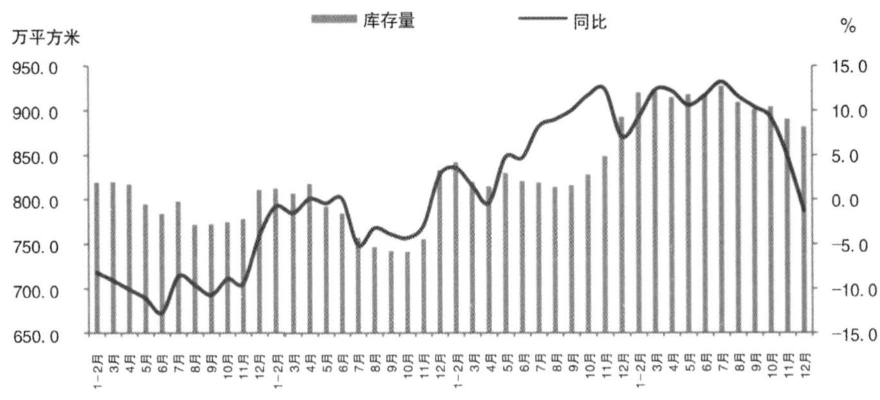

图附 1-33 北京市新建商品住宅库存量趋势

资料来源：北京市统计局

②存量住宅

2020年，全市存量住宅网签面积1516.26万平方米，同比增长18.34%；网签套数168850套，同比增长16.43%。其中，12月全市存量住宅网签面积188.26万平方米，环比增长21.32%，同比增长50.60%；网签套数20944套，环比增长21.29%，同比增长47.84%。

根据V估价系统对北京市114个住宅板块，共计8687个存量住宅小区的监测，2020年12月全市存量住宅监测均价为58084元/平方米，环比上涨0.13%，同比上涨0.66%；价格指数为166.5。

2020年12月，城六区中存量住宅均价最高的是西城区，监测均价为105106元/平方米，环比上涨0.18%；其次是东城区，监测均价为90759元/平方米，环比上涨0.34%；海淀区监测均价为78906元/平方米，环比上涨0.64%。

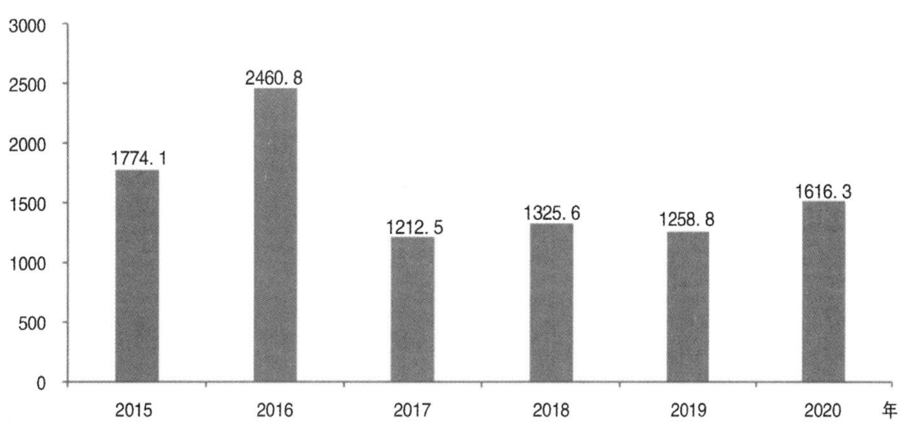

图附1-34 北京市存量住宅历年成交面积（万平方米）

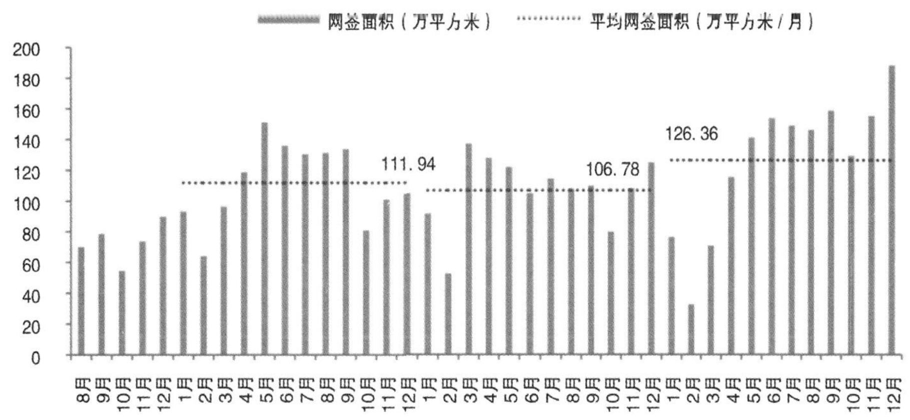

图附1-35 北京市存量住宅成交面积趋势

资料来源：北京市住房和城乡建设委员会

远郊区存量住宅均价最高的是经济技术开发区（亦庄开发区），监测均价为42032元/平方米，环比下降2.06%；其次，通州区监测均价为36340元/平方米，环比上涨0.01%；远郊区县中均价最低的是平谷区，监测均价为20083元/平方米，环比上涨0.18%，其次是延庆区，监测均价为20445元/平方米，环比上涨2.79%。

（2）租赁市场

2020年12月，北京住宅租赁市场平方米租金为89.5元/平方米·月，环比增长1.4%，同比下降1.1%；套均租金8316元/套·月，环、同比均增长2.4%。

3. 办公市场

（1）销售市场

2020年，全市写字楼成交面积为73.2万平方米，同比增长37.1%。其中，12月全市写字楼成交面积为40.9万平方米，同比增长163.9%。

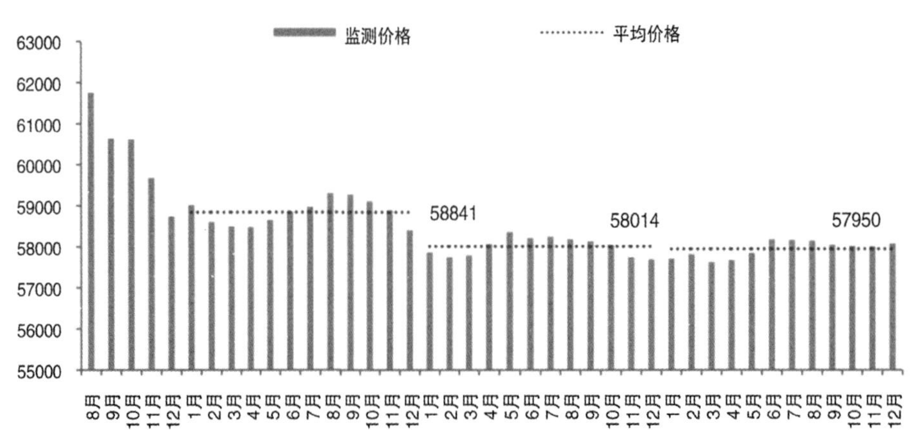

图附1-36　北京市存量住宅监测均价趋势（元/平方米）

资料来源：V估价系统

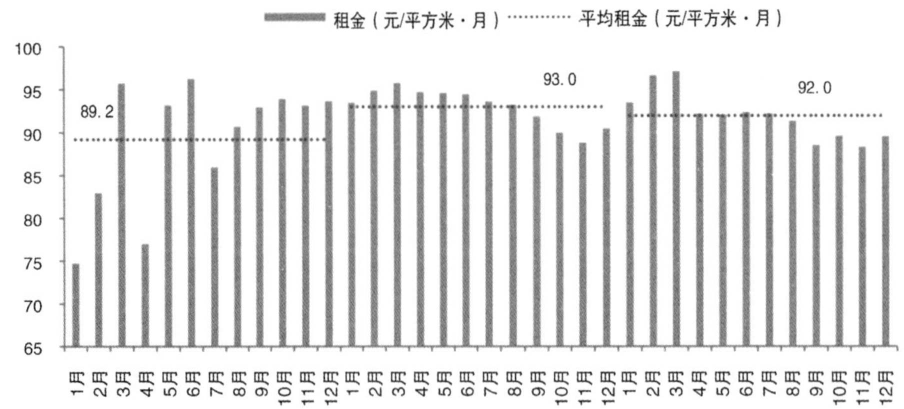

图附1-37　北京市住宅租金变化趋势

资料来源：中指数据库

（2）租赁市场

2020年四季度，全市甲级写字楼平均租金为349.2元/月·平方米，平均租金指数环比下降1.1%，同比下降3.5%；平均空置率为15.8%，环比上升0.7个百分点，同比上升3.1个百分点。

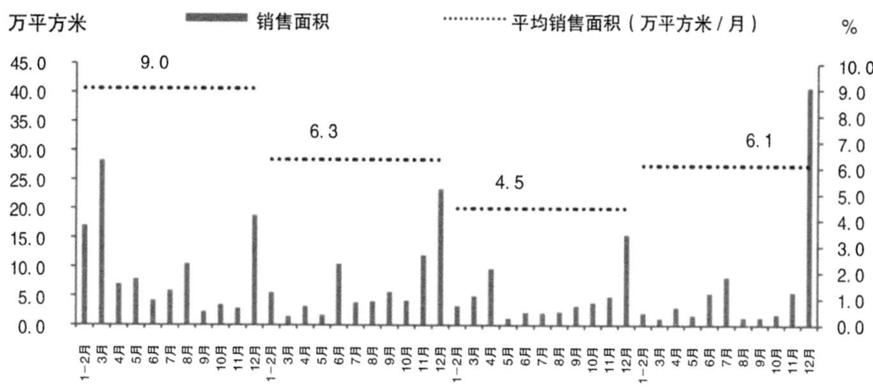

图附1-38 北京市写字楼销售面积趋势

资料来源：北京市统计局

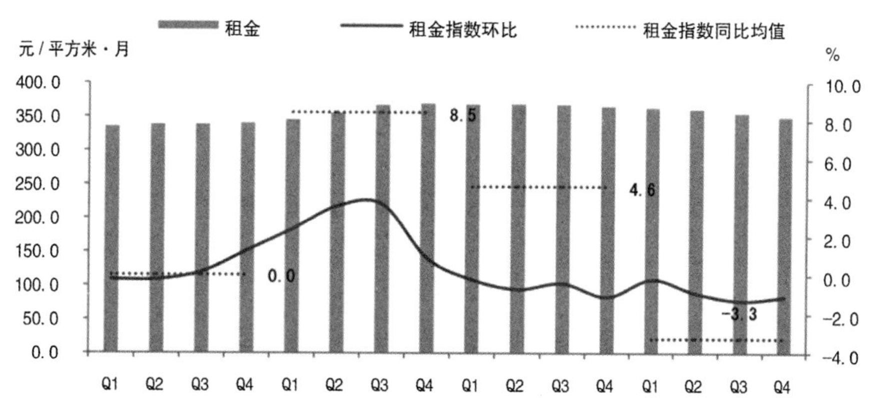

图附1-39 北京市写字楼租金趋势

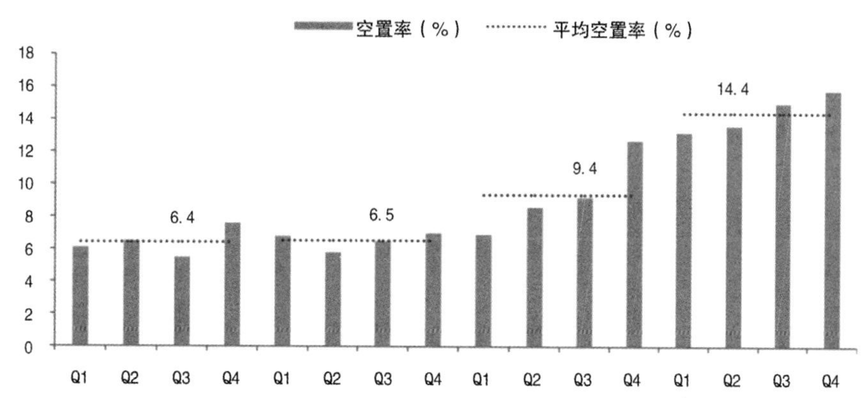

图附1-40 北京市写字楼空置率趋势

资料来源：第一太平戴维斯

4. 商业市场

（1）销售市场

2020 年，全市商业物业成交面积为 53.4 万平方米，同比增长 62.8%。其中，12 月全市商业物业成交面积为 2.7 万平方米，同比下降 52.6%。

（2）租赁市场

2020 年四季度，全市购物中心首层平均租金为 847.1 元 / 月 · 平方米，租金指数环比下降 0.1%，同比下降 1.5%；平均空置率为 6.9%，环比下降 3.8 个百分点，同比下降 0.2 个百分点。

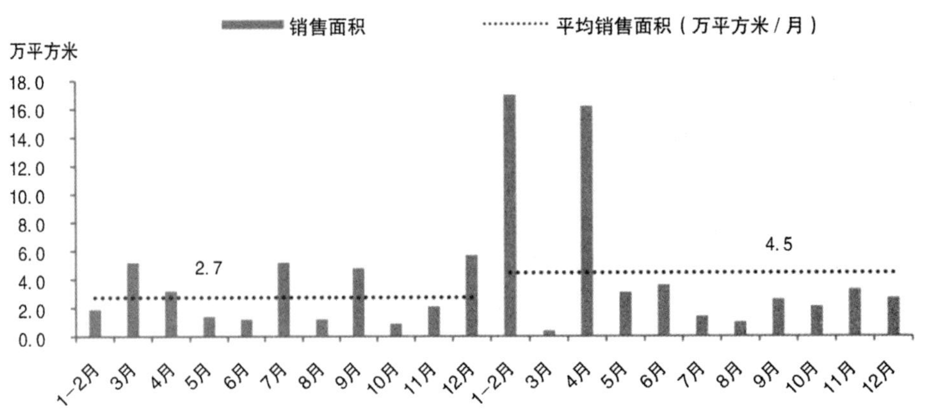

图附 1–41　北京市商业物业销售面积趋势

资料来源：北京市统计局

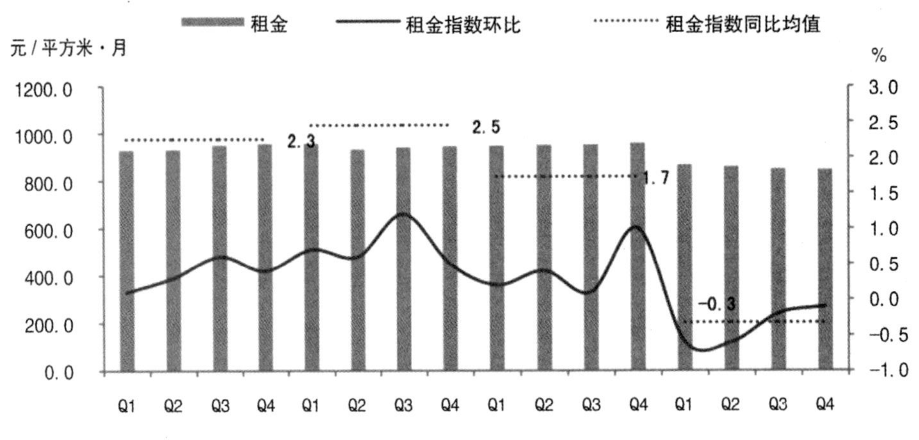

图附 1–42　北京市商铺租金趋势

5. 土地市场

2020 年，全市土地（包括集体土地）成交面积共计 495.85 万平方米（建设用地面积），同比增长 2.66%；成交宗数为 90 宗。其中，12 月全市土地成交面积共计 147.98 万平方米（建设用地面积），环比增长 281.65%，同比增长 126.50%；成交宗数为 21 宗。

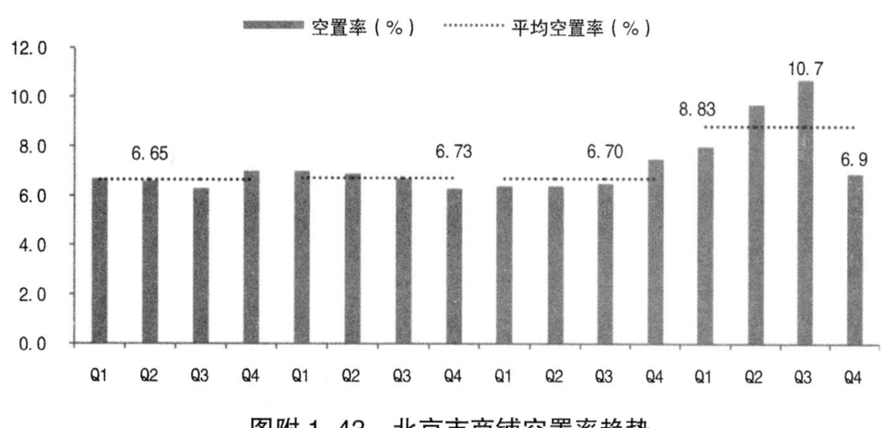

图附 1-43　北京市商铺空置率趋势

资料来源：第一太平戴维斯

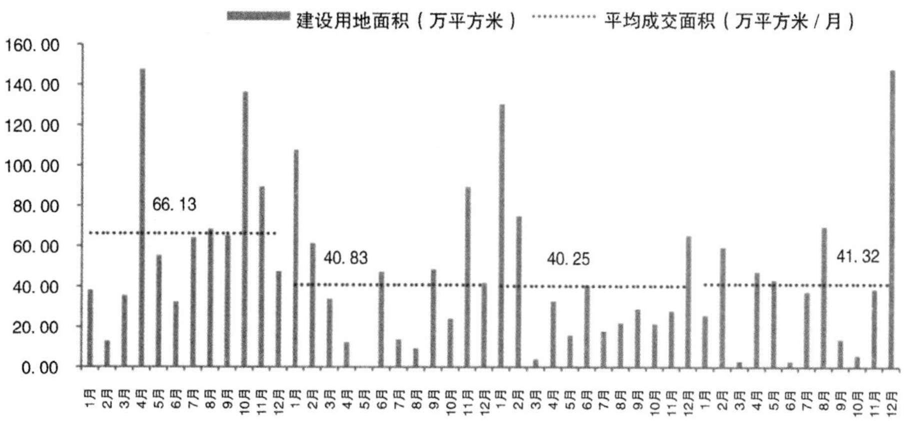

图附 1-44　北京市土地市场成交面积趋势

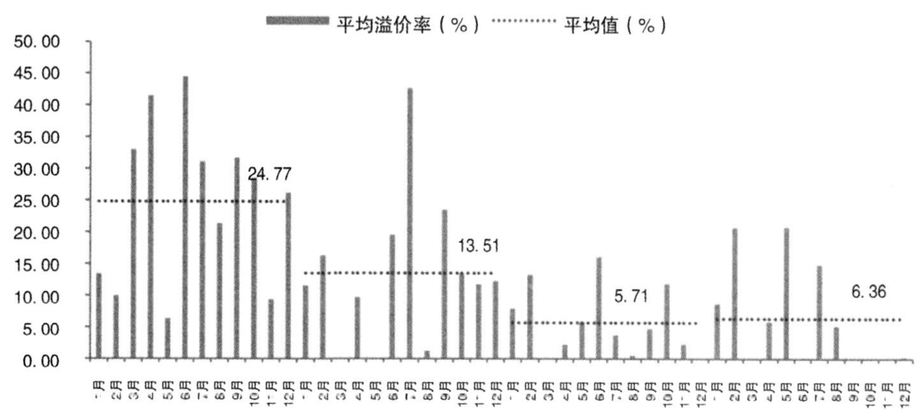

图附 1-45　北京市土地市场成交溢价率趋势

资料来源：北京市规划和自然资源委员会

报告说明

存量住房均价：根据V估价系统监测的北京市114个住宅板块，共计8350个存量住宅小区均价，采用定基定权重的方式计算得出，以保证各期价格的可比性。V估价系统是由中估联行研发的在线批量评估系统，该系统充分集成信息技术与估价师经验，为房地产估价业务提供全新方式的在线评估数据支持。

免责声明

本报告中的意见和内容仅供参考，并不构成对所述市场交易的出价或评估。我司及其雇员对使用本报告内容所引发的任何直接或间接损失概不负责。

除非另有说明，所有本报告的版权属于首佳顾问。未经首佳顾问事先书面授权许可，任何机构或个人不得更改或以任何方式发送、传播或复印本报告，否则由此造成的一切不良后果及法律责任由私自发送、传播或复印本报告者承担。

2020 年北京房地产市场报告之三

——北京万科市场营销部城市研究院

一、北京市场回顾 & 预判

1. 政策基调

疫情未改楼市调控总基调，“房住不炒”定位贯穿全年，房地产金融监管持续强化，“三道红线”试点实施，多项举措促市场理性回归；北京房地产市场在“稳地价、稳房价、稳预期”三稳指导下，2021 年走势基本定调。

表附 1-6　2020 年房地产相关大事件回顾

2020年	会议/部门	2020年房地产相关大事件回顾
3月	人民银行会同财政部、银保监会	• 坚持房子是用来住的、不是用来炒的定位和“不将房地产作为短期刺激经济的手段”要求，保持房地产金融政策的连续性、一致性、稳定性。
4月	中共中央政治局	• 要坚持房子是用来住的、不是用来炒的定位，促进房地产市场平稳健康发展。
5月	全国两会政府工作报告	• 深入推进新型城镇化。发挥中心城市和城市群综合带动作用，培育产业、增加就业。 • 坚持房子是用来住的、不是用来炒的定位，因城施策，促进房地产市场平稳健康发展。 • 完善便民设施，让城市更宜业宜居。
8月	住建部、央行联合召开重点房地产企业座谈会	• 对房地产融资的管理，主要以“三条红线”为标准，根据房企的“踩线”情况，分为“红、橙、黄、绿”四档，然后实施差异化债务规模管理。
12月	北京《十四五规划》	• 完善多主体供给、多渠道保障、租购并举的住房保障体系。坚持“房住不炒”定位，完善房地产市场平稳健康发展长效机制。有序均衡供应住宅用地，加大保障性住房供给。鼓励存量低效商办项目改造，深入推进集体土地租赁住房试点，持续规范和发展住房租赁市场。优化住房供应空间布局，促进职住平衡。
12月	中央经济工作会议	• 明年要解决好大城市住房突出问题。住房问题关系民生福祉。 • 要坚持房子是用来住的，不是用来炒的定位，因地制宜、多策并举，促进房地产市场平稳健康发展。 • 要高度重视保障性租赁住房建设，加快完善长租房政策，逐步使租购住房在享受公共服务上具有同等权利，规范发展长租房市场。 • 土地供应要向租赁住房建设倾斜，单列租赁住房用地计划，探索利用集体建设用地和企事业单位自有闲置土地建设租赁住房，国有和民营企业都要发挥功能作用。 • 要降低租赁住房税费负担，整顿租赁市场秩序，规范市场行为，对租金水平进行合理调控。

➢ 影响

- “房住不炒”贯穿全年，基本定调：2020年上半年受新冠疫情影响，经济面临较大下行压力背景下，中央“房住不炒”决心坚定不变，对2021年楼市也基本定调
- “三条红线”迫使房企扩张降速，行业迎来拐点：国家加强重点房企资金监测和融资管理，行业进入拐点，房企扩张降速，推动行业集中度上升，跨越式增长模式不再；各家加快运营效率提升，降负债，重回款，加快项目开工、推盘和竣工速度
- 明确“稳地价、稳房价、稳预期”的调控方向：“三稳”目标下，北京政府对平抑地价、取证限价以及充足供应等举措仍会持续处于一个强管控态度

备注：营销部城研院整理

2. 商品房整体

2020年北京商品房整体成交规模4042亿元，同比上涨10%，商品住宅大幅上涨，成交金额3081亿元，占市场八成；共有产权房成交297亿元，由于近几年土地供应原因出现较大幅度下降；办公占比保持在10%。

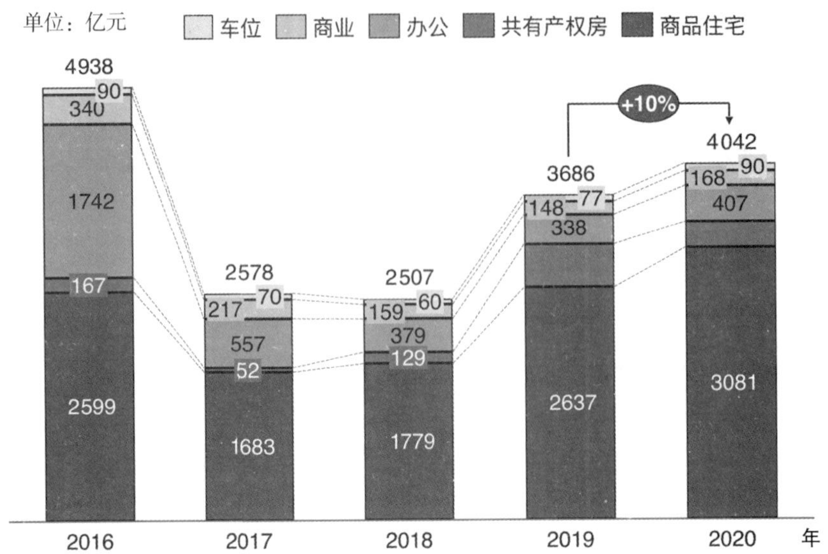

图附 1-46　近 5 年商品房主要业态成交金额占比

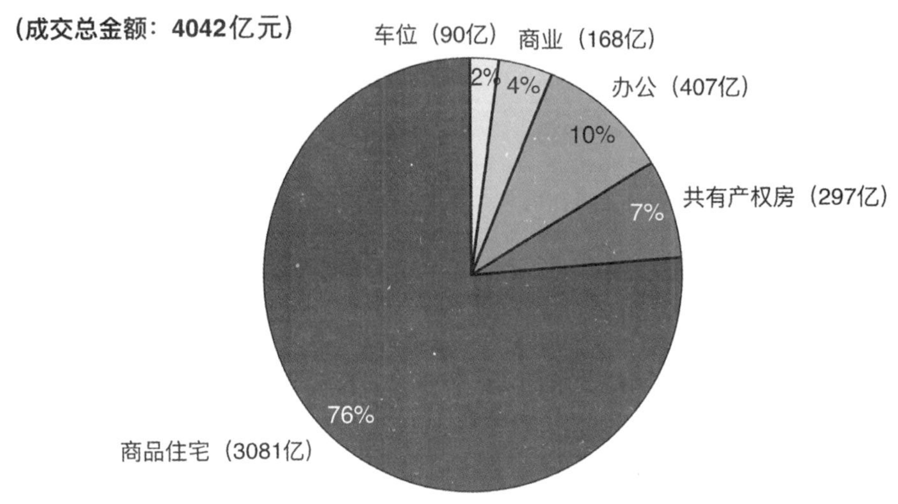

图附 1-47　2020 年商品房主要业态成交金额占比

数据来源：天朗数据库，截止日期 2020 年 12 月 31 日

3. 商品住宅—市场

北京一二级市场三年持续保持高供应，新房成交量持续升高，价格稳中有降，周期特征已不再明显，盈利预期降低之下各项目运营效率明显提速，土地入市转化率提高，总体回归长期供大于求的充分竞争市场，容错度降低，需敬畏市场，以效率求生存。

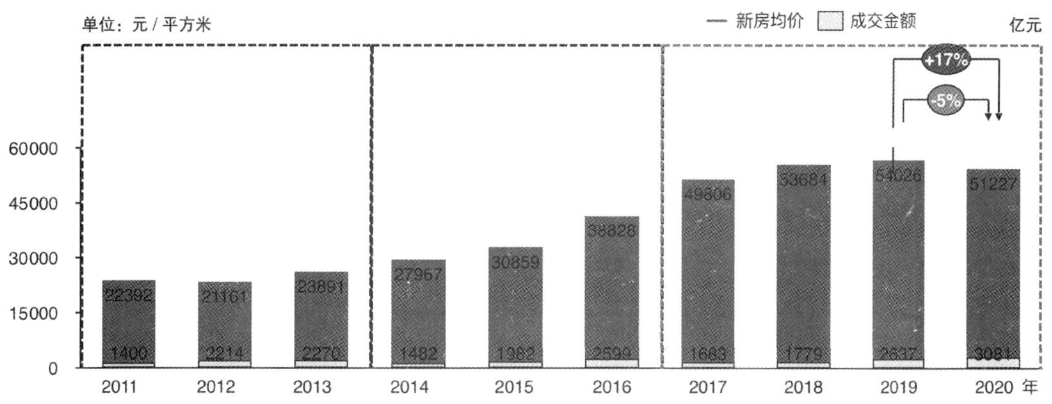

图附 1–48　2011—2020 年北京新房均价 & 成交金额

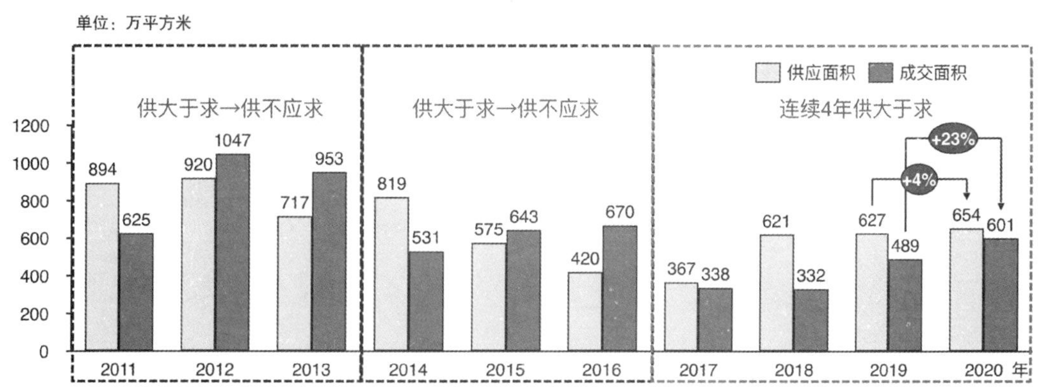

图附 1–49　2011—2020 年北京新房供求面积

（1）新房市场稳中有升，价格受供应结构和高竞争影响有所下降

• 新房价格稳中有降：2020 年均价同比下滑 5%，基本在 5 万 / 平方米水平线。项目五环外高供应量以及强政策限制，持续压制市场涨价预期。

（2）3 年周期特征已不再明显，持续供过于求成为常态，回归市场竞争

连续四年供大于求，竞争加剧，三年周期特征已不存在：2020 年，北京商品住宅供应面积 654 万平方米；区别于 2011—2013 年、2014—2016 年两个三年周期，从供大于求向供不应求变化的走势，2017 年开始，市场一直处于供过于求的情况。

4. 商品住宅—库存

库存逐年攀升，处于历史高点，当前面积 1190 万平方米，较去年增加 7%（还有 340 万平方米取地未入市存量），去化周期 24 个月，市场面临较大竞争压力；非限竞房库存逐渐增加，限竞房逐步消耗，分面积段来看，大户型面积库存积压严重，且面积越大，去化速度越慢。

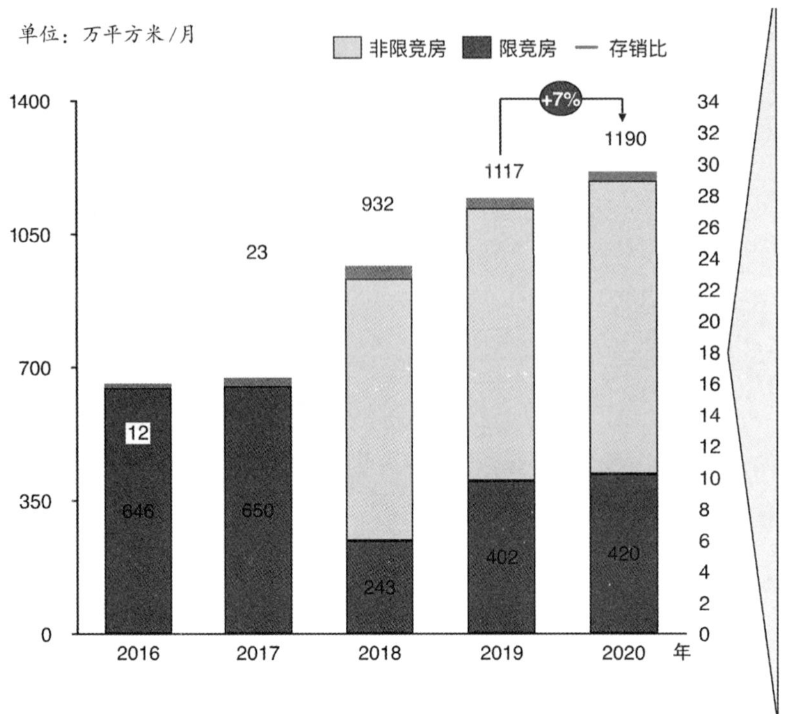

图附 1-50 2016—2020 年商品住宅年度库存面积及存销比

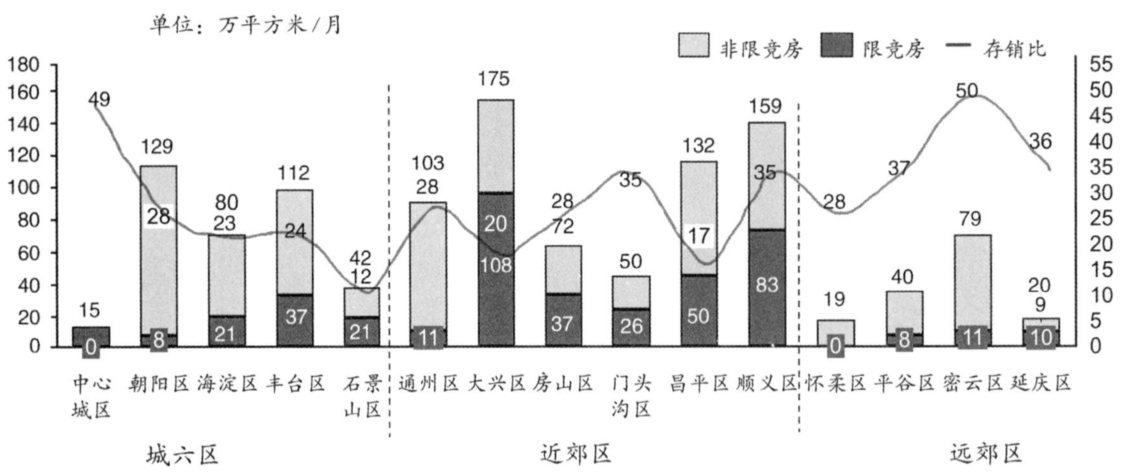

图附 1-51 各行政区 2020 年商品住宅年度库存面积及存销比

数据来源：天朗房研，数据截至 2020 年 12 月 31 日，年度存销比为当年库存与当年月均比值计算

5. **产品结构**

2020年市场规模的主要增长点来源于总价与面积的门槛降低，带来更多刚需上车客群入市进场；产品总价收窄，面积下探，首置刚需化，豪宅改善化趋势明显；2021年产品机会仍存在于90平方米以下的低存销比面积段，而首改稳中有升、再改稳定持续是大方向。

（1）市场增量主要在总价400万以下，面积90平方米以下产品

总价500万～600万增幅最大，总价300万～400万套数增加最多，300万以下同样有较大增长；80～90平方米面积段作为市场主战场，整体表现持续走高，且存销比仅1.19；70平方米以下成交出现大幅度上涨，其次为70～80平方米。

（2）商住严控、环京回归、二手回流三大主因促成更多刚需客群进场

自2016年“930”以来，信贷持续收紧，高首付压抑改善置业需求，北京新房住宅市场不能孤立看待，商改住严控下的上车客群（商住2009—2015年年均180万，2016年成交430万平方米，2020年成交26万平方米），疫情限制下环京的回归客群（2016年高点成交1201万平方米，2020年成交406万平方米），限竞房分流的二手房客群（二手房/新房3.4∶1，近五年最低）三大原因促成更多低支付力客群进场上车。

（3）改善需求市场规模相对稳定

总价800万以上，面积140平方米以上改善类产品变化幅度较小，客户置业需求相对稳定。

（4）各家房企对面积的选择也逐渐下探

以中海为首，面积下探，降低客户置业门槛，总价收窄，吸纳更多低首付客群成为5环半外土地普遍选择。

表附1-7　2019—2020年商品住宅成交套数套均面积变化

面积段	2019年成交套数	2020年成交套数	套数变化	涨幅（%）	存量套数（套）	存销比（%）
70平方米以下	742	2891	2149	290	3642	1.26
70～80平方米	1982	4757	2775	140	6467	1.36
80～90平方米	15156	20810	5654	37	23677	1.14
90～100平方米	1614	1871	257	16	4885	2.61
100～120平方米	2939	3595	656	22	6925	1.93
120～140平方米	4813	5600	787	16	12658	2.26
140～160平方米	2338	2605	267	11	6784	2.60
160～180平方米	1255	1322	67	5	2925	2.21
180平方米以上	5421	5737	316	6	17502	3.05
合计	36261	49188	12927	36	85465	1.74

备注：数据截止日期2020年12月31日

6. **竞争·定位（1/2）**

南北方向出现明显差异，北部高产值、快去化项目集聚，南部项目集中供应，出现扎堆竞争；在充分竞争市场下，各房企项目普遍选择控面积、快周转策略，出现首置上车化和豪宅改善化的产品趋势。

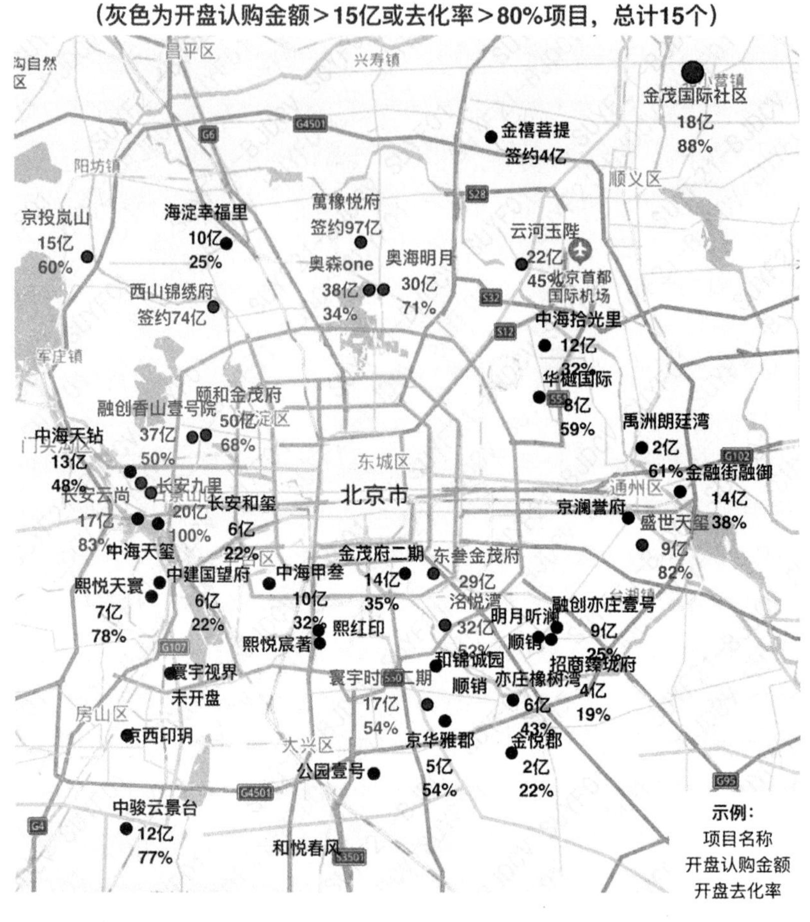

图附 1-52　2020 年北京新开盘项目去化情况 & 分布（48 个）

（1）面对项目“双子”“三生”全周期贴身竞争常态化，运营全流程提效增速至关重要，平均入市周期 6～8 个月

古城组团：中海晚于华润 5 个月拿地，通过组团内深耕和报批管控能力，与竞品同期取证。

- 中海长安云尚：2019 年 11 月拿地，2020 年 6 月开盘，6 个月开盘，首开推出 365 套，认购 295 套 /16.6 亿元，去化率 84%，全年签约 29 亿元，均价 7 万 / 平方米。
- 华润长安九里：2019 年 6 月拿地，2020 年 6 月开盘，11 个月开盘，首开推出 240 套，认购 240 套 / 20 亿元，去化 100%，均价 7 万 / 平方米。

奥北组团：东小口两宗土地同期获取，开盘先后相差两个月，年内签约相差 40 亿元左右，毛利相差 5%。

- 绿城奥海明月：2020 年 2 月拿地，2020 年 9 月开盘，7 个月开盘，首开推出 920 套，认购 652 套 /30 亿元，去化率 71%，年内签约 43 亿元，均价 5.9 万 / 平方米。
- 首开奥森 one：2020 年 2 月拿地，2020 年 11 月开盘，9 个月开盘，首开推出 2234 套，认购 750 套 /38 亿元，去化率 34%，年内签约 2 亿元，均价 5.8 万 / 平方米。

分钟寺组团：三宗土地同期获取，金茂增速提效，率先开盘，抢收客户，实现开盘热销，避免后期红海竞争。

- 东叁金茂府：2020 年 5 月拿地，拿地 8 个月开盘，开盘去化 63% / 约 29 亿元，尚未签约，均价 10.5 万 / 平方米；产品定位逻辑相对清晰，分钟寺三兄弟中面积最小 127～195 平方米（世茂天誉 145～215 平方米，合生缦云 192～248 平方米），总价最低，运营节奏最快的项目。

• 世茂天誉 & 合生缦云：同期拿地，至今未开盘，且产品定位面积更大，总价更高。

（2）优质区位，稀缺供应项目，但在营销层面发力错误，产品展示出现偏差，片面依赖渠道丧失拓客能力，仍会对项目整体大打折扣

• 香山壹号院：10 月 1 日开盘（晚于金茂 1 天）、开盘成交 32 亿元（比金茂少 18 亿元）、签约价格 11 万 / 平方米（比金茂低 3000 元 / 平方米）、全年签约额 30 亿元（比金茂低 19 亿元），由于展示出现策略失误，销售团队过于依赖渠道导致被竞品全面打败。

• 海淀幸福里：2020 年 2 月拿地，8 个月开盘，认购 10 亿元，去化率 25%，全年签约 3.9 亿元，均价 7.7 万 / 平方米，渠道点位 3%；海淀稀缺供应，但自身产品力差及操盘营销能力差，去化令人失望。

• 电建洛悦湾：近地铁 G3 优势区位项目，限价 5.4 万 / 平方米，周边二手房 6 万 / 平方米，在价格明显倒挂情况下，由于糟糕的营销推广和带看动线体验，2020 年 6 月开盘成交 32 亿元，去化率仅为 49%，均价 5.3 万 / 平方米，年签约额 35 亿元。

7. 二手房市场

2020 年二手加新房住宅共成交 22 万套，同比增长 20%，均价稳定在 6 万 / 平方米左右；2020 年二手房 / 新房成交套数比为 3.4：1，近五年比例持续降低，更多客户选择进入新房市场；2020 年二手房主要增长点来源于总价 150 万～600 万、面积 90 平方米以下房源成交。

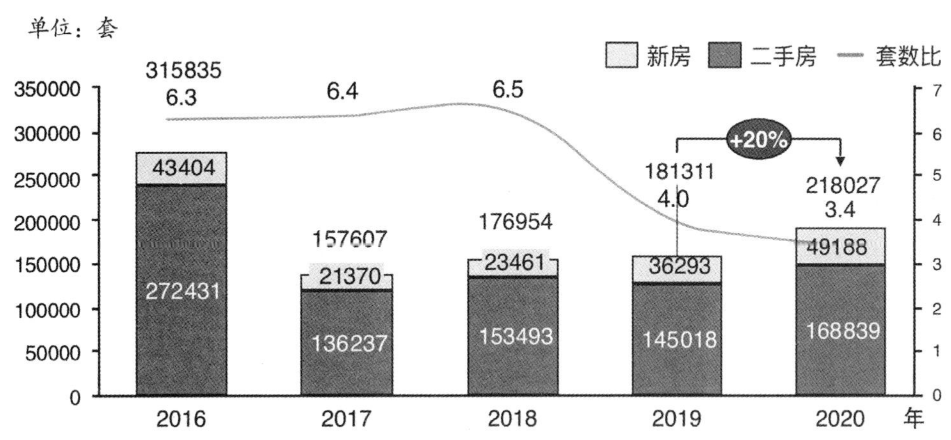

图附 1-53　2016—2020 年一二手房成交套数对比

表附 1-8　2019—2020 年贝壳二手房成交套数变化情况

总价段	2019 年	2020 年	增长套数（套）	涨幅（%）
0～150 万	416	749	333	80
150 万～300 万	12212	14870	2658	22

（续附表 1-8）

总价段	2019 年	2020 年	增长套数（套）	涨幅（%）
300 万～450 万	23949	25652	1703	7
450 万～600 万	14923	16813	1890	13
600 万～750 万	7859	9090	1231	16
750 万以上	8608	10435	1827	21
合计	67967	77609	9642	14

表附 1-9　2019—2020 年贝壳二手房成交套数变化情况

面积段	2019 年	2020 年	增长套数（套）	涨幅（%）
60 平方米以下	19860	21944	2084	10
60～90 平方米	27416	31421	4005	15
90～120 平方米	12716	14582	1866	15
120～140 平方米	3881	4517	636	16
140～180 平方米	2852	3472	620	22
180 平方米以上	1242	1673	431	35
合计	67967	77609	9642	14

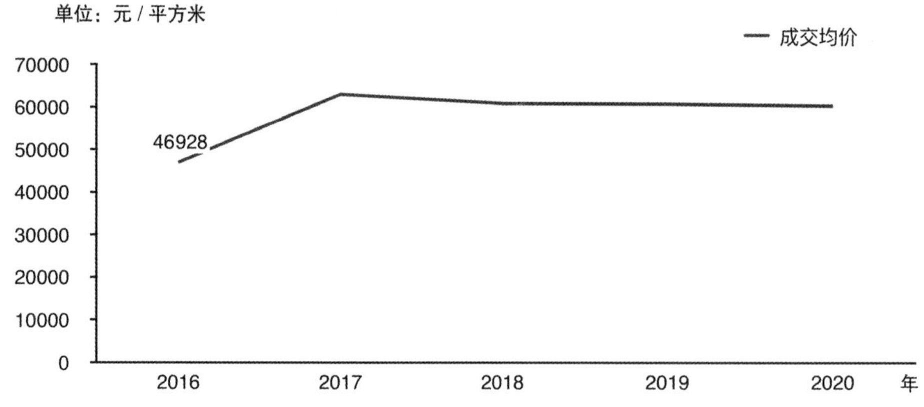

图附 1-54　2016—2020 年二手房成交均价

8. 办公市场

2020 年办公累计供应 148 万平方米，成交 118 万平方米（407 亿），均价 34437 元 / 平方米，取证库存 889 万平方米，广义库存 1700 万平方米，广义去化周期 14 年；TOP10 项目成交金额占全市 56%，主要集中在通州、海淀和丰科园周边。

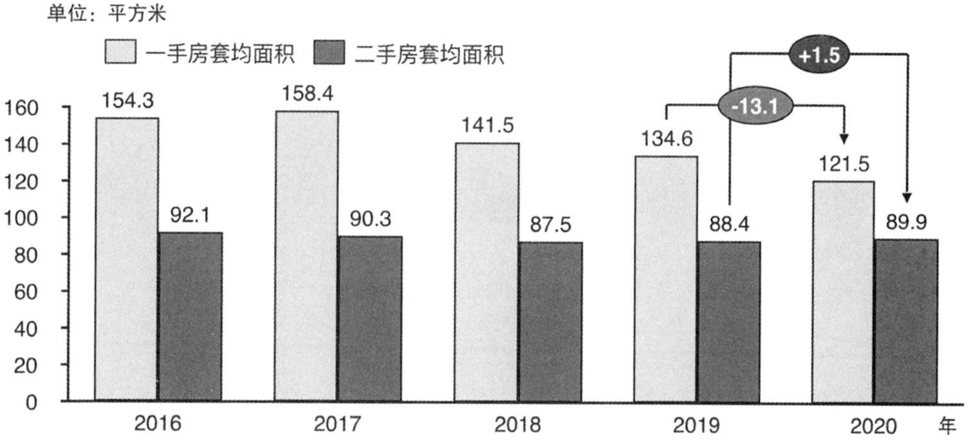

图附 1-55　2016—2020 年一二手房套均面积对比

数据来源：天朗数据库，Realdata，截止日期 2020 年 12 月 31 日

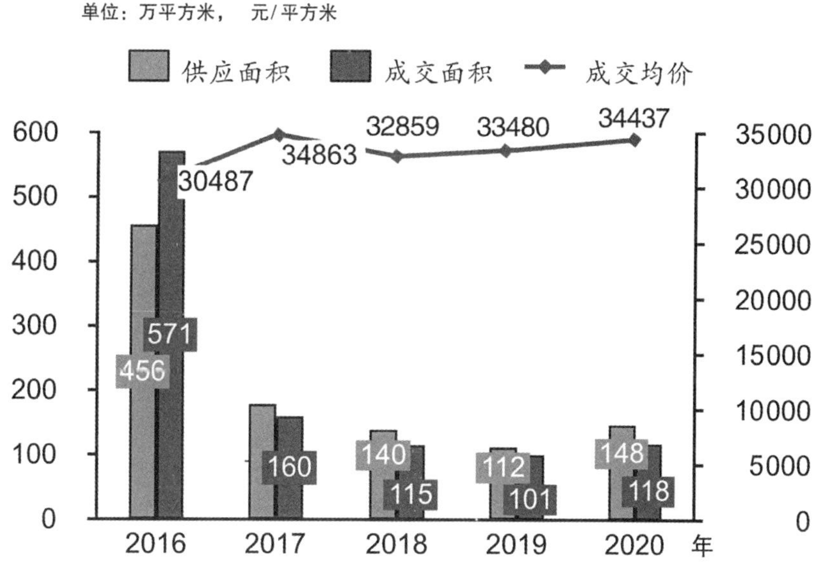

图附 1-56　2016—2020 年办公累计供应与成交面积及推售比

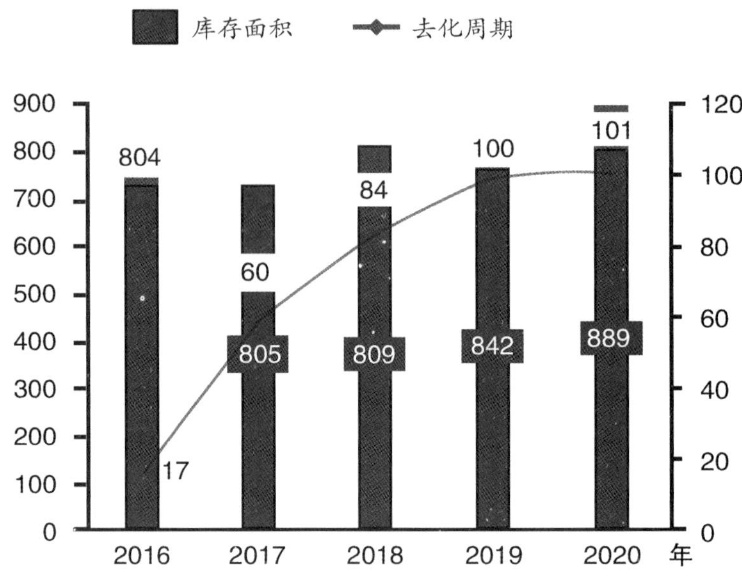

图附 1–57　2016—2020 年办公库存及去化周期

表附 1–10　2020 年办公成交金额排名 TOP10

名次	项目名称	区域	成交金额（亿元）	成交套数	成交面积（万平方米）	成交均价（元 / 平方米）	套均面积（平方米）
1	成大广场	通州区	56.08	1256	12.41	45195	99
2	电子城国际电子总部	朝阳区	27.49	4	9.52	28886	23800
3	京投发展琨御府	海淀区	24.23	155	4.25	57005	274
4	丰台金茂广场	丰台区	23.89	463	4.97	48039	107
5	通州紫光科技园	通州区	15.34	59	7.31	21000	1239
6	海淀绿地中央广场	海淀区	12.67	340	3.91	32360	115
7	长安太和	东城区	12.19	41	0.95	128208	232
8	通用时代中心	丰台区	11.22	10	1.84	60980	1840
9	中粮天恒智慧谷	海淀区	9.93	21	1.96	50601	933
10	中关村总部基地	丰台区	9.64	54	5.71	16880	1057

图附 1–58　图 TOP10 写字楼项目分布图

数据来源：天朗房研

注：从 2018 年 7 月 1 日起，写字楼和特写市场合并为办公市场

	2020年回顾	2021年预判
调控政策	认房认贷 取证限价	• 首付比例作为调控基石，不进行调整，哪怕微调 • 稳房价最后一手，取证限价持续限制
土地市场	成交442万平方米 套内7090	• 套内7090成为长效机制，2021年长期存在 • 稳预期，成交450万平方米，土地持续饱和供应 • 稳地价，热点宅地高起拍价低拐点，竞共产，防地王
新房市场	供应654万平方米 金额3081亿 均价5.1万/平方米 广义库存1530万平方米	• 供应660万平方米，年均600万平方米+，且入市速度加快 • 金额3200亿，市场规模保持并小幅提升 • 均价5.3万/平方米，非限价项目陆续入市，拉升均价 • 进入去库存周期
二手房市场	成交16万套 均价6万/平方米	• 成交17万套，主城区继续保持主流小户型成交 • 均价6万/平方米，主城区受高价新房和学区拉升上涨，其他区受新房集中供应下降
商办市场	广义库存1700万平方米 去化周期16年	• 北京商办面临超高长库且空置率提升压力，“500限”政策存在局部微调可能性

图附 1–59

9. “微利”时代来临

北京市场目前进入政策持续性强、土地供应充足、住宅规模稳中有增的相对健康发展时期；未来将长期面临高供应、高地价、限房价、项目全周期竞争导致下的“微利”时代。

二、环京市场回顾与预判

1. 政策

各地限购政策条文未有调整，但多地政府依然执行灵活；副中心、新机场和雄安新区驱动的京津冀协调发展规划不断细化，尤其交通的建设推进最为迅速。

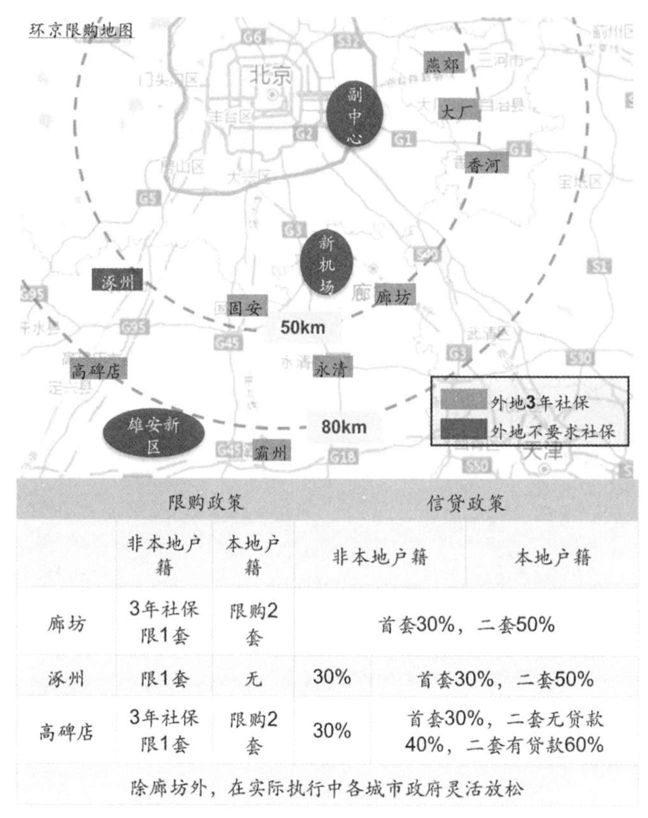

	限购政策		信贷政策	
	非本地户籍	本地户籍	非本地户籍	本地户籍
廊坊	3年社保限1套	限购2套	首套30%，二套50%	
涿州	限1套	无	30%	首套30%，二套50%
高碑店	3年社保限1套	限购2套	30%	首套30%，二套无贷款40%，二套有贷款60%
除廊坊外，在实际执行中各城市政府灵活放松				

图附 1-60　环京限购地图 & 限购政策

表附 1-11　2020 年完成及推进情况

北三县 （燕郊、大厂、香河）	· 通州区与北三县协同发展规划获批（国家发改委）：在发展规划、城市设计、生态环境、环境治理、交通建设、产业布局、公共服务等方面提出发展目标和建设原则 · 北京十四五规划纲要：抓好通州区与北三县协同发展规划落地实施，推动一体化发展。健全完善统筹协调机制，引导适宜产业向北三县延伸，打通道路堵点，完善交通等基础设施，优化居住、养老等配套布局 · 燕郊平谷线开工：地铁平谷线平谷段开工建设，朝阳及通州段预计 2021 年 3 月开工，三河段暂未开工，根据北京地铁三期规划，在三河设有燕郊镇站、神威大街站、高楼站、齐心庄站，规划 2024 年开通 · 京唐城际 2022 年开通：北三县设有三站，已全线开工，规划 2022 年开通

（续附表 1-11）

环机场（廊坊、固安、永清）	· 临空经济区街区详细性规划出台，自贸区落户临空经济区，步入产业落地阶段 · 固安京雄城际通车：从北京西至雄安，全程 1 小时，设有固安东站 · 固安永清津兴铁路开工：从天津滨海到北京大兴 国际机场，设有永清站和固安站 · 永清雄安 R1 机场线开工：从雄安新区到大兴国际机场快线，设有永清西站
环雄安（霸州、高碑店、涿州）	· 雄安新区控制性详细规划出台，雄安建设加速推进 · 霸州京雄城际通车：从北京西至雄安，全程 1 小时，设有霸州北站 · 霸州雄安 R1 机场线开工：从雄安新区到大兴国际机场快线，设有霸州北站 · 涿州、高碑店京雄高速 2021 年 6 月通车

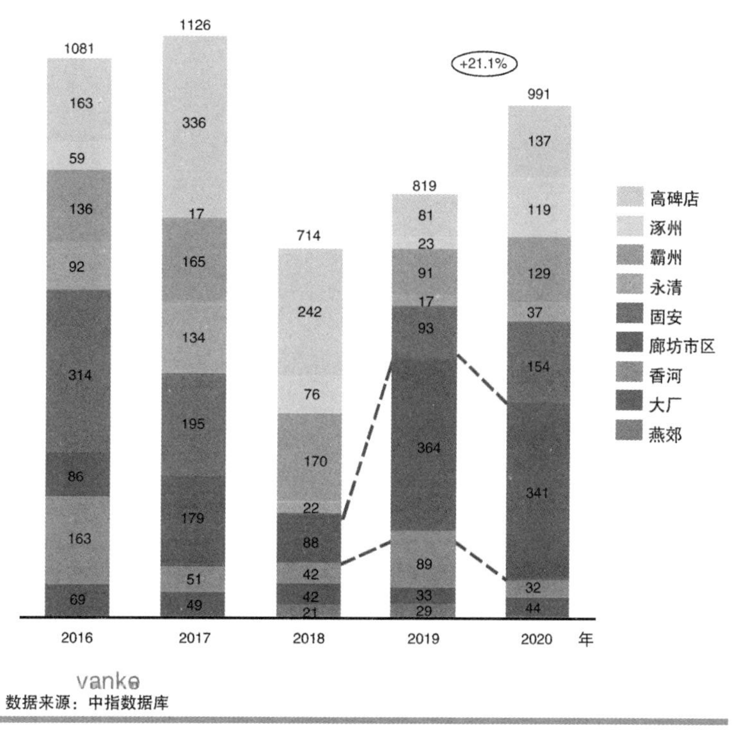

图附 1-61 环京 9 城整体住宅用地成交情况

2. 环京土地

9 城成交宅地规划建面 991 万平方米，同比增加 21%，供地继续放量；固安、廊坊、涿州有外来房企进驻，土地成交量大，竞争继续加剧；北三县供地持续稀缺，尤其燕郊和大厂。

3. 环京住宅

整体定调以价换量，全年成交 486 亿元，同比下降 13%，成交面积 406 万平方米，同比下降 9%，成交均价 11970 元 / 平方米，同比下降 5%；从月度成交数据看，一季度受疫情影响严重，二季度市场恢复去年水平，年末降价冲量。

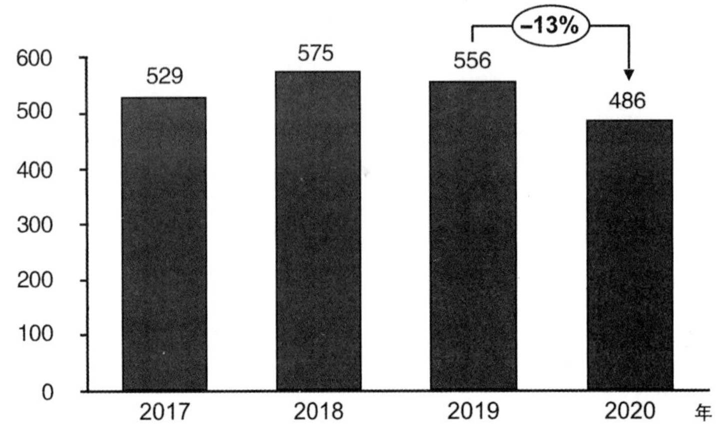

图附 1-62　2017—2020 年环京 9 城住宅销售额

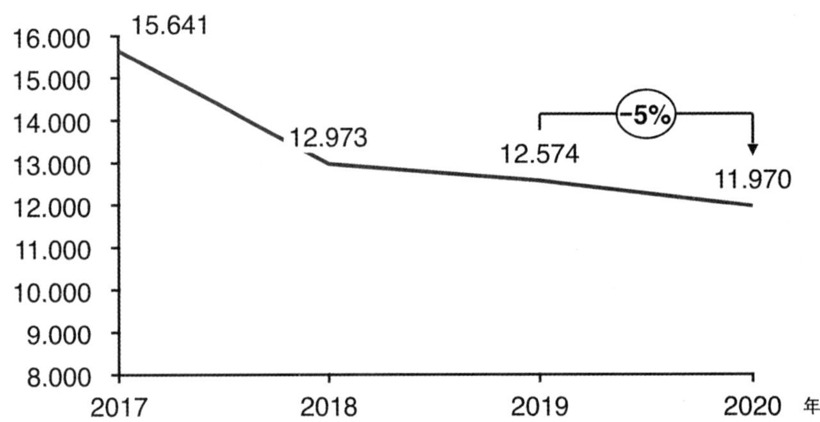

图附 1-63　2017—2020 年环京 9 城住宅销售均价

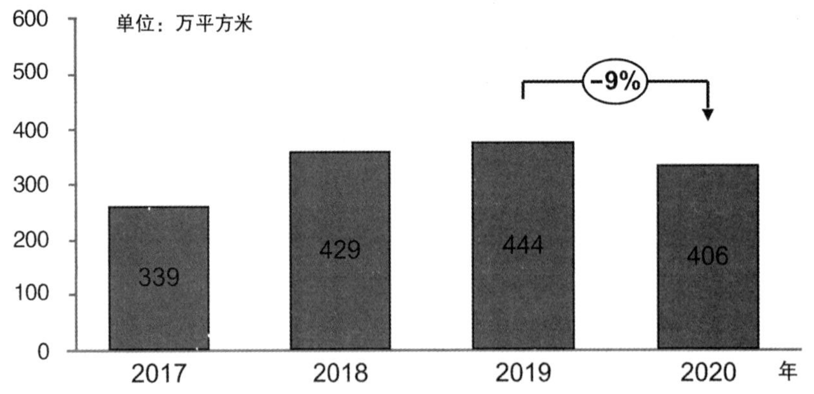

图附 1-64　2017—2020 年环京 9 城住宅销售面积

4. 环京住宅

廊坊市区与固安价格稳定，规模下降；燕郊供应增加，成交走高拦截大厂、香河客群；霸州依然低价炒作雄安；涿州、香河、高碑店和永清等30亿规模以下市场持续萎靡。

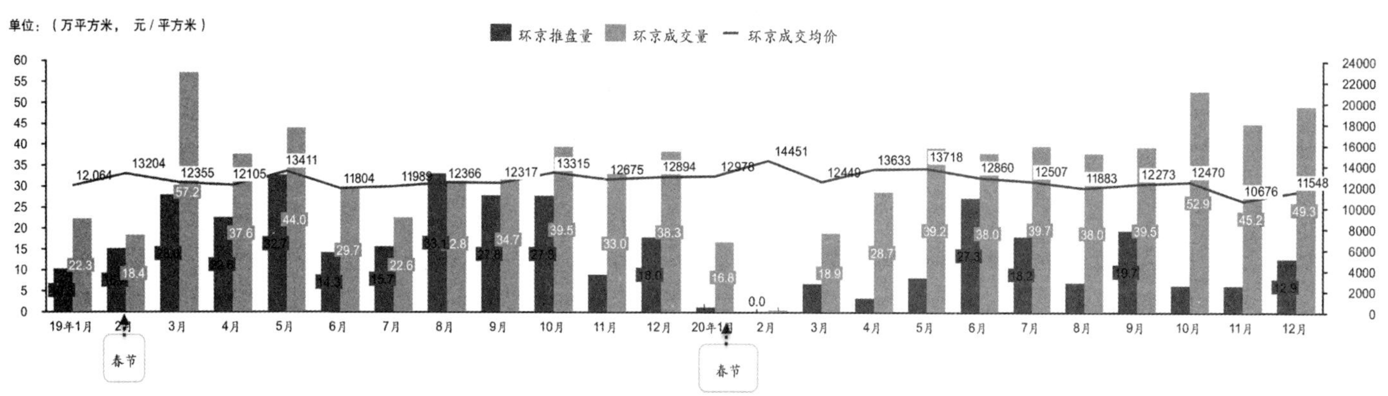

图附 1-65　2019—2020 年环京 9 城月度住宅成交情况

数据来源：城研院监控整理，认购口径

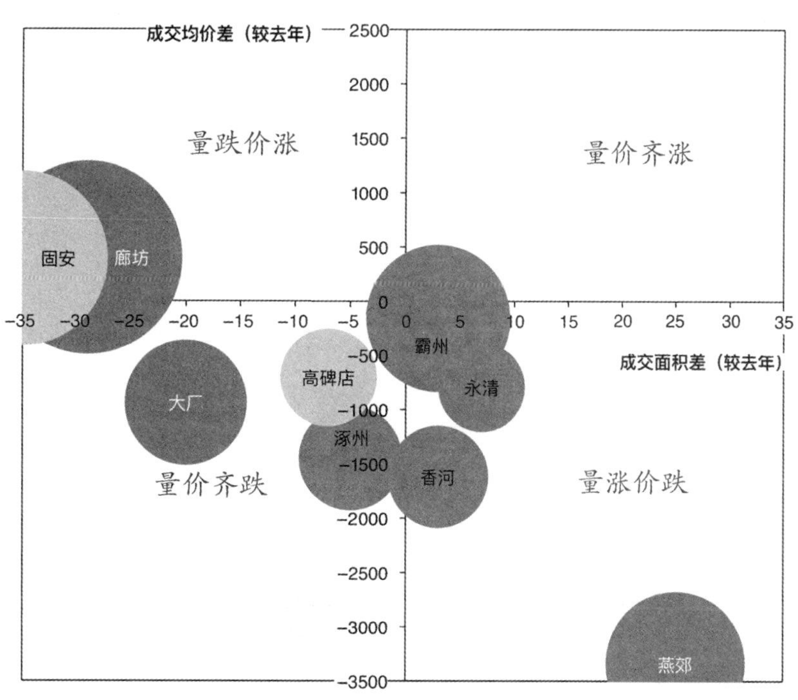

图附 1-66　2019—2020 年环京 9 城成交均价差

表附 1-12　2019—2020 年环京 9 城均价

城市	2019 规模（亿） 均价（平方米）	2020 规模（亿） 均价（平方米）	差值	市场情况
廊坊	147 13855	110 14251	量跌价稳 -37 +396	开发区成交下降，均价便宜项目滞销
固安	137 14526	90 14915	量跌价稳 -47 +389	—
霸州	54 9007	64 8846	量涨价稳 +10 -161	持续低价炒作雄安新区
燕郊	13 23953	62 20609	量涨价跌 +49 -3344	限购执行松动，住宅供应增加，以价换量
大厂	80 15368	46 14622	量价齐跌 -34 -746	上游燕郊板块供应增加和降价拦截
涿州	37 12027	32 10577	量价齐跌 -5 -1450	市场持续萎靡，以价换量效果不明显
香河	32 11339	31 9719	量稳价跌 -1 -1620	上游燕郊板块降价拦截，多采取以价换量挣抢客户
高碑店	37 8431	28 7721	量价齐跌 -9 -710	主要依赖本地客户，对北京客户吸引力有限，整体萎靡
永清	19 亿 9112	23 8314	量涨价跌 +4 -898	地铁 R1、临空经济区利好，继续降价吸引投资客

注：同比去年正负 5% 以内视为平稳

5. 环京公寓

受住宅降价与地方住宅灵活政策影响，2020 年成交 31 亿元，同比下降 70%，公寓市场继续恶化。

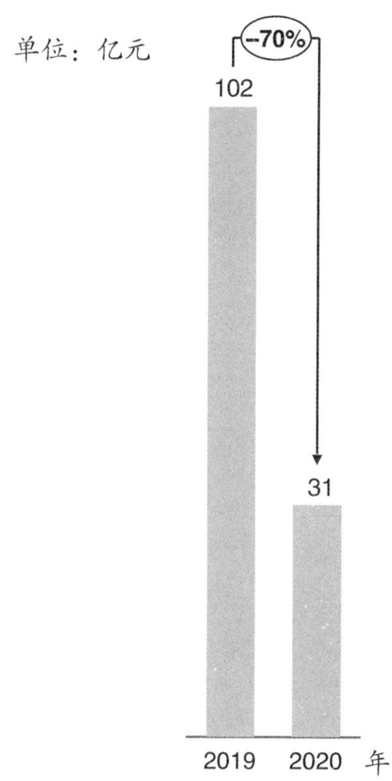

图附 1-67　环京公寓成交金额情况

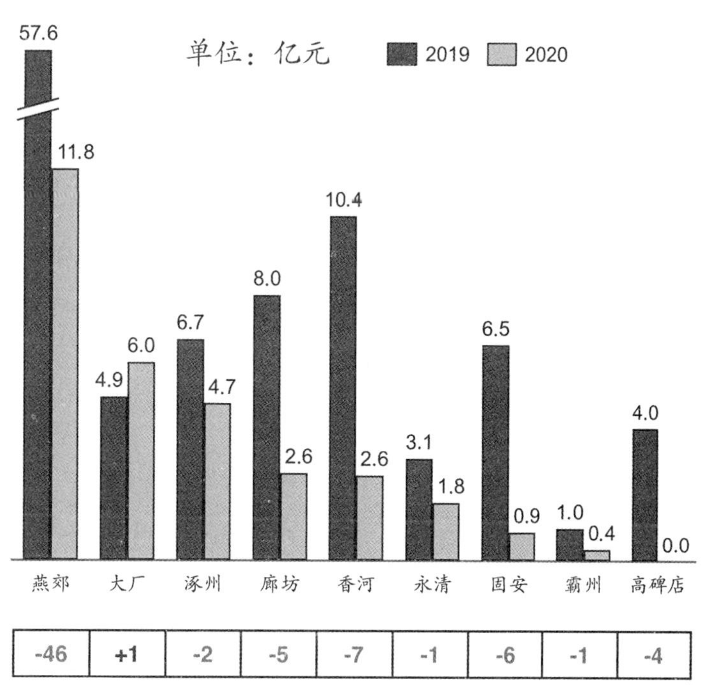

图附 1-68　环京公寓各城市成交金额情况

- 燕郊住宅供应增加且限购执行灵活，分流公寓客户，跌幅较为严重。
- 大厂华夏青创天地公寓降价供应，年度成交1073套，均价8300元/平方米（城市公寓均价10942元/平方米）带动大厂市场。

单位：亿元，元/平方米

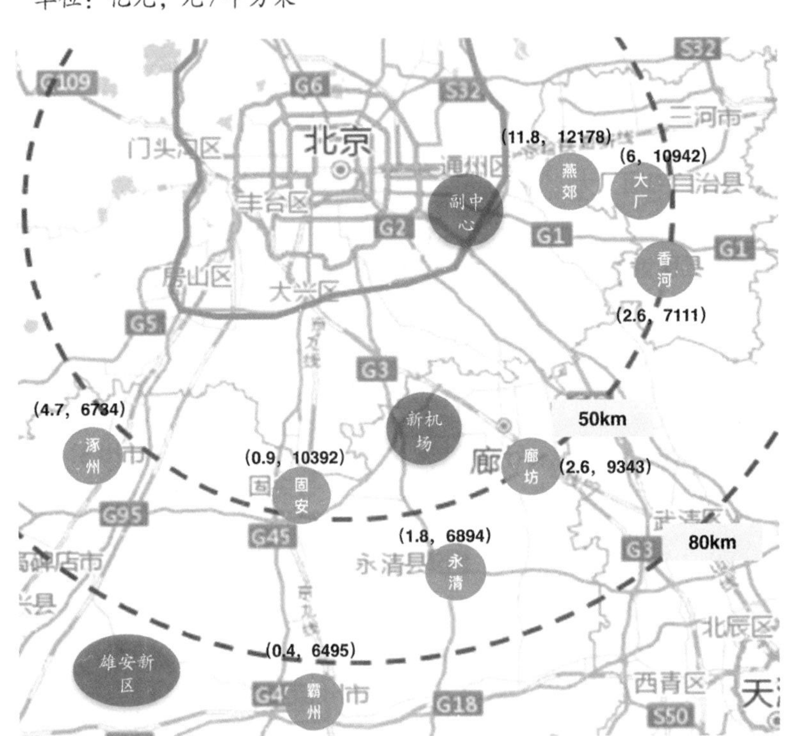

图附1-69　环京各区域公寓成交情况

数据来源：城研院监控整理，认购口径

6. 项目排名

住宅TOP10中，入门门槛8.1亿元，廊坊和大厂分别有3个项目，其中霸州温泉新都26.8亿元排名榜首；公寓销售额TOP5中，涿州有3个项目，燕郊福成理想汇4.9亿元排名榜首。

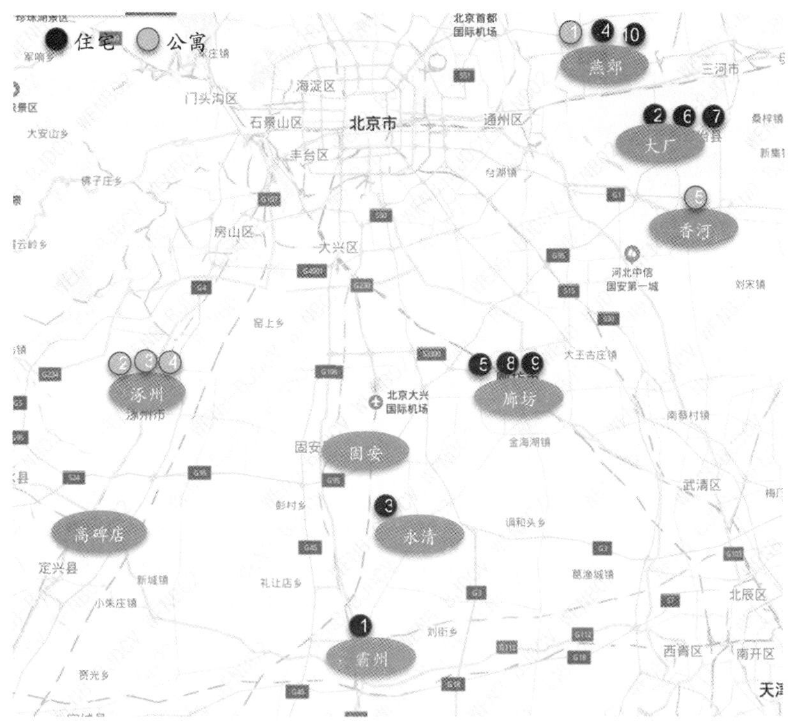

图附 1–70　销售额榜单项目区位图

表附 1–13　环京住宅项目销售额 TOP10

名次	项目名称	区县	套数（套）	面积（平方米）	均价（元/平方米）	金额（亿元）	套均价（万元）
1	温泉新都	霸州	3277	314551	8515	26.8	82
2	路劲阳光城	大厂	834	96075	16143	15.5	186
3	森林新都孔雀城	永清	1642	157990	8231	13	79
4	福成东尚雅苑	燕郊	822	73980	16800	12.4	151
5	远洋琨庭	廊坊	571	62810	17420	10.9	192
6	潮白孔雀城	大厂	798	71820	14000	10.1	126
7	东方丽城	大厂	777	69930	13122	9.2	118
8	时代壹号	廊坊	519	60868	14400	8.8	169
9	K2 京南狮子城	廊坊	572	62920	13229	8.3	146
10	港中旅海泉湾	燕郊	373	33570	24000	8.1	216

表附 1–14 环京公寓项目销售额 TOP5

名次	项目名称	区县	套数（套）	面积（平方米）	均价（元/平方米）	金额（亿元）	套均价（万元）
1	福成理想汇	燕郊	1300	52000	9500	4.9	38
2	千喜鹤	涿州	640	32436	6645	2.2	34
3	浪潮一览云山	涿州	295	15657	6626	1.0	35
4	汇成创享城	涿州	190	13337	6544	0.9	46
5	青山奥特莱斯	香河	173	10326	8210	0.8	49

7. 2021 年环京预判

• 供应大、竞争加剧：土地供应量与库存增大，新品牌开发商进驻廊坊、固安、涿州，区域操盘能力提升，市场竞争压力增大。

• 政策严、北京拦、市场难反转：环京整体市场下行，政策解禁概率较小，地方城市灵活网签为主，但未来北京六环外密集供应且产品刚需化，拦截环京置业客群。

• 城市持续分化：近北京的燕郊、固安及有本地客户支撑的廊坊市场仍有规模优势，涿州、香河、高碑店和永清市场持续萎靡，区域项目调整动作需提速。

• 住宅挤压，公寓难：在住宅限购愈加灵活且价格持续下降背景下，公寓机会更加渺茫。

2020年北京住宅市场浅析

——国信达

一、政策要闻

1. 2020年楼市调控总基调不变，各地灵活施策精准调控稳楼市

2020年，新冠肺炎疫情暴发，国内外经济政治形势错综复杂。面对经济下行压力，中央保持房地产调控定力，强调稳健的货币政策要更加灵活适度，房地产金融监管不放松。在坚持“房住不炒”的定位下，各地灵活因城施策保障房地产市场平稳运行。

（1）中央坚持“房住不炒”定位，促进房地产市场平稳健康发展

2020年中央保持房地产政策调控定力，坚持“房住不炒”定位。2020年底的中央经济工作会议，强调要坚持“房子是用来住的，不是用来炒的”定位，因地适宜、多策并举，促进房地产市场平稳健康发展。与此同时，多部委表态坚持“房住不炒”定位不变，落实城市主体责任，确保房地产市场平稳健康发展。

财政部	国务院	中央政治局会议	两会政府工作报告
2月16日，财政部部长刘昆发表文章《积极的财政政策要大力提质增效》，提出坚持“房住不炒”定位，落实房地产长效管理机制，推动完善基本住房保障体系。	3月22日，国务院新闻办公室举行新闻发布会，银保监会将坚决落实“房住不炒”的要求，促进房地产市场平稳健康发展，同时配合地方政府稳妥处置地方隐性债务问题。	4月17日，中共中央政治局召开会议，强调要坚持“房子是用来住的，不是用来炒的”定位，促进房地产市场平稳健康发展。	5月22日，“两会”政府工作报告，坚持“房子是用来住的，不是用来炒的”定位，因城施策，促进房地产市场平稳健康发展。
房地产工作座谈会	**中央政治局会议**	**住建部**	**中央经济工作会议**
7月24日，房地产工作座谈会，副总理韩正表示牢牢坚持“房住不炒”，坚持不将房地产作为短期刺激经济的手段，坚持“三稳”目标，从各地实际出发，采取差异化调控措施。	7月30日，中共中央政治局召开会议，再次强调要坚持“房子是用来住的，不是用来炒的”定位，促进房地产市场平稳健康发展。	8月26日，住建部召开部分城市房地产工作会商会，保持调控政策连续性稳定性，确保房地产市场平稳健康发展，始终绷紧房地产市场调控这根弦。	12月底的中央经济工作会议，强调要坚持“房子是用来住的，不是用来炒的”定位，因地适宜、多策并举，促进房地产市场平稳健康发展。

图附1–71　2020年国家层面表态坚持“房住不炒”

资料来源：国信达数据综合整理

（2）稳健的货币政策更加灵活适度

2020年上半年，新冠肺炎疫情给我国经济发展带来较大影响，房地产行业受到较大冲击，中央层面多次强调稳健的货币政策要更加灵活适度，定向加强金融服务抗击疫情。为了加快经济恢复发展，中央金融支持力度加强。在“房住不炒”政策基调下，为保持资金流动性合理充裕，2020年上半年央行多次降准，释放资金总额近2万亿元。与此同时，为支持实体经济发展，2月和4月，1年期与5年期以上LPR均下调。

2. 北京：2020年北京房地产市场政策环境整体稳定

2020年北京房地产市场政策环境整体稳定，市场监管不松懈，住房保障等领域政策持续完善。城市规划方面，全面落实区域协调发展各项任务，促进区域协调发展向更高水平迈进；住房保障方面，积极开展老旧小区改造，老旧小区综合整治工作被列入《2020年度街道工作和“吹哨报到”改革重点任务清单》；租赁市场方面，安排专项资金，积极培育发展住房租赁市场；市场监管方面，重点聚焦住房限购政策执行、商品房预售资金监管和住房租赁合同备案等工作，全面覆盖新房、二手房及租赁三个市场，规范房地产市场秩序。

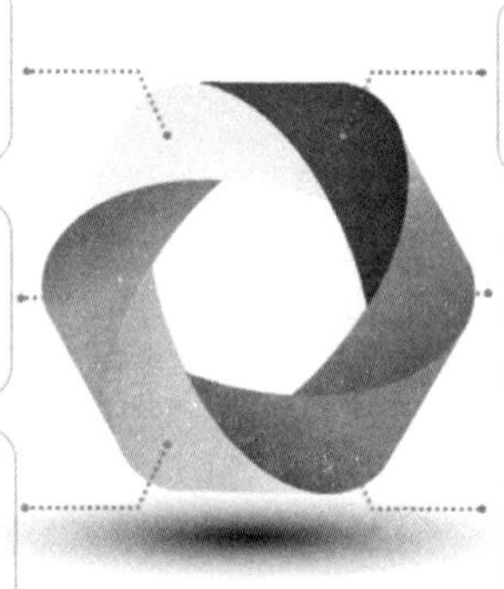

图附1–72　2020年中央多次降准、下调LPR支持实体经济发展

资料来源：国信达数据综合整理

二、土地市场分析

1. 土地交易

2020年，北京共成交土地88宗，成交规划建筑面积977万平方米，同比增长6.9%。88宗土地中，住宅用地成交48宗，成交规划建筑面积602.9万平方米，同比下降6.1%；商业/办公用地成交10宗，成交规划建筑面积127.3万平方米，同比增长38.6%；工业用地成交29宗，成交规划建筑面积230.8万平方米，同比增长33.8%。

从住宅用地成交看，2020年整体市场依旧延续低温状态，住宅用地市场成交量与去年同期相比有所下降。

从成交区域分布来看，2020年各区住宅用地成交差异较大。成交面积排名前三的区域为顺义、大兴、石景山，占比分别为12.1%、11.8%、11.3%。今年以来住宅用地成交多位于五至六环之间，顺义、大兴、石景山、海淀成为成交热点区域，成交面积占比均超 10%。西城、东城、延庆 2020 年无住宅用地成交。

2. 土地交易价格

2020 年，北京坚持“房子是用来住的，不是用来炒的”定位，稳地价、稳房价、稳预期，调控力度严厉不放松。在资金压力下房企拿地趋于理性，但优质地块频出使得北京土地市场热度有所提升，住宅用地成交楼面价为 28821 元 / 平方米，同比上涨 23.7%。成交总金额共计 1737.5 亿元，同比增长 16.2%。从北京历年住宅用地成交楼面价来看，2017 年受政策收紧影响，成交楼面价逐步回落，2020 年成交楼面价小幅增长，为近五年来最大值。

分区域来看，2020 年丰台区成交楼面价最高，达 54267 元 / 平方米，该区域住宅用地累计成交 5 宗，其中 2 宗位于卢沟桥板块，3 宗位于分钟寺板块，其中分钟寺 3 宗地块成交楼面价在 6.7 万～7.6 万元 / 平方米，由于区位优势显著，拉高丰台区成交地价。成交楼面价排在第二三位的是海淀区和朝阳区，价格分别为 45156 元 / 平方米和 43209 元 / 平方米。

3. 土地溢价率

2020 年，北京住宅用地平均溢价率为 29.8%，较 2019 年上升 14.8 个百分点，为近五年最高水平。从历年数据来看，北京住宅用地溢价率从 2015 年起呈现下滑趋势，2019 年开始止跌回升。总体来看，今年以来北京土地市场成交热度不高，市场有回暖趋势。虽然所有地块在出让时都设定最高限价，达到限价后将进入竞自持阶段，但没有一个地块进入竞自持阶段，所有成交地块都没有达到最高限价。与 2019 年相比，共有产权地块和限价地块均有所减少。

4. 土地成交结构

2020 年北京成交的 48 宗住宅用地中，限竞房用地成交 8 宗，占比 17%。共有产权房用地成交 4 宗，占比 8%，不限价纯商品房用地成交 36 宗，占比 75%，成为北京当前供地主力方式。供地结构变化拉高土地价格，但供应梯度是为了满足不同市场需求。今年北京不限价宅地的供应量明显增加，其中包含海淀西北旺、大兴旧宫、朝阳分钟寺和丰台大瓦窑等热点区域。因调控政策不断加码，“竞自持”已很少在北京土拍市场出现。

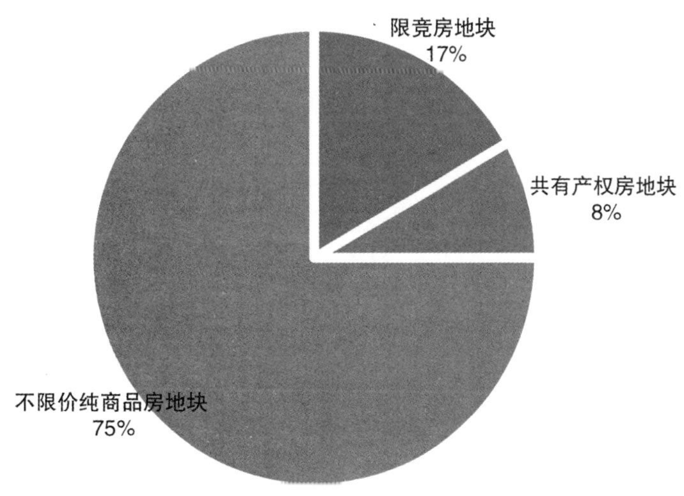

图附 1-73　2020 年北京住宅用地成交结构分布

数据来源：中指数据库

三、新建商品住宅市场情况

1. 交易情况

2020 年，北京新建商品住宅共计成交 722 万平方米，较 2019 年的 700.7 万平方米小幅增长 3%，创下近四年以来的最高纪录。2020 年上半年受新冠疫情冲击影响，北京商品住宅整体成交量同比下降 40.1%，下半年疫情好转，前期积压的需求集中释放，下半年成交量比去年同期增长 47.9%，另外叠加学区房政策刺激下的置换需求带动，新房市场迅速恢复。

2020 年新建商品住宅月均销售面积 60.2 万平方米，高于 2018 年和 2019 年。受疫情影响，下半年销售面积明显高于上半年，各月成交规模呈上升态势，其中 12 月成交 115.3 万平方米，达到全年最多。

2020 年，城六区及远郊区销售面积同比下降，降幅分别为 19.6%、17.7%。近郊区成交规模同比上涨 28.4%。商品住宅市场向近郊区靠拢，近郊区市场房源量更为集中。其中，昌平成交量最多，成交 98.6 万平方米，占全市总量的 13.7%。其次是顺义、大兴和朝阳，成交面积均在 70 万平方米以上。

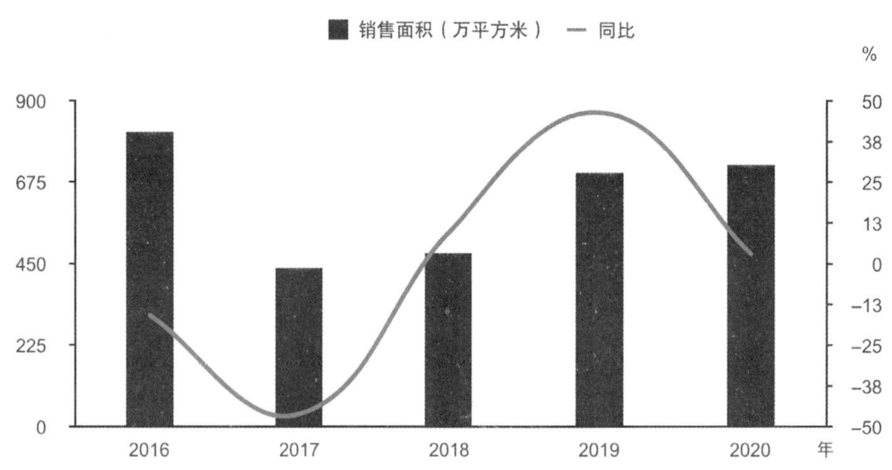

图附 1-74　2016—2020 年北京新建商品住宅成交面积及同比

数据来源：中指数据库

表附 1-15　2020 年北京商品住宅成交区域分布

区域	2020 年销售面积（万平方米）	2019 年销售面积（万平方米）	销售面积同比（%）	销售面积占比（%）
城六区	239.5	297.8	-19.6	33.2
近郊区	420.4	327.4	28.4	58.2
远郊区	62.1	75.5	-17.7	8.6

数据来源：中指数据库

从各行政区成交规模变化来看，开发区和昌平两个区域成交量同比涨幅较高，均超过60%，通州成交量同比上涨30.3%，位列第三；7个行政区成交量同比下滑，延庆同比下降60.2%，降幅居全市首位；其次是朝阳、丰台同比降幅接近30%。

2. 供给情况

2020年，北京新建商品住宅批准上市面积共计932.0万平方米，较2019年的967.1万平方米比，下降3.6%。

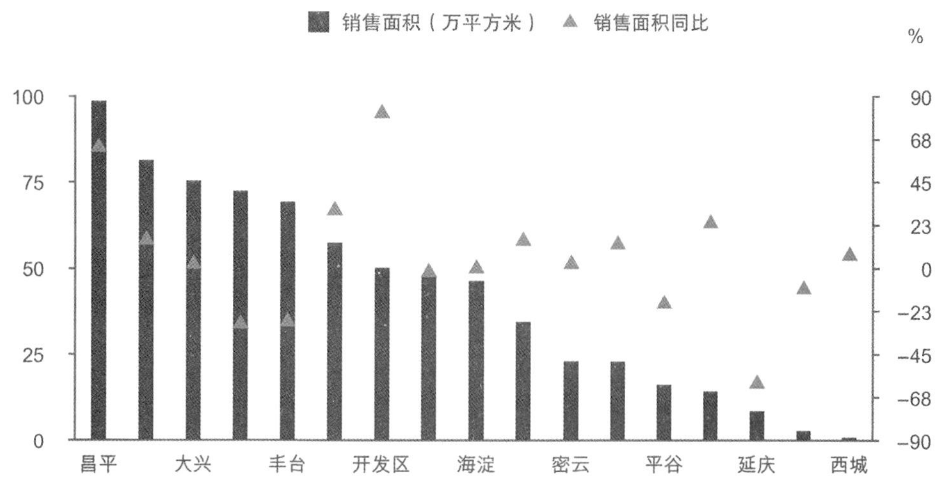

图附1-75　2020年北京新建商品住宅成交区域分布

数据来源：中指数据库

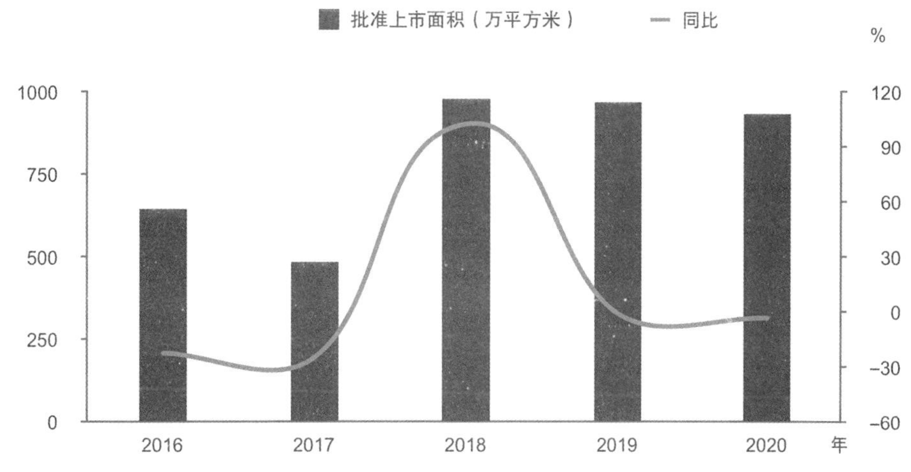

图附1-76　2016—2020年北京新建商品住宅批准上市面积及同比

数据来源：中指数据库

2020年新建商品住宅月均上市面积77.7万平方米，低于2019年。从单月来看，受疫情影响，2020年一季度新批上市面积较小，之后波动上升，并于12月达到全年供应峰值，批准上市面积达到187.5万平方米。随着疫情的好转，房源供应节奏加快，带动年末整体供应规模提升。

从供应区域分布来看，城六区及远郊区供应面积同比下降，降幅分别为11.0%、13.6%，近郊区成交规模同比小幅上涨2.8%，近郊区新盘供应量接近六成。2020年新盘多集中在通州、海淀、大兴和顺义，供应量均在90万平方米以上，其次是昌平和丰台，供应面积在80万～90万平方米之间。

从各行政区供应规模变化来看，西城、密云和海淀供应量同比涨幅较高；9个行政区供应量同比下滑，平谷同比下降94.7%，居首位。

表附1-16 2020年北京商品住宅供应区域分布

区域	2020年供应上市面积（万平方米）	2019年供应上市面积（万平方米）	供应面积同比（%）	供应面积占比（%）
城六区	297.4	334.3	-11	31.9
近郊区	552	537.2	2.8	59.2
远郊区	82.6	95.6	-13.6	8.9

数据来源：中指数据库

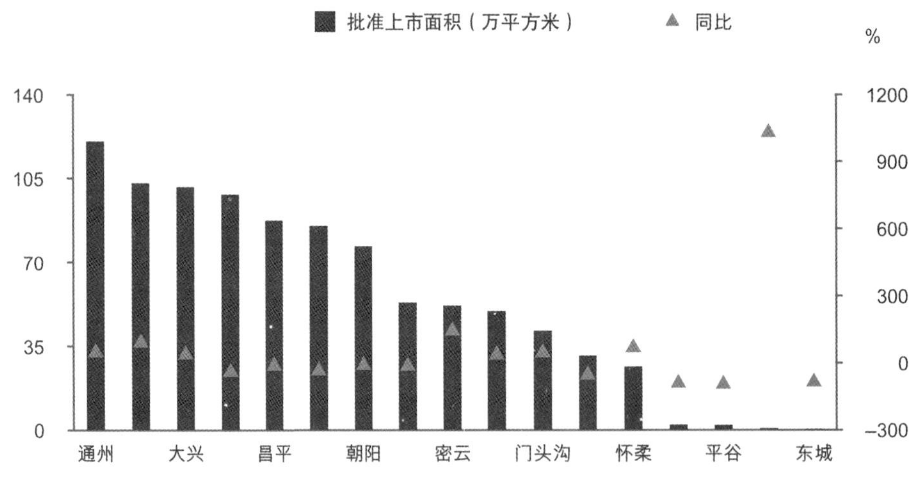

图附1-77 2020年北京新建商品住宅供应区域分布

数据来源：中指数据库

3. 供求对比

2020 年，北京新建商品住宅销供比为 0.77，市场处于供大于求的状态。2020 年北京调控力度不放松，加强对公积金贷款、市场销售行为和商品房预售资金等进行监管，政策调控更趋精细化。在政策不放松的前提下，需求端受限，市场供大于求矛盾突出。从近五年销供比趋势来看，近四年北京新建商品住宅销供比小于 1，供求矛盾明显缓和。

从区域供求关系来看，10 个行政区供大于求，平谷、东城、延庆、石景山、西城、昌平和开发区销供比大于 1，市场呈现供不应求。

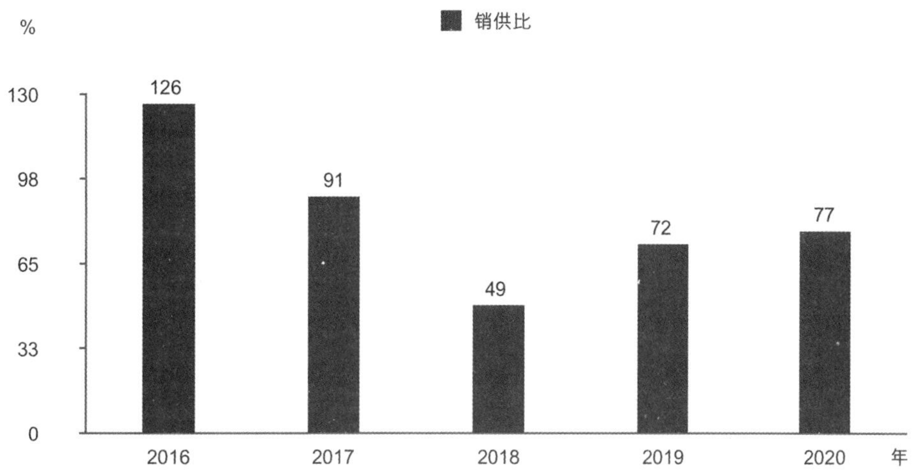

图附 1-78 2016—2020 年北京新建商品住宅销供比

数据来源：中指数据库

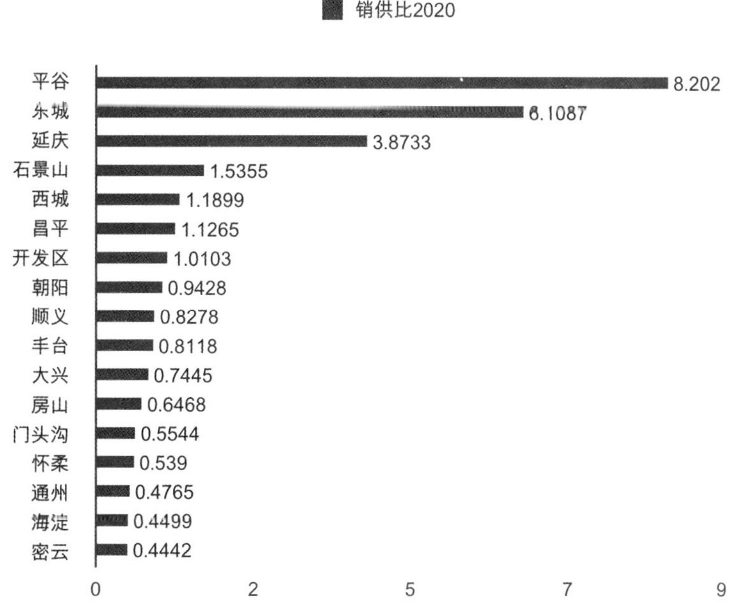

图附 1-79 2020 年北京各行政区新建商品住宅销供比

4. 库存

2020年，北京新建商品住宅库存面积呈上扬趋势，创下近几年新高。截至12月底库存面积为1200.5万平方米，与上年同期相比提高10.1%，去库存压力上涨。出清周期近半年持续回落，目前商品住宅出清周期为14.2个月。主要原因在于2020年下半年成交量逐渐上涨，年末成交达到峰值，拉动出清周期小幅回落。

5. 成交价格

2020年，在改善型需求及不限价地块入市双重影响下，成交均价同比呈结构性上涨态势。北京新建商品住宅销售价格继续稳步增长，创历史新高。价格为46931元/平方米，较2019年上涨2.4%；成交总金额3388.4亿元，同比上涨5.5%。

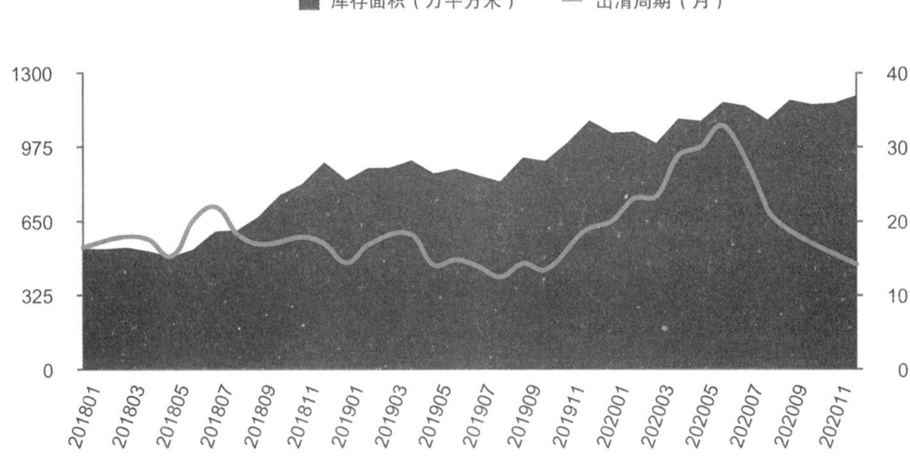

图附1-80　2020年北京新建商品住宅库存面积及出清周期

数据来源：中指数据库

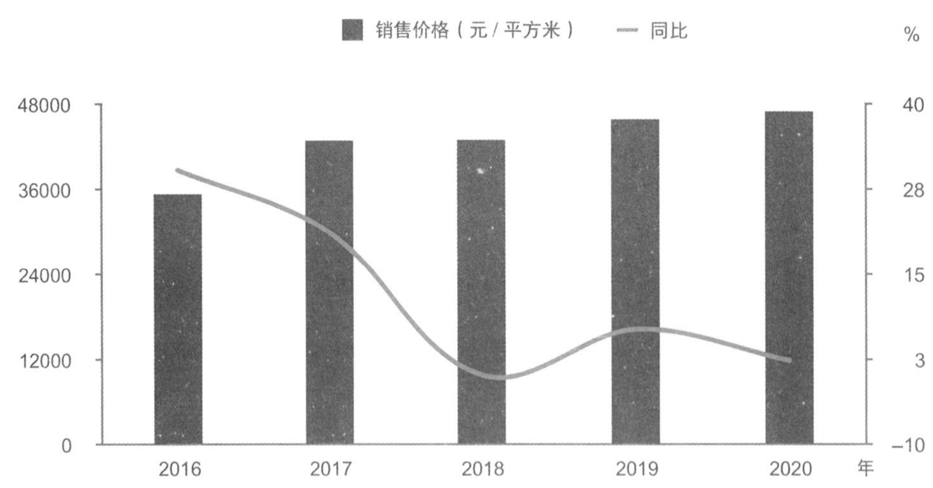

图附1-81　2016—2020年北京新建商品住宅销售价格及同比

数据来源：中指数据库

从近三年年度价格变化趋势来看，北京新建商品住宅销售价格整体呈现波动上涨趋势。2020年上半年价格维持平稳，下半年受成交结构影响，限竞房成交规模创新高，在一定程度上平抑了成交均价上涨态势，成交均价有所下滑。

2020年销售价格排名前三的行政区分别为东城、西城和海淀。另外，12个行政区销售价格同比上涨，海淀领涨，涨幅为33.9%，其次是延庆，价格同比上涨30.4%。丰台、海淀和通州等8个行政区销售价格同比下滑。

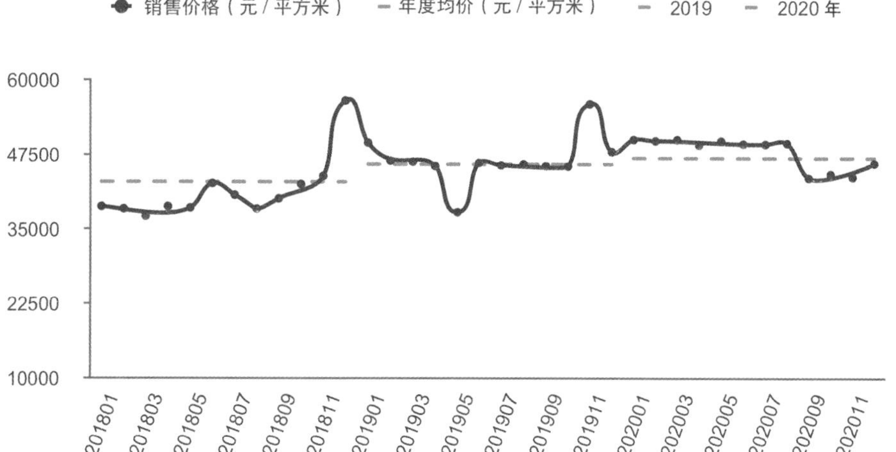

图附 1-82　2020 年北京新建商品住宅销售价格走势

数据来源：中指数据库

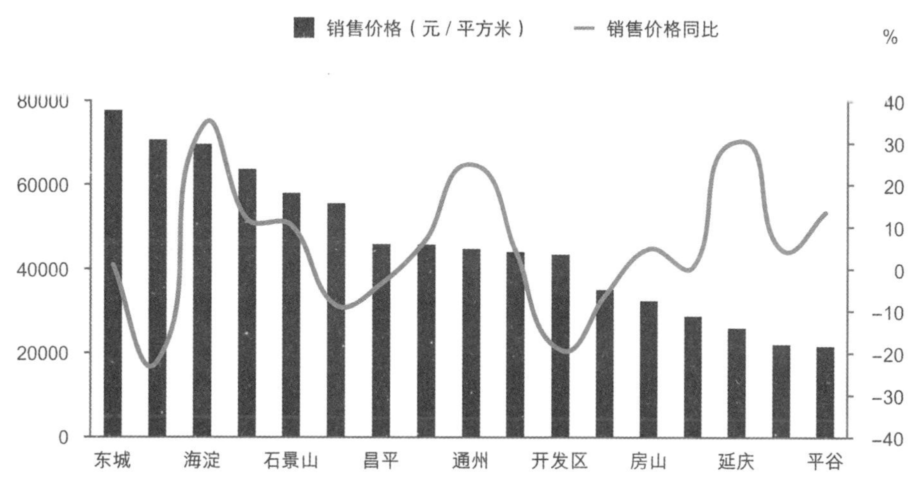

图附 1-83　2020 年北京各行政区新建商品住宅销售价格及同比

数据来源：中指数据库

6. 成交结构

2020年北京新建商品住宅成交面积区间主要集中在80～90平方米面积段，整体仍以刚需产品为主，共计成交263.9万平方米，占比36.6%，较2019年减少3.7个百分点。由于北京近两年成交以限竞房为主，对项目套均面积控制较为严格，因此，北京新房成交逐步向此面积段转移。

从环线分布看，2020年五六环间新建商品住宅成交占比最大，共计成交402.0万平方米，占比达55.7%，五环至六环是现阶段新房销售和供应的主力市场。六环外新建商品住宅成交量占比有所扩大，增至29.3%。

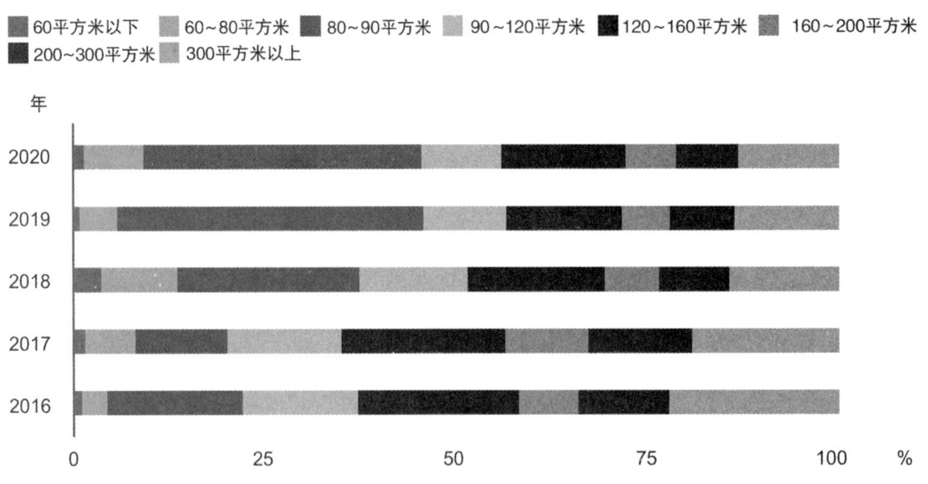

图附1-84　2016—2020年北京新建商品住宅各面积段成交占比结构

数据来源：中指数据库

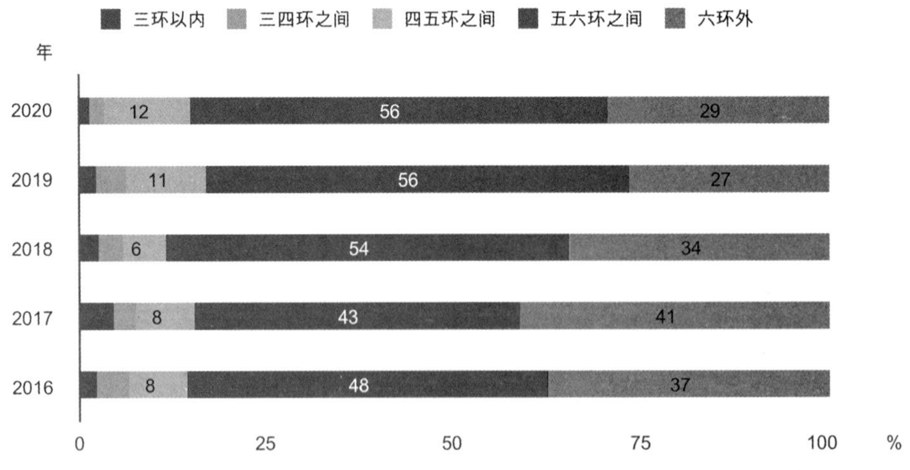

图附1-85　2016—2020年北京新建商品住宅各环线成交占比结构

数据来源：中指数据库

四、二手住宅市场情况

1. 交易情况

2020 年，北京二手住宅共计成交 1495.8 万平方米，较 2019 年的 1257.3 万平方米增加 19.0%。随着北京房地产市场进入存量房时代，二手房市场活跃度高于新建商品住宅市场，2020 年二手房成交面积 1495.8 万平方米远高于新建商品住宅的 722.0 万平方米。

2020 年北京二手房月均销售面积 124.7 万平方米，高于 2019 年的 104.8 万平方米。2 月受春节假期影响，成交量较低；随后的“金三银四”传统销售旺季，拉动成交量大幅回升，其余月份成交量总体较稳定。其中 12 月成交 189.2 万平方米，达到全年最多。

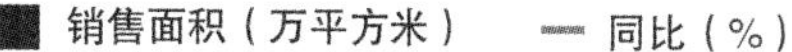

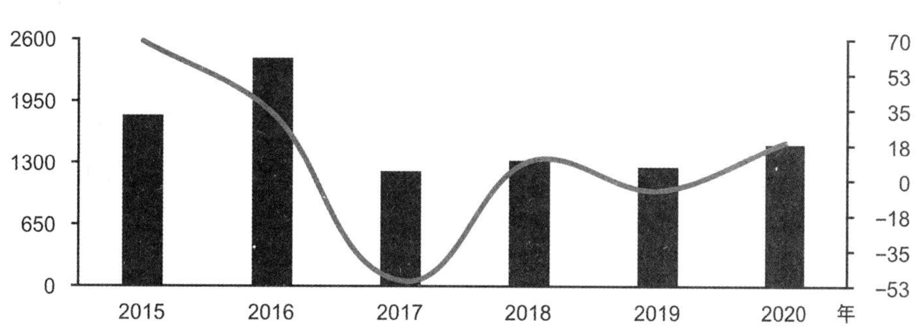

图附 1-86　2015—2020 年北京二手房成交面积及同比

数据来源：中指数据库

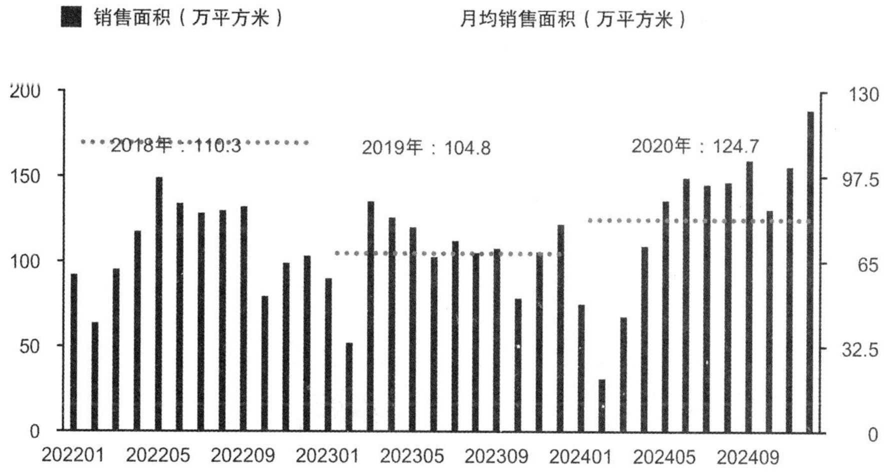

图附 1-87　2018—2020 年北京二手房月度成交面积情况

数据来源：中指数据库

由于区位、交通和配套等方面优势明显，朝阳、海淀、昌平、丰台和大兴二手房市场较为活跃，2020 年二手房成交面积均在 100 万平方米以上。其中朝阳成交面积达 37037 万平方米，占所有行政区成交面积的 25.0%。而平谷、怀柔、门头沟和延庆 4 个郊区成交面积占比均在 1.5% 以下。

2. 二手房挂牌量价指数

2020 年北京二手房市场整体平稳，挂牌价指数由 2020 年 1 月的 180.1 降至 12 月的 179.3，累计跌幅 0.4%。2017 年最严调控“3.17”新政出台后，北京楼市调控层层加码，并不断“查缺补漏”，市场经历了三年多的横盘期，并继续企稳。挂牌量方面，2020 年挂牌量低于 2019 年。预计随着限竞房库存的消耗、不限价产品的逐步入市，转移需求逐步回归，二手房市场交易量有望温和向上。

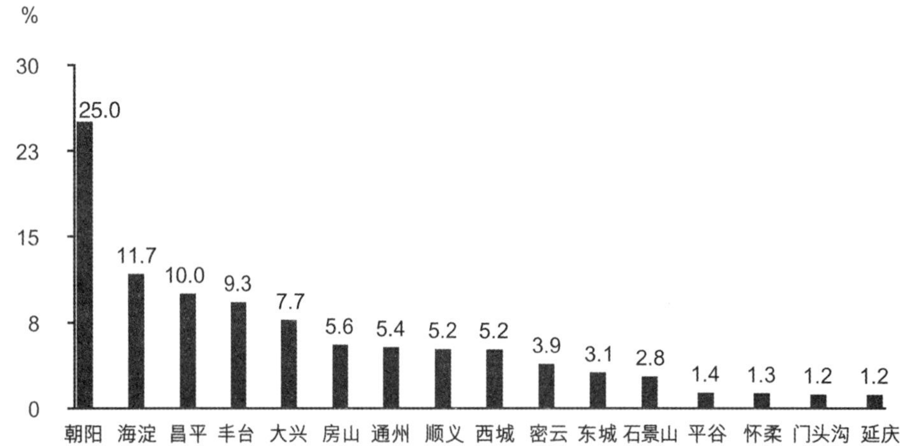

图附 1–88　2020 年北京各行政区二手房成交面积占比

数据来源：中指数据库

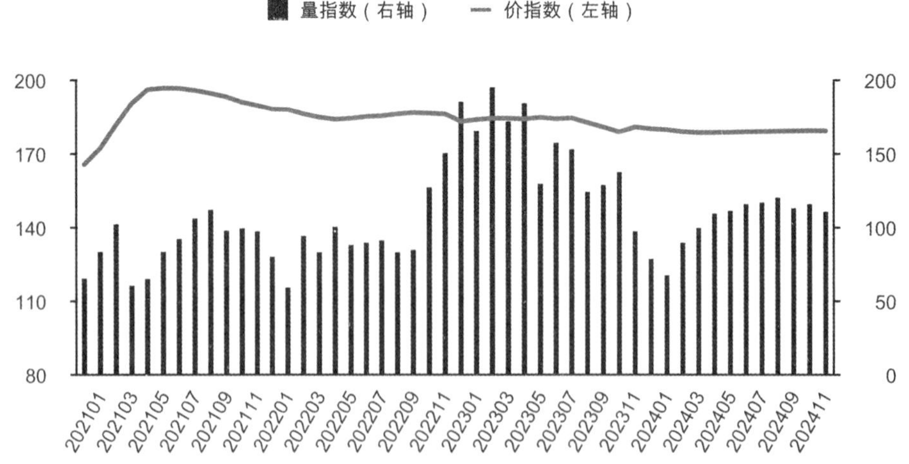

图附 1–89　2017 年以来北京二手房挂牌价指数和挂牌量指数

数据来源：国信达数据

3. 挂牌价格

经历了2016年、2017年房价大幅上涨后，2018年以来北京二手房市场进入调整期。2020年北京二手房均价为62352元/平方米，较2019年下跌0.7%，房价趋稳成新常态。

2020年北京二手房挂牌价整体稳中有降。一季度挂牌均价64543元/平方米，为全年最高水平，其中全年挂牌均价最高点为2020年2月的65558元/平方米；随后的二季度挂牌价略有回落，降至62381元/平方米；三四季度二手房活跃度均不高，挂牌价稳中有降，其中三季度挂牌均价为61207元/平方米，为全年最低水平。

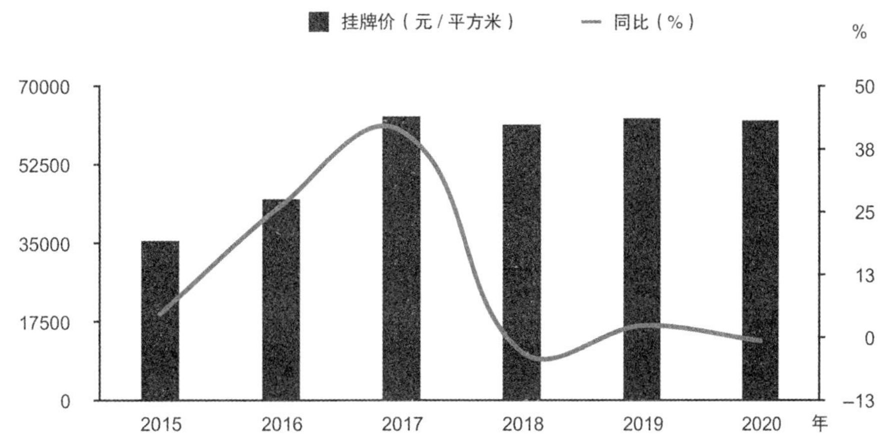

图附1-90 2015—2020年北京二手房挂牌价及同比

数据来源：国信达数据

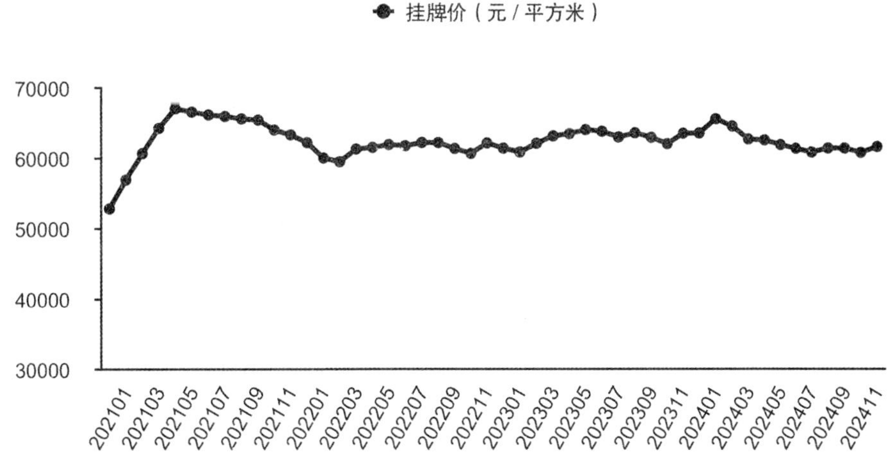

图附1-91 2017—2020年北京二手房月度挂牌价

数据来源：国信达数据

分区域来看，西城和东城二手房挂牌价最高，分别为116784元/平方米、96242元/平方米，其次是海淀和朝阳，挂牌价分别为87901元/平方米、72606元/平方米，而远郊的延庆、密云、平谷挂牌价均不足30000元/平方米。2020年北京各行政区挂牌价跌多涨少，除丰台、密云微涨外，其余14个行政区挂牌价均下跌，其中延庆同比跌幅高达9.9%，是北京楼市跌幅最大的地区。在楼市下行期，郊区楼市抗跌能力较弱，房价下滑明显。

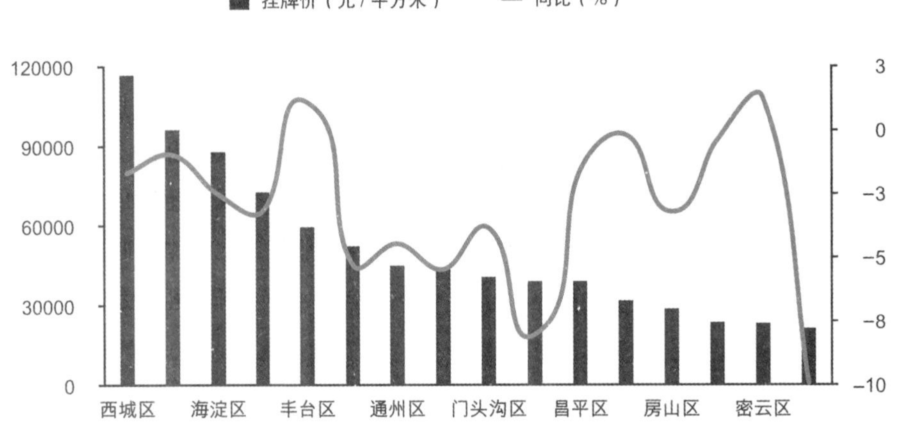

图附1-92　2020年北京各行政区二手房挂牌价及同比

数据来源：国信达数据

五、租赁市场

1. 租赁量价指数

在二手房市场平淡的背景下，加上疫情对市场的较大冲击，2020年北京住房租赁市场活跃度不高，租金有所下降。出租挂牌价指数由2020年1月的150.7降至12月的146.6，累计下跌2.7%。挂牌量方面，2020年挂牌量整体高于2019年。与出售市场相比，出租市场季节性更为明显，春节节后以及毕业季，出租挂牌量价上涨明显，而临近年底，大量务工人员返乡，租赁市场则进入传统淡季。

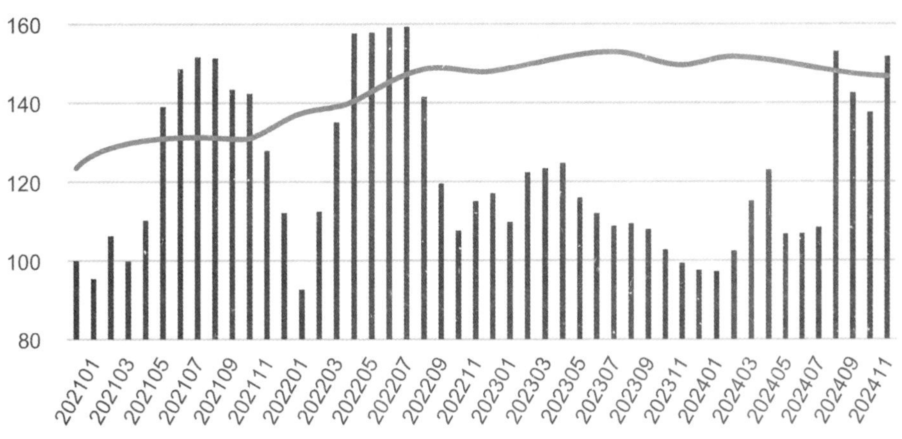

图附 1-93 2017 年以来北京出租挂牌价指数和挂牌量指数

数据来源：国信达数据

2. 租赁价格

2020 年北京租金均价为 86.2 元 / 月 · 平方米，较 2019 年下降 0.1%。2015 年以来，北京租金整体呈上扬态势，其中 2016 年、2017 年同比涨幅均保持在 10% 以上，近两年同比涨幅增速放缓，租金趋于平稳。

2020 年北京住房租金整体稳中有降。春节节后以及毕业季为租赁市场旺季，租金较高；而临近年底的第四季度为租赁市场淡季，租金较低。2020 年租金最高的月份为 2 月 91.6 元 / 月 · 平方米，租金最低的月份为 12 月 82.0 元 / 月 · 平方米，呈现较强的季节性。

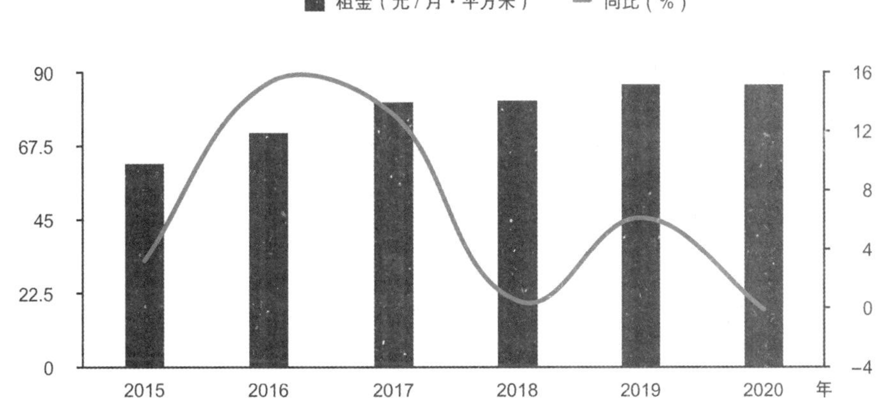

图附 1-94 2015—2020 年北京住房租金情况及同比

数据来源：国信达数据

分区域来看，各行政区租金差异较大，其中西城和东城租金最高，分别为 121.2 元 / 月 · 平方米、114.3 元 / 月 · 平方米；平谷、密云两个远郊区垫底，租金均不足 30 元 / 月 · 平方米。2020 年北京各行政区租金跌多涨少，仅有海淀、顺义和门头沟 3 个行政区租金上涨，其余行政区租金均不同程度下滑。

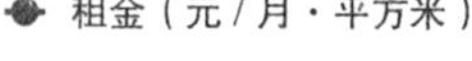

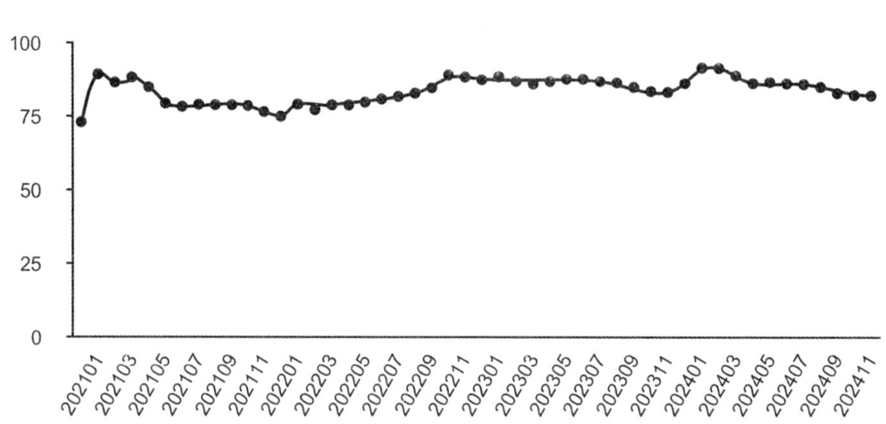

图附 1-95　2017—2020 年北京月度租金情况

数据来源：国信达数据

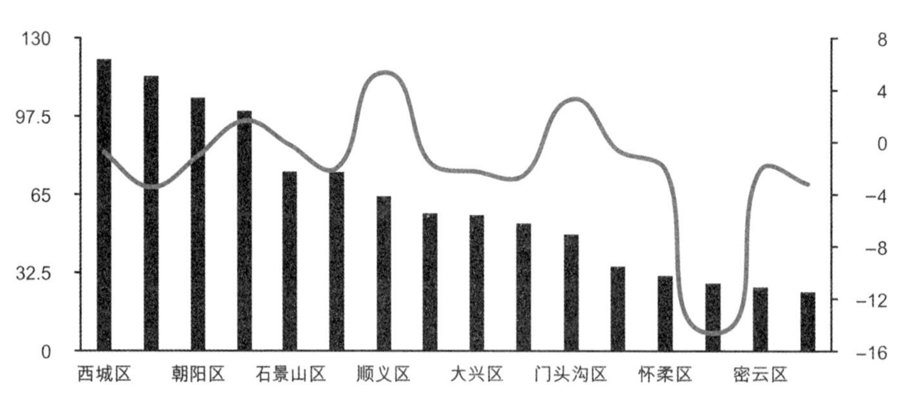

图附 1-96　2020 年北京各行政区租金情况及同比

数据来源：国信达数据

3. 租金回报率

租金回报率指的是年化租金与房价的比值，是国际上用来衡量房地产市场健康状况的重要指标。租金回报率越低表明房价相对水平越高，越有可能存在房价泡沫风险。2020 年北京租金回报率仅为 1.6%，远低于其他投资回报水平。这意味着，一套房子如果仅靠出租，至少需要 62 年才能回本。分区域看，北京市 16 个行政区的租金回报率均不足 2%，怀柔、西城和海淀等 9 个行政区的租金回报率均低于 1.5%，昌平和顺义 2 个行政区的回报率相对较高。

六、总结与预测

1. 2020 年总结

土地市场方面，成交量略有回落，地价小幅上涨，不限价宅地为主力成交。

2020 年整体市场依旧延续低温状态，住宅用地市场成交量与去年同期相比有所下降，但非限制条件地块占比提高使得北京土地价格有所提升。住宅用地成交楼面价为 28821 元 / 平方米，同比上涨 23.7%。成交总金额共计 1737.5 亿元，同比增长 16.2%。土地价格的提升主要受到土地成交结构的影响。一方面，2020 年北京宅地成交区位向城中靠拢，拉动整体土地出让金上涨；另一方面，今年北京成交多宗优质区位地块，例如上半年成交了 2 宗位于海淀区地块，以及 3 宗地理位置较好的丰台分钟寺地块，对整体成交价格起到了拉升作用。

今年受供地节奏影响，不限价住宅用地成为主力军。年内，北京共成交 48 宗住宅用地，其中包含 8 宗限竞房用地、4 宗共有产权住房用地和 36 宗不限价纯商品房用地。供地结构变化拉高土地成本，但供应梯度是为了满足市场需求。今年北京不限价宅地的供应量明显增加，其中包含海淀西北旺、大兴旧宫、丰台分钟寺和丰台大瓦窑等热点区域。因调控政策不断加码，“竞自持”已很少在北京土拍市场出现。

新建商品住宅市场方面，成交量价齐升 80～90 平方米面积段成交占主导，去化速度加快。

自 2016 年下半年起，北京开始采用“限房价、竞地价”的供地方式，限竞房地块成为北京新房市场中的主力，既满足了大量刚需人群的置业需求，同时也在一定程度上抑制了新房价格的快速上涨，随着下半年疫情好转，前期积压的需求集中释放，新房市场恢复，全年成交规模创近四年历史新高。在改善型需求及不限价地块入市双重影响下，成交均价同比呈结构性上涨态势。

从市场成交结构来看，北京新建商品住宅成交面积区间主要集中在 80～90 平方米面积段，整体仍以 90 平方米左右刚需产品为主。在 2020 年末，北京新建商品住宅库存面积为 1200.5 万平方米，去化周期连续六个月回落至 14.2 个月。

二手房市场方面，成交量增加，房价稳中有降，市场整体企稳。

2017 年最严调控“3.17”新政出台后，北京楼市调控层层加码，并不断“查缺补漏”，市场经历了四年的横盘期，投机需求减少，客户购房更加理性。2020 年新冠肺炎疫情未改楼市调控总基调，在“稳房价、稳地价、稳预期”的调控总目标下，北京二手房市场将继续企稳。

2020 年，北京二手房共计成交 1495.8 万平方米，较 2019 年的 1257.3 万平方米增加 19%。市场各月表现并不一致，2 月受春节假期影响，成交量较低；随后的“金三银四”传统销售旺季，拉动成交量大幅回升，其余月份成交量总体较稳定，其中 12 月成交 189.2 万平方米，达到全年最多。房价方面，经历了 2016 年、2017 年房价大幅上涨后，2018 年以来北京二手房市场进入调整期。2020 年北京二手房均价为 62352 元 / 平方米，较 2019 年下跌 0.7%，房价趋稳成新常态。

住房租赁市场方面，量升价跌，市场整体平稳。

在二手房市场平淡的背景下，加上疫情对市场的较大冲击，2020 年北京住房租赁市场活跃度不高。2020年北京租金均价为86.2元/月·平方米，较2019年下降0.1%。挂牌量方面，2020年挂牌量整体高于2019年。与出售市场相比，出租市场季节性更为明显，春节节后以及毕业季，出租挂牌量价上涨明显，而临近年底，大量务工人员返乡，租赁市场则进入传统淡季。2020年租金最高的月份为2月91.6元/月·平方米，租金最低的月份为12月82.0元/月·平方米，呈现较强的季节性。

2. 2021年预测

2020年北京住宅用地不限价地块已成成交主力，成交主要集中在近郊区。2021年在城市规划细化下，非首都功能及主城区人口疏解持续推进，土地市场或将进一步向外围发展。另外，2020年末海淀区海淀镇树村地块首次采用“限地价、竞报政府持有商品住宅产权份额、报高标准商品住宅建设方案”方式出让，用以稳定土地市场价格，预计未来在“稳地价、稳房价、稳预期”的主基调下，北京或将继续采用“竞报政府持有商品住宅产权份额”的拍地方式，并趋向常态化。

随着不限价地块供应比例增大，预计2021年新建商品住宅市场成交结构将从限竞房、共产房主导的市场向纯商品房市场转变，纯商品住宅成交量将有所增加。随着这部分房源的入市，将在一定程度上带动房价结构性上涨，但未来仍有充足的限竞房产品补充市场，在“稳房价”的基调下，房价将在可控范围内。未来北京新房市场在“稳定”调控基调下，将保持供需平衡状态，库存量亦将保持稳定。

2020年下半年起，随着购房需求不断释放，二手房市场交易量持续升温，与新房相比，二手房在地理位置和配套设施等方面更能满足改善型购房者的需求。2021年出国留学人数将有所减少，导致学区房需求增加，将带动核心区域的学区房市场成交走高。但在房地产金融降杠杆逐步深化的政策背景下，预计2021年，北京二手房成交均价涨幅有限。

2020年北京住房租赁市场价格有所下行，疫情对租金价格的影响大于对交易规模的影响，但北京的租赁需求仍然庞大，基本供需结构没有改变。随着经济的恢复，2021年北京住房租赁市场将延续淡旺季规律，挂牌量和租金水平均有望有所回升。未来，北京将继续加快完善住房租赁政策，逐步使租购住房在享受公共服务上具有同等权利，规范发展住房租赁市场。

2020年北京写字楼市场回顾与2021年展望

——国际金融地产联盟研究中心、Cresa世桦嘉润

一、2020年宏观经济运行情况小结

1. 宏观经济稳步恢复

受新冠肺炎疫情影响，北京市的整体经济发展在2020年受到明显冲击，特别是在上半年，全市地区生产总值的同比增速为-3.2%。受益于良好的疫情防控成果，全市地区生产总值于第三季度实现翻正，并最终于年末录得增加值3.6万亿元，同比增速1.2%。这不仅表明了经济的持续恢复向好，也使北京市的经济韧性与活力得以展现。与写字楼市场关系最为紧密的第三产业在2020年全年的增加值达到3万亿元，同比增长1%。虽然由于受到疫情的直接影响，北京市的第三产业增速自2010年后首次出现了低于全市地区生产总值增速的情况，但第三产业在地区生产总值中的占比依然保持持续增长态势，同比提升0.4个百分点，于2020年末增至83.9%。

表附1-17 2017—2020年北京市地区生产总值及第三产业发展情况

	2017年	2018年	2019年	2020年
地区生产总值（亿元）	29883.0	33106.0	35371.3	36102.6
地区生产总值增速（%）	6.8	6.7	6.1	1.2
第三产业增速（%）	7.4	7.3	6.4	1.0
第三产业在GDP中占比（%）	82.7	83.1	83.5	83.9

数据来源：北京市统计局

2. 新兴动能表现活跃

在第三产业中，2020年全年金融业实现增加值7188.0亿元，同比增长5.4%；信息传输、软件和信息技术服务业实现增加值5540.5亿元，同比增长14.4%，二者的坚实发展也支撑了全市第三产业的稳步恢复。值得关注的是，虽然疫情对绝大部分行业都产生了严重的负面影响，但疫情的出现同样为一些行业带来了加速发展的利好。北京市统计局的数据显示，全市全年线上消费的增速超过30%。在开展电子商务活动的规模以上服务业企业中，在线教育、在线娱乐、在线游戏、在线体育等4类领域也均收获超过30%的企业营业收入增长。

表附 1-18　2017—2020 年北京市金融业及信息传输、软件和信息技术服务业发展情况

	2017 年	2018 年	2019 年	2020 年
金融业增速（%）	7.7	7.6	9.5	5.4
在第三产业中占比（%）	21.4	21.6	22.2	23.7
信息传输、软件和信息技术服务业增速（%）	13.5	19.0	12.0	14.4
在第三产业中占比（%）	14.2	15.6	16.2	18.3

数据来源：北京市统计局

在房地产市场领域，2020 年全市房地产开发企业房屋新开工面积达到 3006.6 万平方米，同比增长 45%。其中，新开发办公楼面积仅为 130.5 万平方米，出现了 23.5% 的同比下滑，但办公楼销售面积达到 73.2 万平方米，同比增长 37.1%。

二、2020 年北京写字楼市场回顾

1. 近半新项目未能如期入市

新冠肺炎疫情的突然暴发，同样为本已同时承受供应高峰与需求放缓双重压力的北京写字楼市场，带来了更为严峻的考验。由于疫情对部分项目的施工进程产生影响，同时一些业主考虑到当前的市场环境，选择将项目的入市日期延后。北京甲级写字楼市场在 2020 年只有四个总体量共计 51 万平方米的新项目入市，仅为年初预估供应量的 57%。其中，两个新项目位于中央商务区中服地块，另有两个项目分别位于东二环和丽泽商圈。北京乙级写字楼市场全年共有两个新项目竣工交付，合计为市场带来了约 13 万平方米的可租赁面积。新增供应的入市令北京甲级、乙级写字楼市场的总存量在 2020 年末分别升至 949 万与 2437 万平方米。

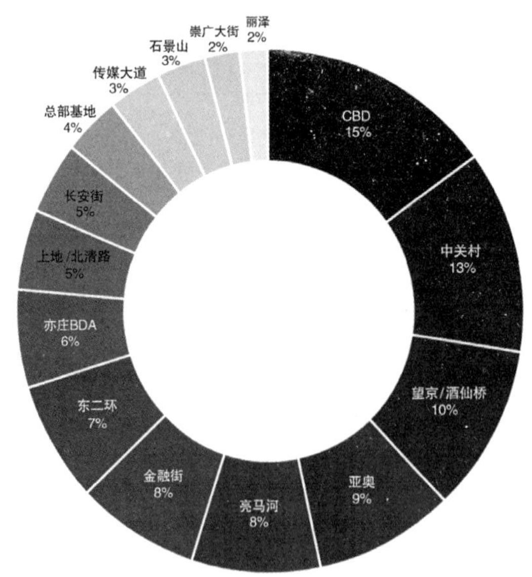

图附 1-97　2020 年北京写字楼市场存量分布

数据来源：国际金融地产联盟研究中心、Cresa 世桦嘉润

2. 甲级写字楼市场的租赁需求创近八年新低

在需求端，来自国际金融地产联盟研究中心和 Cresa 世桦嘉润的数据显示，受疫情影响，若不包含新入市项目在 2019 年就已达成的预租面积，2020 年上半年全市甲级写字楼市场的净吸纳量仅为 1.1 万平方米。尽管受益于对疫情的整体有效控制，部分在上半年被抑制的租赁需求于下半年得到释放，但北京甲级写字楼市场全年的净吸纳量仍仅录得约 19.2 万平方米，同比下降 48%，且为 2012 年后的历史新低。由于租户抵御风险的能力整体来讲相对更弱，北京乙级写字楼市场的净吸纳量虽然因承接了部分原甲级项目租户的降级搬迁需求而同比提升，但全年仍仅录得 9800 平方米。

3. 超八成新增需求来自科技、金融和专业服务三个行业

就需求来源而言，作为北京写字楼市场租赁需求的最主要驱动力，科技、金融与专业服务行业贡献的新增需求依然稳定，这也在很大程度上保障了整体市场没有受到更为剧烈的冲击。其中，受部分头部企业的活跃扩张引领，科技行业在全市新租及扩租成交面积中的占比在 2020 年进一步攀升至 50%，同比提升 13 个百分点。金融与专业服务行业租户也达成了多起令市场瞩目的大面积租赁成交。与此相对，以上三者外的其他所有行业，在 2020 年全市新增租赁面积中的占比合计也仅为 19%，同比骤降 12 个百分点，这也从另一个侧面表明了疫情对各行业的广泛影响。

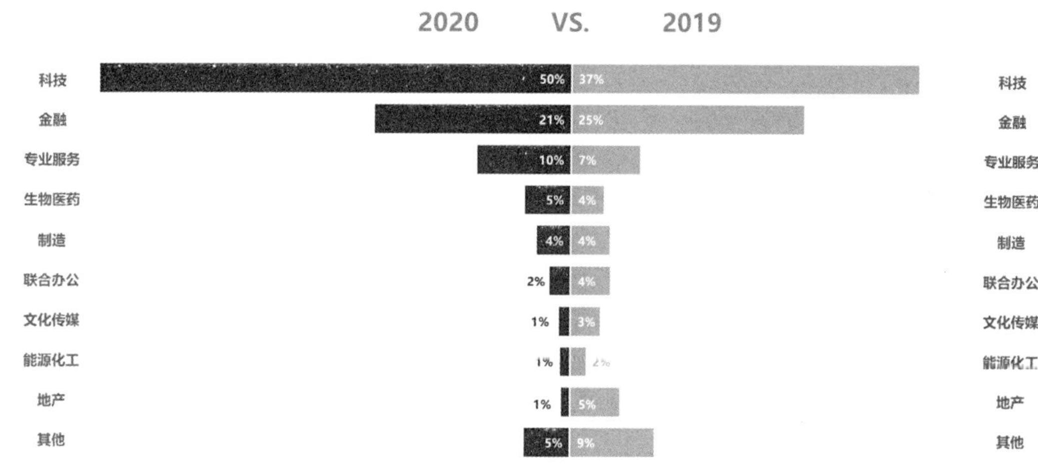

图附 1–98　2020 年与 2019 年北京写字楼市场租户行业分布对比

数据来源：国际金融地产联盟研究中心、Cresa 世桦嘉润

4. 大面积租赁成交的占比同比上升

从成交面积的分布来看，2000 平方米以下的租赁成交数量，在 2020 年全市租户新租及扩租成交总量中的占比达到近 76%，依然占据主导地位。然而，与 2019 年相比，成交面积在 2000 平方米以上的租赁成交占比在 2020 年同比提升 5 个百分点，达到 24%。国际金融地产联盟研究中心与 Cresa 世桦嘉润认为这主要基于如下两个原

因：首先，全市空置率的高企以及租金的持续走低，令部分规模较大、抵御风险能力较强的企业决定在拥有众多优质且高性价比选项的市场环境中，完成企业的升级搬迁、扩张或租赁面积整合，例如华夏银行与宁波银行便分别在位于中央商务区商圈的博瑞大厦与大家保险大厦，新租了超过2万平方米的租赁面积；方正证券也在2020年新入市的位于东二环商圈的兆泰国际中心完成了近2万平方米的新租成交。此外，尽管疫情在整体上对宏观经济环境及写字楼市场均产生了严重影响，但诸如线上教育、线上购物、线上服务等科技行业下的细分行业，在疫情中逆势取得了发展及扩张红利，例如美团在位于望京/酒仙桥商圈的融新科技中心、隧道置业大厦及电科太极信息技术产业园，先后达成了2.8、1.8与1.3万平方米的租赁成交；滴滴在位于上地/北清路商圈的弘源·新时代新租面积2.1万平方米；天鹅到家新租亚奥商圈的文化创意大厦1.7万平方米。

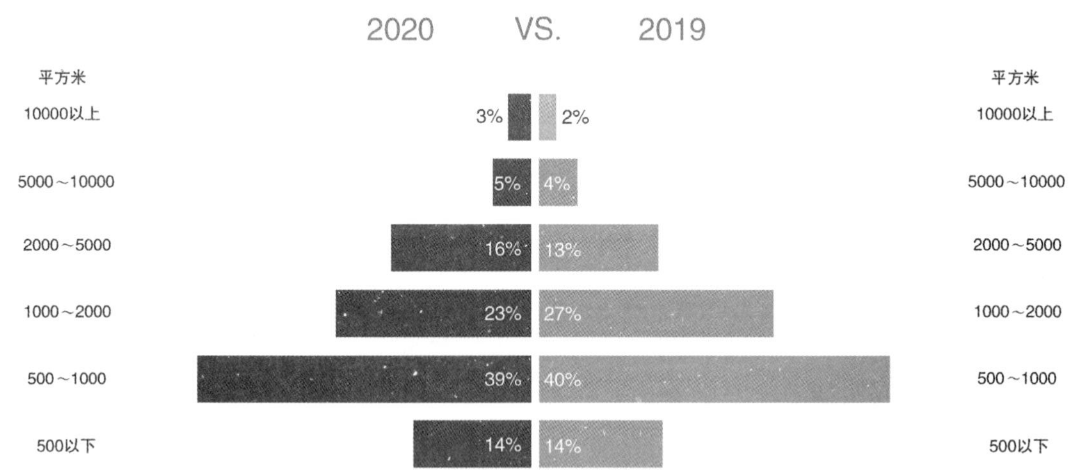

图附 1-99　2020 年与 2019 年北京写字楼市场租赁成交面积分布对比

数据来源：国际金融地产联盟研究中心、Cresa 世桦嘉润

5. 丽泽商圈去化进程提速

从商圈成交面积的分布来看，相对较多的空置面积以及租金持续下调带来的更高性价比，令中央商务区与望京/酒仙桥商圈依然更受租户青睐。值得关注的是，得益于极具竞争力的租金价格以及政策的引导，丽泽商圈2020年在全市新增租赁面积中的占比，由2019年的2%大幅提升至12%，华为在丽泽SOHO新租近6万平方米、银河证券在青海金融大厦新租4万平方米等市场瞩目交易的达成，令丽泽商圈2020年的新增成交面积在全市所有商圈中跻身三鼎甲。

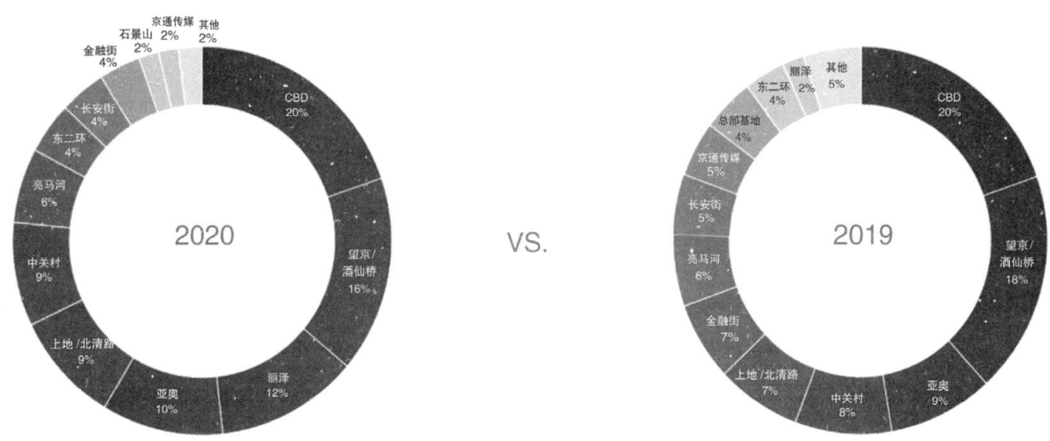

图附 1-100　2020 年与 2019 年北京写字楼市场商圈成交面积分布对比

数据来源：国际金融地产联盟研究中心、Cresa 世桦嘉润

6. 甲级写字楼市场空置率逼近 20%

空置率方面，国际金融地产联盟研究中心和 Cresa 世桦嘉润的数据显示，受新项目入市以及整体需求疲软影响，北京甲级、乙级写字楼市场的空置率均同比走高。截至 2020 年末，全市甲级写字楼市场的空置率同比上浮 2.6 个百分点，至 19.7%，乙级写字楼市场的空置率较 2019 年升高 1.3 个百分点，至 14.6%。就甲级写字楼市场各商圈而言，去化进程的放缓，令在 2020 年迎来新项目入市的东二环与中央商务区商圈的空置率双双突破 20%，分别来到 21.3% 与 20.0% 的高位。丽泽商圈虽然录得近 20 万平方米的新增供应量，但诸多大面积租赁成交的达成，令其空置率较 2019 年末下降了 12.7 个百分点，至 70.7%。

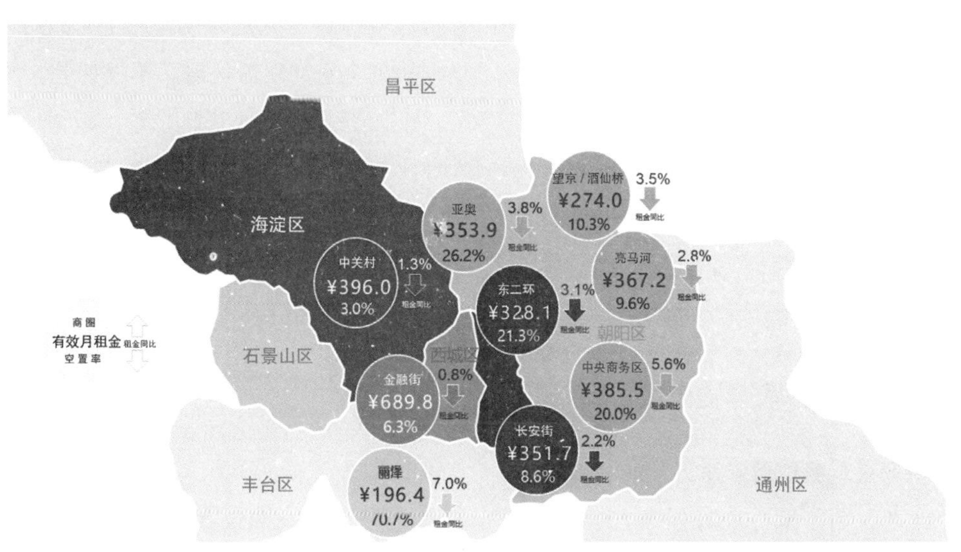

图附 1-101　2020 年北京甲级写字楼市场主要商圈租金及空置率

数据来源：国际金融地产联盟研究中心、Cresa 世桦嘉润

7. 甲级写字楼市场的平均租金创下2009年后的最大年度降幅

宏观经济增速连续两年出现放缓，叠加疫情的进一步冲击，令租户控制租金成本的意愿普遍更加强烈。国际金融地产联盟研究中心和Cresa世桦嘉润注意到，许多承受空置压力的业主为加速去化，在2020年继续加大项目租金的下调力度，并在租约谈判中提供灵活条款。受此影响，北京甲级写字楼市场的平均租金在2020年末录得人民币364.1元每月每平方米，同比下滑3.5%，创下自2009年来的最大年度租金降幅。受甲级写字楼市场租金的不断下调带动，诸多乙级品质项目的业主为吸引租户，提供了更大幅度的租金减免，北京乙级写字楼市场的平均租金因此于年末录得人民币214.0元每月每平方米，同比降幅达到5.7%。值得一提的是，新增需求相对最为活跃的中央商务区、望京/酒仙桥、丽泽与亚奥商圈，其甲级项目的平均租金同比降幅在全市各商圈中同样排名前四位，表明了部分业主不惜以较大幅度地调低租金为代价来寻求去化。其中，同时面临空置及供应双重压力的丽泽与中央商务区商圈的平均租金，在2020年的年度降幅分别高达7.0%与5.6%。常年受到金融与科技行业稳定需求支撑的金融街与中关村商圈，平均租金在2020年分别同比下调0.8%与1.3%，降幅小于其他商圈。中关村商圈的平均租金也在2020年第二季度完成对中央商务区商圈的超越，在全市各商圈中排名次席，仅次于金融街商圈。

三、2021年北京写字楼市场展望

1. 新增供应量或将达到未来五年最高峰

展望2021年，由于部分原计划于2020年入市的项目将交付日期延后，2021年全市预计将迎来超过114万平方米的新项目入市——甲级项目的新增供应量约为72万平方米，其中超过70%将来自丽泽商圈。考虑到疫情防控已进入常态化，且疫苗的接种工作已有序展开，国际金融地产联盟研究中心与Cresa世桦嘉润认为，在2021年，疫情本身对北京写字楼市场的影响将较2020年下半年继续减弱。此外，世界银行、国际货币基金组织、联合国贸易和发展会议等权威机构均预测我国在2021年的GDP增速将在8%左右，表现了对我国经济韧性的强大信心。

2. 有利的外部环境为市场带来全新的发展机遇

2021年，不仅疫情及宏观经济环境有望得到进一步改善，积极有利的政策引导同样有助于北京写字楼市场的恢复与发展。《中国（北京）自由贸易试验区总体方案》已于2020年9月由国务院正式发布，其共计119.68平方公里的实施范围将涵盖科技创新、国际商务服务与高端产业三大片区，三者的主导产业与功能定位各不相同。对北京写字楼市场而言，随着自贸区建设进程的逐步推进，不论是传统的中央商务区商圈，还是新兴的通州、金盏商圈，以及科技、生物医药行业占据主导地位的上地/北清路商圈，均有望得到全新的发展机遇。不仅如此，2021年作为“十四五”规划的开局之年，规划中提出的“提升产业链供应链现代化水平”“发展战略性新兴产业”“加快发展现代服务业”“统筹推进基础设施建设”以及“加快数字化发展”等纲领，外加自贸区的相关支持政策，将有望推动科技、金融、专业服务、生物医药、制造和文化传媒等北京写字楼市场的重要租户来源行业，迈向新的市场增长点。

3. 丽泽商圈有望再创租赁佳绩

作为三环内最后一片成规模开发的商务区，致力于打造“第二金融街”的丽泽商圈凭借其优越的地理位置、良好的项目品质和清晰的产业定位，在入市以前便受到市场的广泛关注。在租户缩减租赁成本的大背景下，项目租金具有明显竞争优势的丽泽商圈在2020年便备受租户青睐。据了解，商圈内的大型综合体“北京丽泽天街”预计将于2021年4月启幕，目前项目招商率已达100%。此外，地铁14号线丽泽商务区站计划于2021年底建成通车。商业配套的日趋完善、交通出行的越加便捷，再加上行业龙头企业先后入驻所产生的集群带动作用，逐渐发展成熟的丽泽商圈有望在2021年再创需求新高。

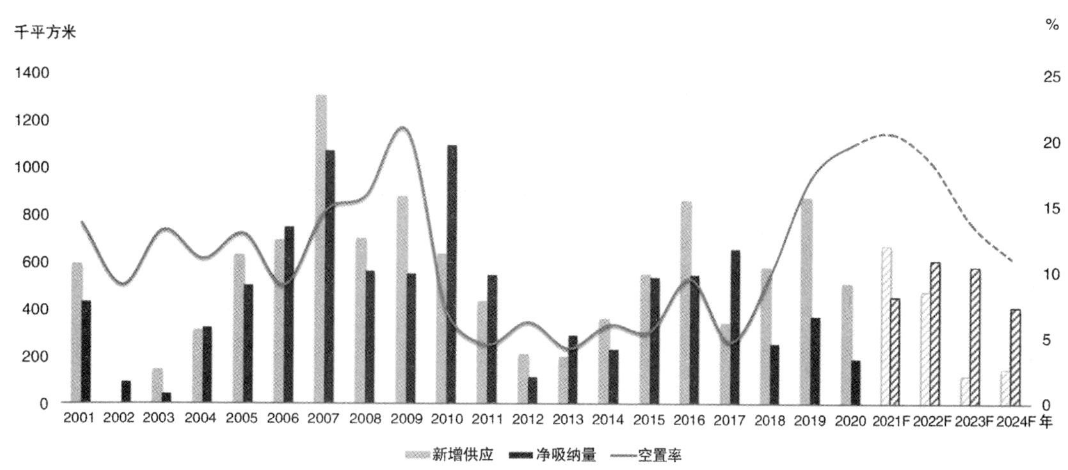

图附 1-102　北京甲级写字楼市场未来展望——新增供应、净吸纳量和空置率

数据来源：国际金融地产联盟研究中心、Cresa 世桦嘉润

4. 需求的全面回暖或将难以于年内出现

国际金融地产联盟研究中心与Cresa世桦嘉润认为，健康的产业结构、稳定的市场需求来源、积极的政策导向，以及部分在2020年被暂时抑制的租赁需求可能出现的集中释放，均有利于带动北京写字楼市场的需求在2021年上半年迎来较大规模的反弹。但整体来看，全球疫情防控与国际政治、经济环境等方面的不确定性依然存在，写字楼市场在2021年也预计仍将面临诸多租户租赁策略的调整与转变。因此，我们判断市场需求全面回暖的到来或将不会早于2022年。

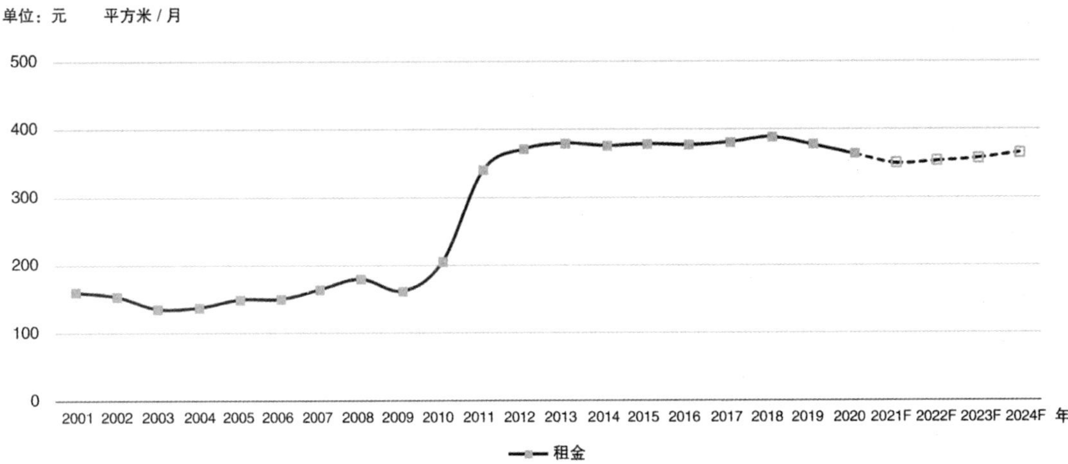

图附 1-103 北京甲级写字楼市场未来展望——平均租金

数据来源：国际金融地产联盟研究中心、Cresa 世桦嘉润

5. 平均租金或将探底

结合对供应、需求两端以及外部影响因素的综合考量，我们预测北京甲级写字楼市场的空置率或将于 2021 年末被推升至接近 21% 的近十年最高值。随着供应量的减少以及需求的复苏，空置率预计将自 2022 年起逐步回落。考虑到将因供过于求而加剧的市场竞争，以及租金远低于全市平均水平的丽泽商圈将迎来大量新增供应，我们预测 2021 年北京甲级写字楼市场的平均租金将承受近 4% 的同比降幅，并滑落至近十年新低。自 2022 年起，随着市场供需关系的转变、空置率的回落，预计全市的平均租金也有望步入稳定回调周期。当前留给有节省成本和升级企业形象需求租户的近十年一遇的谈判机会窗口，预计将于 2021 年后逐渐关闭。

附录二

附表

附表 2-1　2020 年北京市住房租赁分区域成交均价（1—6 月）

元 / 月 · 平方米

区	街道	1 月报出数据	2 月报出数据	3 月报出数据	4 月报出数据	5 月报出数据	6 月报出数据
房山区	良乡地区（镇）	0	0	0	63.34	0	47.12
朝阳区	首都机场街道	0	0	0	70.84	65.25	66.6
昌平区	北七家镇	42.87	0	0	45.04	45.52	43.9
顺义区	后沙峪地区（镇）	0	0	0	63.38	61.75	58.98
海淀区	马连洼街道	96.04	91.46	0	101.93	94.96	96.06
西城区	牛街街道	101.17	0	0	101.22	102.56	101.95
顺义区	南法信地区（镇）	0	0	0	77.51	68.47	71.42
朝阳区	将台地区（乡）	109.39	115.53	115.45	113.19	107.01	109.24
朝阳区	东坝地区（乡）	71.62	0	0	76.01	73.13	68.78
丰台区	宛平城地区	0	0	0	56.46	55.48	55.75
丰台区	右安门街道	89.04	82.48	92.48	93.09	85.28	87.23
大兴区	西红门地区（镇）	61.69	0	0	62.18	60.43	59.63
海淀区	甘家口街道	121.55	0	123.83	126.51	123.76	124.26
西城区	陶然亭街道	102.51	125.78	118.97	119.81	120.26	118.63
海淀区	中关村街道	141.46	128.59	142.81	137.09	135.14	137.36
通州区	梨园地区（镇）	53.49	55.49	60.37	56.28	56.11	55.07
大兴区	瀛海地区（镇）	0	0	0	48.95	0	0
海淀区	学院路街道	113.23	110.48	119.72	112.62	113.95	110.75
西城区	新街口街道	136.45	0	0	138.04	133.84	132.99
西城区	展览路街道	134.03	120.5	140.63	134.66	133.09	130.5
东城区	龙潭街道	104.67	0	0	101.46	102.3	97.46
朝阳区	管庄地区（乡）	73.23	75.58	82.48	76.45	75.28	74.96
通州区	台湖镇	0	0	0	66.22	62.44	62.17
丰台区	太平桥街道	85.37	85.75	93.07	88.21	85.28	83.8
朝阳区	团结湖街道	117.38	0	0	120.35	119.29	116.11
西城区	金融街街道	165.42	0	0	163.35	165.46	161.67
海淀区	田村路街道	88.22	0	0	86.68	81.02	84.39
朝阳区	来广营地区（乡）	90.58	92.67	94.75	90.63	91.53	88.16
朝阳区	潘家园街道	100.18	96.61	105.98	103.36	101.33	93.47
海淀区	八里庄街道（海淀）	107.15	106.07	115.99	111.08	107.57	104.72
昌平区	霍营街道	71.18	76.66	87.47	77.89	71.37	73.68

（续附表 2-1）

区	街道	1 月报出数据	2 月报出数据	3 月报出数据	4 月报出数据	5 月报出数据	6 月报出数据
丰台区	南苑街道	74.14	0	0	78.19	73.42	72.12
朝阳区	双井街道	113.87	114.31	125.35	117.31	112.24	110.24
海淀区	北太平庄街道	119.99	111.15	130.48	125.86	118.18	119.2
朝阳区	小关街道	114.08	106.92	122.14	119.78	115.66	110.23
东城区	北新桥街道	0	0	0	128.84	126.5	124.68
朝阳区	酒仙桥街道	97.32	0	107.32	103.47	101.07	94.62
西城区	月坛街道	129.8	131.72	131.69	134.33	132.46	133.31
昌平区	回龙观街道	79.42	82.24	88.12	80.41	78.59	78.91
大兴区	清源街道	56.13	0	0	59.79	55.08	56.66
朝阳区	朝外街道	129.21	118.78	138.29	134.03	125.4	120.57
朝阳区	左家庄街道	120.01	119.74	130.81	125.7	117.1	117.96
丰台区	方庄地区	95.29	91.07	108.88	100.44	98.53	92.63
朝阳区	望京街道	103.48	101.6	117.11	105.21	104.3	104.71
通州区	玉桥街道	55.54	55.82	61.65	56.52	54.32	55.54
丰台区	马家堡街道	88.75	87.4	100.09	93.53	93.53	90.72
顺义区	石园街道	0	0	0	41.68	40	38.82
昌平区	沙河地区（镇）	60.34	0	0	55.3	59.19	57.59
朝阳区	平房地区（乡）	89.77	95.33	105.72	92.76	91.44	91.51
丰台区	卢沟桥街道	72.49	75.41	81.68	75.05	74.69	72.38
朝阳区	三里屯街道	131	0	0	133.33	131.01	127.34
大兴区	天宫院街道	53.3	0	0	54.84	55	53.33
房山区	长阳镇	52.15	55	63.81	51.56	52.83	53.02
朝阳区	奥运村街道	92.44	96.31	103.95	94.43	92.72	92.55
房山区	西潞街道	0	0	0	54.67	0	0
朝阳区	亚运村街道	110.44	0	121.93	113.87	111.5	113.53
西城区	椿树街道	0	0	0	128.58	128.76	126.76
开发区	亦庄地区	0	0	0	60.05	61.93	57.33
石景山区	老山街道	0	0	0	80.2	83.82	82.26
朝阳区	东湖街道	105.85	101.47	108.1	107.05	102.96	105.67
朝阳区	六里屯街道	106.09	104.97	113.79	107.97	104.92	103.71
通州区	永顺地区（镇）	52.94	56.42	60.74	54.43	54.81	51.75
石景山区	八角街道	72.87	0	0	73.62	74.36	74.41
西城区	德胜街道	123	114.26	131.453	123.95	124.4	124.26
顺义区	旺泉街道	53.44	57.75	0	54.52	53.59	52.82
海淀区	清河街道	93.95	91.82	106.04	94.03	96.54	93.17

（续附表 2-1）

区	街道	1月报出数据	2月报出数据	3月报出数据	4月报出数据	5月报出数据	6月报出数据
朝阳区	常营地区（回族乡）	88.13	89.22	95.47	85.99	86.23	86.33
海淀区	花园路街道	121.74	116.53	132.48	124.16	121.49	119.72
顺义区	光明街道	42.56	0	0	45.34	45.88	45.72
丰台区	大红门街道	81.61	82.06	92.55	82.99	79.93	79.16
朝阳区	呼家楼街道	123.24	0	127.68	124.8	127.71	123.93
昌平区	天通苑南街道	72.92	72.96	82.89	74.65	69.41	73.06
朝阳区	劲松街道	105.91	98.06	110.83	102.81	102.31	100.99
石景山区	苹果园街道	71.14	74.36	73.97	72.04	72.66	70.84
通州区	潞城镇	0	0	0	48.1	42.64	44.44
海淀区	海淀街道	126.82	124.66	137.92	128.74	124.92	126.42
朝阳区	建外街道	114.97	0	0	125.69	114.44	107.11
朝阳区	麦子店街道	120.74	0	0	121.05	123.02	121.05
朝阳区	太阳宫地区（乡）	115.23	116	118.17	116.37	118.25	121.74
东城区	和平里街道	114.77	119.04	124.35	122.55	120.18	118.52
昌平区	天通苑北街道	57.61	0	0	59.21	58.63	59.6
朝阳区	八里庄街道（朝阳）	102.19	102.56	109.33	101.67	100.08	99.26
西城区	广安门外街道	101.42	97.77	112.76	101.93	102.93	98.65
西城区	白纸坊街道	99.45	0	110.6	101.68	101.73	98.41
朝阳区	东风地区（乡）	90.58	0	0	97.69	93.73	91.86
朝阳区	垡头街道	73.78	75.64	83.42	75.51	73.42	71.97
朝阳区	十八里店地区（乡）	86.22	0	103.07	94.38	85.41	84.38
房山区	拱辰街道	43.6	0	61.51	54.25	49.2	51.8
丰台区	东铁匠营街道	86.75	83.52	90.91	85.77	84.18	79.78
丰台区	西罗园街道	85.63	84.57	95.87	89	87.06	85.24
顺义区	胜利街道	51.54	0	0	54.22	52.86	52.68
朝阳区	高碑店地区（乡）	94.16	93.77	101.12	94.03	93.29	91.72
海淀区	东升地区（镇）	89.02	0	0	95.06	89.62	92.13
西城区	广安门内街道	0	0	0	117.98	115.49	114.58
通州区	北苑街道	60.65	62.11	69.62	59.02	58.43	58.21
顺义区	李桥镇	0	0	0	36.9	37.02	38.26
石景山区	金顶街街道	64.18	0	0	63.7	65.02	66.38
海淀区	北下关街道	124.41	117.1	136.06	127.52	121.28	124.99
东城区	永定门外街道	89.04	84.24	94.02	89.66	91.07	91.36

（续附表 2-1）

区	街道	1 月报出数据	2 月报出数据	3 月报出数据	4 月报出数据	5 月报出数据	6 月报出数据
通州区	中仓街道	54.07	0	0	54.5	55.46	53.59
丰台区	和义街道	0	0	0	59.78	57.87	59.29
朝阳区	和平街街道	112.94	108.63	123.87	114.46	115.65	112.17
海淀区	上地街道	93.15	0	0	108.06	104.55	98.59
大兴区	旧宫地区（镇）	57.06	0	0	55.29	56.66	57.05
丰台区	新村街道	79.58	77.55	88.21	79.83	78.4	78.71
海淀区	万寿路街道	105.57123	0	118.51	109.48	106.62	106.63
海淀区	紫竹院街道	116.16	0	129.42	118.16	117.46	118.57
朝阳区	大屯街道	105.21	105.03	113.86	101.99	102.27	101.12
海淀区	西三旗街道	84.51	83.76	106.02	89.83	90.45	86.58
通州区	马驹桥镇	44.78	0	0	44.6	46.75	47.16
东城区	东直门街道	135.31	0	0	130.27	129.5	125.49
海淀区	曙光街道	99.47	0	0	101.56	99.38	99.39
朝阳区	安贞街道	122.99	106.97	131.85	121.26	124.54	121.22
朝阳区	香河园街道	114.13	0	125.26	115.77	108.53	110.29
丰台区	丰台街道	74.68	77.6	89.4	79.54	82.09	78.29
东城区	东花市街道	107.68	0	0	102.49	106.83	98.37
大兴区	高米店街道	58.85	0	0	59.29	57.7	60.96
东城区	崇文门外街道	117.47	0	0	113.64	114.04	108.28
海淀区	羊坊店街道	107.76	103.83	117.62	106.33	108.35	105.38
昌平区	龙泽园街道	73.27	77.09	88.49	72.89	73.59	74.38
海淀区	西北旺地区（镇）	74.91	0	93.87	81.98	82.91	84.32
大兴区	兴丰街道	52.77	0	0	56.77	52.69	55.16
石景山区	八宝山街道	83.48	87.53	0	84.89	83.94	87.71
朝阳区	三间房地区（乡）	79.78	82.37	92.27	79.27	76.84	77.53
朝阳区	南磨房地区（乡）	88.43	88.87	104.99	90.93	89.26	91.31
大兴区	林校路街道	57.45	0	0	64.21	60.07	51.97
门头沟区	永定地区（镇）	50.27	0	0	54.7	53.98	53.87
昌平区	城北街道	54.77	0	0	58.8	53.7	55.65
石景山区	鲁谷街道	71.47	75.89	85.16	70.83	74.9	73.28
石景山区	古城街道	82.15	0	0	76.03	77.13	76.82
门头沟区	大峪街道	43.75	0	0	47.06	45.17	48.58
大兴区	荣华街道	73.31	66.95	95.72	74.95	67.72	74.4
顺义区	双丰街道	40.61	0	0	42.43	40.01	39.97
通州区	新华街道	0	0	0	80.6	83.53	77.24

（续附表 2-1）

区	街道	1 月报出数据	2 月报出数据	3 月报出数据	4 月报出数据	5 月报出数据	6 月报出数据
朝阳区	小红门地区（乡）	0	0	0	85.34	83.47	83.7
大兴区	观音寺街道	42.48	0	0	47.09	46.4	44.46
朝阳区	豆各庄地区（乡）	0	0	0	0	61.54	60.24
西城区	天桥街道	0	0	0	0	104.51	108.39
昌平区	史各庄街道	0	0	0	0	74.85	72.84
东城区	东华门街道	0	0	0	0	145.27	138.05
海淀区	四季青地区（镇）	0	0	0	0	99.14	101.76
海淀区	永定路街道	0	0	0	0	95.59	0
西城区	西长安街街道	0	0	0	0	135.03	141.5
东城区	朝阳门街道	0	0	0	0	128.66	123.21
东城区	东四街道	0	0	0	0	133.16	132.83
东城区	建国门街道	0	0	0	0	0	138.72
门头沟区	东辛房街道	0	0	0	0	0	68.34
东城区	体育馆路街道	0	0	0	0	0	104.72
海淀区	温泉地区（镇）	0	0	0	0	0	71.9
东城区	天坛街道	0	0	0	0	0	101.93
西城区	什刹海街道	0	0	0	0	0	139.7
顺义区	空港街道	0	0	0	0	0	61.19
海淀区	青龙桥街道	0	0	0	0	0	0
海淀区	苏家坨地区（镇）	0	0	0	0	0	0
大兴区	黄村地区（镇）	0	0	0	0	0	0
朝阳区	王四营地区（乡）	0	0	0	0	0	0
东城区	交道口街道	0	0	0	0	0	0
房山区	阎村镇	0	0	0	0	0	0
顺义区	天竺地区（镇）	0	0	0	0	0	0
房山区	窦店镇	0	0	0	0	0	0

附表 2-2　2020 年北京市住房租赁分区域成交均价（7—12 月）

元 / 月 · 平方米

区	街道	7 月报出数据	8 月报出数据	9 月报出数据	10 月报出数据	11 月报出数据	12 月报出数据
房山区	良乡地区（镇）	43.19	47.25	40.17	39.43	41.09	42.59
朝阳区	首都机场街道	64.87	65.81	65.24	62.16	67.85	68.21
昌平区	北七家镇	45.29	45.39	46.74	43.16	43.08	41.97
顺义区	后沙峪地区（镇）	62.8	64.32	60.44	60.2	63.41	59.14
海淀区	马连洼街道	92.93	93.93	97.8	103.93	100.09	100.11
西城区	牛街街道	104.24	98.47	97.61	103.73	102.82	104.67
顺义区	南法信地区（镇）	67.58	0	75.78	78.65	75.34	77.28
朝阳区	将台地区（乡）	111.13	107.59	108.13	107.46	106.38	111.59
朝阳区	东坝地区（乡）	72.35	73.18	74.05	67.88	68.39	69.11
丰台区	宛平城地区	56	56.7	57.38	57.99	52.08	51.74
丰台区	右安门街道	84.48	84.32	84.05	83.77	82.56	81.21
大兴区	西红门地区（镇）	60.15	57.82	59.81	57.7	54.37	55.65
海淀区	甘家口街道	122.4	122.42	120.04	116.95	121.98	115.13
西城区	陶然亭街道	119.07	122.45	124.73	121.68	129.73	119.87
海淀区	中关村街道	132.58	134.73	135.05	137.45	136.13	130.26
通州区	梨园地区（镇）	53.96	53.5	52.96	52.71	50.86	51.25
大兴区	瀛海地区（镇）	0	0	0	0	0	48.01
海淀区	学院路街道	112.38	110.86	112.99	112.17	109.18	112.7
西城区	新街口街道	138.77	138.89	138.22	134.97	139.52	141.91
西城区	展览路街道	128.22	129.31	131.52	134.08	132.51	133.26
东城区	龙潭街道	100.16	103.94	96.96	104.25	103.25	100.58
朝阳区	管庄地区（乡）	75.3	73.63	75.66	71.32	74.82	72.34
通州区	台湖镇	0	0	61.5	66.32	0	0
丰台区	太平桥街道	80.74	82.86	81.77	84.64	82.81	77.19
朝阳区	团结湖街道	115.6	116.88	115.94	113.61	111.33	115.35
西城区	金融街街道	164.18	168.56	171.31	167.8	170.56	165.34
海淀区	田村路街道	82.86	85.89	86.96	86.28	86.86	83.98
朝阳区	来广营地区（乡）	88.91	89.99	87.42	86.93	87.87	84.4
朝阳区	潘家园街道	93.36	97.21	94.46	96.68	94.26	93.64
海淀区	八里庄街道（海淀）	107.22	104.96	106.05	102.37	105.52	104.07
昌平区	霍营街道	73.93	74.74	71	71.73	69.58	72.39

（续附表 2-2）

区	街道	7 月报出数据	8 月报出数据	9 月报出数据	10 月报出数据	11 月报出数据	12 月报出数据
丰台区	南苑街道	77.45	76.51	70.81	71.85	68.68	74.39
朝阳区	双井街道	111.81	109.34	108.74	111.97	108.94	104.83
海淀区	北太平庄街道	118.12	117.44	119.73	117.59	119.15	117.71
朝阳区	小关街道	111.44	107.17	104.73	107.41	107.23	105.51
东城区	北新桥街道	122.21	117.48	117.21	126.33	126.32	113.77
朝阳区	酒仙桥街道	97.3	93.87	122.68	109.76	111.75	103.28
西城区	月坛街道	135.53	130	130.13	132.38	134.24	136.1
昌平区	回龙观街道	79.91	78.38	79.65	77.23	79.64	80.99
大兴区	清源街道	54.11	56.24	53.65	54.95	52.06	52.51
朝阳区	朝外街道	122.47	122.6	117.33	120.49	122.19	121.33
朝阳区	左家庄街道	118.34	117.48	120.23	117.76	115.62	117.19
丰台区	方庄地区	93.07	93.28	94.41	94.07	92.21	88.17
朝阳区	望京街道	103.44	101.61	103.36	100.34	101.16	102.61
通州区	玉桥街道	54.57	53.62	53.53	52.42	50.21	50.72
丰台区	马家堡街道	91.68	91.16	90.58	87.61	88.8	85.87
顺义区	石园街道	37.95	39.52	37.03	37.37	40.01	38.32
昌平区	沙河地区（镇）	59.44	54	58.85	55.69	57.58	59.57
朝阳区	平房地区（乡）	90.27	90.05	85.59	89.5	83.38	86.39
丰台区	卢沟桥街道	71.99	72.66	71.31	73.3	71.27	71.38
朝阳区	三里屯街道	123.52	125.25	123.62	124.97	123.01	127.2
大兴区	天宫院街道	53.03	53.67	50.67	53.03	52.66	52.78
房山区	长阳镇	48.48	47.73	47.02	47.2	47.58	47.05
朝阳区	奥运村街道	90.69	90.25	91.66	89.84	89.04	87.49
房山区	西潞街道	0	0	39.89	36.44	31.59	42.01
朝阳区	亚运村街道	114.58	109.05	108.54	112.17	109.04	112.67
西城区	椿树街道	131.91	135.45	132.41	141.54	0	0
开发区	亦庄地区	61.15	59.77	59.33	59.84	59.18	55.89
石景山区	老山街道	79.58	82.47	85.46	78.57	78.08	80.11
朝阳区	东湖街道	104.64	103.37	101.2	104.42	104.88	101.22
朝阳区	六里屯街道	104.45	106.34	103.64	102.38	103.52	102.57
通州区	永顺地区（镇）	52.8	51.36	51.67	51.33	50.19	51.1
石景山区	八角街道	72.39	73.58	73.33	73.94	74.4	72.55
西城区	德胜街道	126.67	124.25	121.65	120.65	121.84	119.11
顺义区	旺泉街道	53.66	54.09	51.05	52.8	53.48	54.82
海淀区	清河街道	94.09	90.69	95.37	96.07	94.84	95.43

（续附表 2-2）

区	街道	7 月报出数据	8 月报出数据	9 月报出数据	10 月报出数据	11 月报出数据	12 月报出数据
朝阳区	常营地区（回族乡）	85.45	83.88	79.87	78.54	79.95	78.95
海淀区	花园路街道	122.77	118.78	120.88	118.86	123.34	120.32
顺义区	光明街道	45.59	44.01	44.78	43.57	44.51	42.1
丰台区	大红门街道	77.49	79.37	77.72	78.04	76.66	77.87
朝阳区	呼家楼街道	123.63	115.5	120.05	121.43	118.88	112.79
昌平区	天通苑南街道	75.99	71.07	71.07	67.78	67.42	67.83
朝阳区	劲松街道	101.68	99.74	96.93	99.06	98.5	98.28
石景山区	苹果园街道	72.58	73.38	74.7	74.53	73.65	69.4
通州区	潞城镇	45.2	44.12	44.7	40.17	41.68	39.07
海淀区	海淀街道	126.1	129.73	132.94	130.85	133.63	125.2
朝阳区	建外街道	111.02	109.9	107.24	107.05	103.89	109.24
朝阳区	麦子店街道	118.21	119.62	123.56	116.62	113.89	113.3
朝阳区	太阳宫地区（乡）	114.02	116.73	118.26	110.43	121.04	119.59
东城区	和平里街道	120.69	117.65	116.38	117.72	117.79	117.86
昌平区	天通苑北街道	62.13	58.08	54.01	55.5	55.81	53.53
朝阳区	八里庄街道（朝阳）	98.36	97.12	95.05	95.43	95.08	91.57
西城区	广安门外街道	100.15	98.99	99.5	101.04	99.81	96.97
西城区	白纸坊街道	100.2	98.5	98.49	98.62	94.05	100.63
朝阳区	东风地区（乡）	91.4	88.8	90.72	88.4	91.46	87.82
朝阳区	垡头街道	74.58	72.54	67.93	65.28	67.97	67.4
朝阳区	十八里店地区（乡）	87.54	86.64	88.97	84.88	86.65	84.35
房山区	拱辰街道	44.56	44.24	44.11	40.93	42.41	40.15
丰台区	东铁匠营街道	83.18	83.33	82.12	79.3	79.14	79.47
丰台区	西罗园街道	85.57	85.16	85.83	80.55	81.83	82.86
顺义区	胜利街道	51.65	50.61	50.89	52.18	50.02	54.03
朝阳区	高碑店地区（乡）	93.18	92.2	94.84	95.21	101.91	110.77
海淀区	东升地区（镇）	88.12	88.47	90.56	93.46	91.59	91.46
西城区	广安门内街道	120.72	121.81	121.19	117.77	117.9	120.52
通州区	北苑街道	58.38	57.95	58.73	55.95	54.46	52.83
顺义区	李桥镇	38.69	37.51	38	39.62	40.42	40.14
石景山区	金顶街街道	66.24	64.77	66.51	67.43	65.03	68.75
海淀区	北下关街道	123.81	122.85	122.81	118.16	119.58	120.17
东城区	永定门外街道	89.42	90.65	91.1	88.82	90.6	90.39

（续附表 2-2）

区	街道	7 月报出数据	8 月报出数据	9 月报出数据	10 月报出数据	11 月报出数据	12 月报出数据
通州区	中仓街道	52.68	51.98	48.68	52.58	50.48	53.37
丰台区	和义街道	58.87	59.95	60.1	55.59	54.56	57.73
朝阳区	和平街街道	112.37	110.11	112.72	113.17	113.29	110.61
海淀区	上地街道	102.23	102.2	101.77	101.17	102.95	111.75
大兴区	旧宫地区（镇）	57.09	55.41	55.3	54.38	54.73	54.97
丰台区	新村街道	79.94	77.29	77.51	77.05	72.49	71.86
海淀区	万寿路街道	106.08	103.61	101.4	102.46	101.59	104.86
海淀区	紫竹院街道	117.45	116.85	119.44	111.66	115.36	118.88
朝阳区	大屯街道	99.94	101.55	101.3	101.38	99.76	100.22
海淀区	西三旗街道	85.33	84.29	85.4	87.2	83.98	84.54
通州区	马驹桥镇	46.67	45.74	46.7	42.28	49.26	46.57
东城区	东直门街道	124.28	123.73	125.78	129.01	123.8	117.91
海淀区	曙光街道	100.71	101.53	105.06	105.36	101.73	102.27
朝阳区	安贞街道	119.9	117.56	118.63	121.27	120.06	123.08
朝阳区	香河园街道	106.48	108.41	108.68	109.52	114.37	106.3
丰台区	丰台街道	75.04	77.99	76.55	78.04	76.91	75.65
东城区	东花市街道	100.73	100.73	102.13	97.14	100.87	98.02
大兴区	高米店街道	56.94	57.16	58.3	58.65	55.17	56.07
东城区	崇文门外街道	107.12	106.7	108.17	111.33	109.44	110.21
海淀区	羊坊店街道	108.52	104.62	106.16	106.09	104.2	104.85
昌平区	龙泽园街道	74.47	72.3	71.7	71.8	68.77	70.32
海淀区	西北旺地区（镇）	83.16	79.33	82.23	82.79	81.78	87.83
大兴区	兴丰街道	52.55	50.01	52.47	53.71	48.35	50.11
石景山区	八宝山街道	93.52	94.75	90.48	85.3	82.26	78.5
朝阳区	三间房地区（乡）	78.28	77.58	77.12	76.34	75.52	76.75
朝阳区	南磨房地区（乡）	88.28	91.1	87.55	87.65	86.33	85.61
大兴区	林校路街道	58.69	53.4	58.6	60.22	51.42	55.15
门头沟区	永定地区（镇）	52.52	51.32	53.47	51.08	50.78	48.61
昌平区	城北街道	51.66	51.31	52.53	52.91	53.89	51.39
石景山区	鲁谷街道	74.33	73.98	90.68	80.72	82.72	77.05
石景山区	古城街道	76.8	82.08	76.57	79.18	74.49	70.16
门头沟区	大峪街道	46.55	48.66	49.21	48.4	47.43	47.27
大兴区	荣华街道	74.55	74.44	71	74.61	79.85	73.5
顺义区	双丰街道	39.05	38.15	39.23	39.99	40.03	43.09
通州区	新华街道	73.89	79.21	71	73.15	0	0

（续附表 2-2）

区	街道	7 月报出数据	8 月报出数据	9 月报出数据	10 月报出数据	11 月报出数据	12 月报出数据
朝阳区	小红门地区（乡）	82.32	81.37	74.83	82.05	72.57	78.62
大兴区	观音寺街道	42.76	42.9	41.38	42.22	44.72	45.89
朝阳区	豆各庄地区（乡）	0	59.17	62.3	63.97	62.85	60.01
西城区	天桥街道	109.95	107.65	104.73	0	101.11	0
昌平区	史各庄街道	73.63	70.24	71.03	76.92	72.74	76.53
东城区	东华门街道	130.62	137.65	134.61	132.99	134.02	0
海淀区	四季青地区（镇）	92.93	92.66	94.28	102.32	0	0
海淀区	永定路街道	98.54	95.46	88.55	85.23	85.97	0
西城区	西长安街街道	145.93	148.69	144.61	147.41	148.44	151.73
东城区	朝阳门街道	125.82	125.23	128.84	120.06	121.13	126.32
东城区	东四街道	136.46	126.39	126.66	125.71	132.22	0
东城区	建国门街道	129.34	126.43	120.27	0	118.82	0
门头沟区	东辛房街道	65.47	0	54.87	0	0	0
东城区	体育馆路街道	0	0	98.42	97.81	103.44	0
海淀区	温泉地区（镇）	71.04	73.16	70.38	0	74.75	0
东城区	天坛街道	97.93	97.08	93.83	104.49	98.34	0
西城区	什刹海街道	143.53	148.8	147.44	0	141.9	144.6
顺义区	空港街道	67.28	61.93	69.93	65.34	69.22	75.15
海淀区	青龙桥街道	130.88	123.89	0	0	0	0
海淀区	苏家坨地区（镇）	71.48	0	0	0	0	69.61
大兴区	黄村地区（镇）	0	42.39	0	0	0	0
朝阳区	王四营地区（乡）	0	89.94	0	0	80.18	0
东城区	交道口街道	0	147.63	146.6	0	0	0
房山区	阎村镇	0	0	34.92	34.86	0	0
顺义区	天竺地区（镇）	0	0	0	49.84	0	0
房山区	窦店镇	0	0	0	23.89	22.91	0

附表 2-3 2020 年北京市备案项目商品住房情况

辖区	企业名称	项目推广名	本年度申请规模（万平方米）
朝阳区	北京中开盈泰房地产开发有限公司	中海首开拾光里	12.81
	北京金开旭泰房地产开发有限公司	华樾国际	5.10
海淀区	北京强佑房地产开发有限公司	强佑清河新城	2.79
	北京市龙鼎华源房地产开发有限责任公司	大苑海淀府	7.61
	北京京投兴海房地产有限公司	京投发展·岚山	13.89
	北京海益嘉和置业有限公司	枫和雅苑	10.39
	北京青茂置业有限公司	颐和金茂府	8.90
	北京毓秀置业有限公司	海淀幸福里	11.51
	北京铭海置业有限公司	海淀幸福里	15.52
丰台区	北京唯逸房地产开发有限公司	葛洲坝北京中国府	7.75
	北京中长合源置业有限公司	中建·国望府	4.10
	北京京投丰德房地产有限公司	臻御府	5.68
	北京万筑国青房地产有限公司	雲庐	19.75
	北京中海鑫海房地产开发有限公司	中海甲叁號院	12.22
	北京合茂置业有限公司	金茂府二期	5.12
	北京和信丰泰置业有限公司	熙悦锦园	9.18
	北京合盛恒嘉房地产开发有限公司	合生·金茂·东叁金茂府	5.44
	北京合盛润景置业有限公司	北京世茂天誉	10.52
石景山区	北京泷润置业有限公司	长安九里	12.21
	北京金安兴业房地产开发有限公司	中海首钢·长安云尚	11.58
	北京兆丰建融置业有限公司	长安和玺	7.24
	北京鑫安兴业房地产开发有限公司	中海·天钻	7.77
	北京鑫安兴业房地产开发有限公司	北京市石景山区北辛安棚户区改造 B 区土地开发项目 1608-658 地块其他类多功能用地、1608-673-B 地块二类居住用地、1608-676 地块托幼用地	5.70
门头沟区	龙赫置业（北京）有限公司	鸿瑞西峰	18.51
	北京瑜景房地产开发有限公司	领汇长安	1.14
房山区	北京华风腾龙房地产开发有限公司	水墨林溪	2.72
	北京昊远隆基房地产开发有限公司	云舒苑 / 长海御墅	5.33
	北京骏峰房地产开发有限公司	中骏云景台	16.53
	北京恒房兴置业有限公司	北京恒大御峰	10.04
	北京智地兴辰房地产开发有限公司	中建·京西印玥	6.90
	北京中海盈顺房地产开发有限公司	中海寰宇视界	12.67

（续附表 2-3）

辖区	企业名称	项目推广名	本年度申请规模（万平方米）
通州区	北京润锦房地产开发有限公司	通州万国城 MOMA	1.83
	北京睿豪荣通房地产开发有限公司	盛世天玺	5.75
	北京海港房地产开发有限公司	格拉斯小镇	18.29
	北京万平立通房地产开发有限公司	城市之光 * 东望	13.60
	北京通州房地产开发有限责任公司	帅府潞苑	6.79
	北京禹茂房地产开发有限公司	禹洲朗廷湾	3.29
	北京融泰房地产开发有限公司	金悦郡	15.53
	北京通诚房地产开发有限公司	绿城・明月听蘭	4.99
顺义区	北京碧水源房地产开发有限公司	优山美地	2.08
	北京空港富视国际房地产投资有限公司	依云佳苑	4.53
	北京富华房地产开发有限公司	恒大丽宫	14.32
	北京盟科置业有限公司	云河玉陛	12.20
	北京华垣盛兴置业有限公司	锦绣园	0.71
	北京顺义新城建设开发有限公司	优山美地 D 区	1.20
	北京龙万华开房地产开发有限公司	观承望溪	8.15
	北京盈富瑞泰房地产开发有限公司	富力首开金禧璞瑅	21.30
	北京城茂房地产开发有限公司	金茂北京国际社区	32.59
	北京恒房顺置业有限公司	恒大上和府	13.57
	北京隽安房地产开发有限公司	路劲御和府	4.89
昌平区	北京原创住业房地产开发有限公司	壹千栋	6.86
	北京升和房地产开发有限公司	凯德麓语	13.52
	北京兴昌达博房地产开发有限公司	麓鸣花园	11.56
	北京大成昌润置业有限公司	上城郡	9.59
	北京昌业房地产开发有限公司	翡翠公园	9.61
	北京怡和置业有限公司	万橡悦府	12.31
	北京致平房地产开发有限公司	奥海明月家园	20.09
	北京怡城置业有限公司	奥森 one	23.56
大兴区	北京中海盈达房地产开发有限公司	中海寰宇时代	14.12
	北京辉盛房地产开发有限公司	江山风华	2.78
	北京兴筑房地产开发有限公司	和悦春风	19.81
	北京京能海赋置业有限公司	京能丨电建・洺悦湾	14.89
	北京政融大道地产有限公司	融创公园壹号	11.78

（续附表 2-3）

辖区	企业名称	项目推广名	本年度申请规模（万平方米）
大兴区	北京住兴房地产开发有限公司	住总兴创如遇	5.76
	北京龙和信泰置业有限公司	熙悦宸著	10.27
	北京新城鸿熙房地产开发有限公司	熙红印	7.97
	北京隽兴房地产开发有限公司	路劲御合院	3.47
怀柔区	北京京雁置业有限责任公司	北科建水岸雁栖/水岸雁栖	1.50
	北京首城山水置业有限公司。	山水首府	5.31
	北京城建兴胜置业有限公司	府前龙樾	8.57
	北京科控置地有限公司	北科建翡翠华府	7.68
平谷区	北京金谷创信置业有限责任公司	北京市平谷区金海湖镇 PG06-0100-6014 地块 R2 二类居住用地项目	9.01
密云区	北京绿州博园投资有限公司	首开国樾天晟	5.07
	北京宁溪房地产开发有限责任公司	弗农小镇/云溪花园小区	10.06
	北京京投兴檀房地产有限公司	京投发展·锦悦府	7.03
	北京檀营鑫房地产开发有限公司	久润花园九号院	1.69
	北京臻德兴云置业有限公司	阳光城·溪山悦	13.84
	北京恒云盛置业有限公司	北京恒大上河院	31.61
	北京祥晟辉年置业有限公司	国祥府	11.84
延庆区	北京碧晟凤盈房地产开发有限公司	碧桂园·世奥龙鼎	4.97
开发区	北京致兴房地产开发有限公司	和锦诚园	20.38
	北京雅晟房地产开发有限公司	京华雅郡	9.26
	长溢（北京）置业有限公司	中旅·亦府	9.02
	北京经开亦盛房地产开发有限公司	臻珑府	16.49
	北京通建融创恒丰置业有限公司	融创亦庄壹号	11.89
	中交润致（北京）置业有限公司	亦庄橡树湾	24.09

附表 2–4　2020 年北京市备案项目保障房情况

辖区	企业名称	项目推广名	本年度申请规模（万平方米）
丰台区	北京中长合源置业有限公司	中建·国望府	15.78497
通州区	北京永乐花园发展有限公司	K2 十里春风	6.946225
	北京北投宏大房地产开发有限公司	北投和苑	2.594424

附表 2-5　2020 年北京市备案项目共有产权住房情况

辖区	企业名称	项目推广名	本年度申请规模（万平方米）
朝阳区	北京景盛诚泰置业有限公司	梧桐港嘉苑	6.8
	北京共泰房地产开发有限公司	首开锦鲤	5.9
海淀区	北京金隅程远房地产开发有限公司	金隅凤栖家园	14.7
	北京金隅程远房地产开发有限公司	金隅尚林家园	2.6
	北京建海汇合房地产开发有限公司	瑞泽家园	12.8
	北京金隅程远房地产开发有限公司	金隅凤栖家园	10.5
丰台区	北京首钢二通建设投资有限公司	金璟阳光	19.5
石景山区	北京首钢房地产开发有限公司	首钢阳光里	4.5
房山区	北京世茂嘉年华房地产开发有限公司	世茂轩景颂	7.6
	北京智地兴辰房地产开发有限公司	中建·京西印玥	3.0
通州区	北京北投宏大房地产开发有限公司	北投和苑	12.7
怀柔区	北京怀柔科学城置业有限公司	科学城·科荟公元	7.1
	北京怀胜雅居置业有限公司	北京市怀柔区怀柔新城 07 街区（杨宋镇凤翔一园 10 号）HR00-0007-6006 地块 R2 二类居住用地	9.9
平谷区	北京金科德远置业有限公司	愉景公馆	12.9

附表 2-6 2020 年北京市备案项目商业、办公情况

辖区	企业名称	项目推广名	本年度申请规模（万平方米）
西城区	北京轻工房地产开发有限公司	华岳大厦	4.46
朝阳区	北京共泰房地产开发有限公司	首开锦鲤	0.21
海淀区	北京市龙鼎华源房地产开发有限责任公司	大苑海淀府	1.85
	中铁房地产集团北京海丰置业有限公司	理想谷	2.64
丰台区	北京通用时代房地产开发有限公司	通用时代中心	23.02
	北京南悦房地产开发有限公司	槐新雅筑 / 丰台大悦春风里	7.40
石景山区	北京景西房地产开发有限公司	西府海棠	9.34
	北京泷润置业有限公司	长安九里	9.91
门头沟区	北京象地房地产开发有限公司	北京市门头沟区龙泉镇 MC00-0010-6004 地块 B2 商务用地	2.37
	北京骏辉房地产开发有限公司	天峰家园	8.33
房山区	北京北方昊天科技有限公司	房山北方科技创新创业园	6.54
	北京星华蓝光置业有限公司	蓝光星华海悦城	24.96
通州区	北京润锦房地产开发有限公司	通州万国城 MOMA	0.22
	北京富华运通房地产开发有限公司	财富港	15.39
	北京友泰房地产开发有限公司	云创天地	0.13
	北京禹茂房地产开发有限公司	禹洲朗廷湾	0.12
	北京通诚房地产开发有限公司	绿城 · 明月听蘭	0.08
昌平区	北京中海宏业房地产开发有限公司	中海丽春湖墅	2.96
大兴区	北京兴创置地房地产开发有限公司	大兴区西红门商业综合区四期项目	9.54
	北京国瑞德恒房地产开发有限公司	瑞福园	2.15
	北京中海盈达房地产开发有限公司	中海寰宇时代	0.11
	北京辉盛房地产开发有限公司	江山风华	2.43
怀柔区	北京金第房地产开发有限责任公司	怀柔区杨宋镇居住文化娱乐、商业金融 0811-0017、0811-0020、0811-0021、0811-0023 项目（商业部分）	7.95
	北京城建兴胜置业有限公司	府前龙樾	0.97
延庆区	北京碧晟凤盈房地产开发有限公司	碧桂园 · 世奥龙鼎	0.08
开发区	北京致兴房地产开发有限公司	和锦诚园	0.04
	长溢（北京）置业有限公司	中旅 · 亦府	0.73

附表 2-7 截至 2020 年底在有效期内的企业名录

序号	企业名称	资质等级
1	保利（北京）房地产开发有限公司	一级
2	北京佰嘉置业集团有限公司	一级
3	北京城建房地产开发有限公司	一级
4	北京城建投资发展股份有限公司	一级
5	北京城建兴华地产有限公司	一级
6	北京城市开发集团有限责任公司	一级
7	北京电子城有限责任公司	一级
8	北京富力城房地产开发有限公司	一级
9	北京和裕房地产开发有限公司	一级
10	北京嘉源置业投资有限公司	一级
11	北京金第房地产开发有限责任公司	一级
12	北京金隅地产开发集团有限公司	一级
13	北京金隅嘉业房地产开发有限公司	一级
14	北京金源鸿大房地产有限公司	一级
15	北京京铁房地产开发有限公司	一级
16	北京京投银泰尚德置业有限公司	一级
17	北京龙湖中佰置业有限公司	一级
18	北京乾景房地产开发有限公司	一级
19	北京瑞雪春堂房地产有限公司	一级
20	北京润丰房地产开发有限公司	一级
21	北京三元嘉业房地产开发有限公司	一级
22	北京市华远置业有限公司	一级
23	北京首城置业有限公司	一级
24	北京首都开发股份有限公司	一级
25	北京首钢房地产开发有限公司	一级
26	北京通州房地产开发有限责任公司	一级
27	北京万科企业有限公司	一级
28	北京翔峰房地产开发有限公司	一级
29	北京新华联置地有限公司	一级
30	北京正阳恒瑞置业公司	一级
31	北京中建地产有限责任公司	一级
32	北京中铁诺德房地产开发有限公司	一级
33	北京住总房地产开发有限责任公司	一级

（续附表 2-7）

序号	企业名称	资质等级
34	当代节能置业股份有限公司	一级
35	泛海控股股份有限公司	一级
36	和泓置地集团有限公司	一级
37	华通置业有限公司	一级
38	金融街控股股份有限公司	一级
39	京能置业股份有限公司	一级
40	隆泰实业（北京）有限公司	一级
41	永泰房地产（集团）有限公司	一级
42	远洋控股集团（中国）有限公司	一级
43	中昂地产（集团）有限公司	一级
44	中国电建地产集团有限公司	一级
45	中国房地产开发集团有限公司	一级
46	中国葛洲坝集团房地产开发有限公司	一级
47	中核兴业控股有限公司	一级
48	中铁嘉业（北京）投资有限公司	一级
49	中铁建设集团房地产有限公司	一级
50	中信房地产集团有限公司	一级
51	中冶置业集团有限公司	一级
52	北京保达房地产开发有限公司	二级
53	北京北控城市开发有限公司	二级
54	北京北控置业集团有限公司	二级
55	北京碧桂园凤凰置业发展有限公司	二级
56	北京博大新元房地产开发有限公司	二级
57	北京城建兴顺房地产开发有限公司	二级
58	北京城建兴云房地产有限公司	二级
59	北京城建亚泰房地产开发有限公司	二级
60	北京城市副中心投资建设集团有限公司	二级
61	北京城乡房屋建设开发有限责任公司	二级
62	北京崇文·新世界房地产发展有限公司	二级
63	北京春光置地房地产开发有限公司	二级
64	北京东方依水源房地产开发有限公司	二级
65	北京东亚新华投资集团有限公司	二级
66	北京方兴亦城置业有限公司	二级
67	北京房地置业发展有限公司	二级
68	北京房开控股集团有限公司	二级

（续附表 2-7）

序号	企业名称	资质等级
69	北京广安置业投资公司	二级
70	北京国际商务中心区开发建设集团有限公司	二级
71	北京国锐房地产开发有限公司	二级
72	北京国信嘉业房地产开发有限公司	二级
73	北京海开房地产集团有限责任公司	二级
74	北京合生绿洲房地产开发有限公司	二级
75	北京恒隆兴置业有限公司	二级
76	北京华恒兴业房地产开发有限公司	二级
77	北京华油房地产开发有限公司	二级
78	北京佳源投资经营有限责任公司	二级
79	北京建工地产有限责任公司	二级
80	北京江南投资集团有限公司	二级
81	北京金科展昊置业有限公司	二级
82	北京京粮置业有限公司	二级
83	北京京投置地房地产有限公司	二级
84	北京京西北发展集团有限公司	二级
85	北京经开投资开发股份有限公司	二级
86	北京景旭房地产开发有限公司	二级
87	北京科技园置地有限公司	二级
88	北京昆泰房地产开发集团有限公司	二级
89	北京林河兴业房地产开发有限公司	二级
90	北京龙庆房地产开发有限公司	二级
91	北京隆泰祥房地产开发有限公司	二级
92	北京路劲隽御房地产开发有限公司	二级
93	北京懋源房屋开发有限公司	二级
94	北京鹏睿房地产开发有限公司	二级
95	北京仁和日升房地产有限公司	二级
96	北京盛创恒达房地产开发有限公司	二级
97	北京世纪鸿城置业有限公司	二级
98	北京世纪鸿房地产开发有限责任公司	二级
99	北京市保障性住房建设投资中心	二级
100	北京市昌平房地产开发有限责任公司	二级
101	北京市大龙房地产开发有限公司	二级
102	北京市大兴城镇建设综合开发集团有限公司	二级
103	北京市丰台区鸿华房地产开发经营有限公司	二级

（续附表 2-7）

序号	企业名称	资质等级
104	北京市广厦房地产开发公司	二级
105	北京市基础设施投资有限公司（原北京地铁集团有限责任公司）	二级
106	北京市天竺房地产开发公司	二级
107	北京市文化置业有限公司	二级
108	北京首钢二通建设投资有限公司	二级
109	北京顺华房地产开发有限公司	二级
110	北京顺开房地产开发有限公司	二级
111	北京泰福恒投资发展有限公司	二级
112	北京泰益德置业集团有限公司	二级
113	北京腾航房地产开发有限公司	二级
114	北京天利海房地产开发有限公司	二级
115	北京天瑞金置业集团有限公司	二级
116	北京天旭运河房地产开发有限责任公司	二级
117	北京天洋基业投资有限公司	二级
118	北京西海龙湖置业有限公司	二级
119	北京新京润房地产有限公司	二级
120	北京兴创置地房地产开发有限公司	二级
121	北京兴创中和房地产开发有限公司	二级
122	北京亚通房地产开发有限责任公司	二级
123	北京怡昌投资有限公司	二级
124	北京倚基土地开发有限公司	二级
125	北京英蓝置业有限公司	二级
126	北京永同昌房地产开发集团有限公司	二级
127	北京裕昌置业股份有限公司	二级
128	北京远东新地置业有限公司	二级
129	北京远坤房地产开发有限公司	二级
130	北京长安置地房地产开发有限公司	二级
131	北京正浩置业有限公司	二级
132	北京正宏置业集团有限公司	二级
133	北京中鑫源房地产开发集团有限公司	二级
134	北京住总集团有限责任公司	二级
135	泛华城市投资有限公司	二级
136	凤凰城科技集团有限公司	二级
137	国测地理信息科技产业园集团有限公司	二级
138	国开东方城镇发展投资有限公司	二级

（续附表 2-7）

序号	企业名称	资质等级
139	恒大地产集团北京有限公司	二级
140	江河创新地产股份有限公司	二级
141	茂华控股集团有限公司	二级
142	山水文园凯亚房地产开发有限公司	二级
143	旭阳置业有限公司	二级
144	中车科技园发展有限公司	二级
145	中国新型房屋集团有限公司	二级
146	中合置业有限公司	二级
147	中建智地置业有限公司	二级
148	中交房地产管理集团有限公司	二级
149	中交置业有限公司	二级
150	中铁二十二局集团房地产开发有限公司	二级
151	中铁房地产集团北方有限公司	二级
152	中铁十六局集团置业投资有限公司	二级
153	中信和业投资有限公司	二级
154	中信置业有限公司	二级
155	北京北汽恒盛达顺置业有限公司	三级
156	北京北汽恒盛和顺置业有限公司	三级
157	北京城建兴业置地有限公司	三级
158	北京城建远东地产投资有限公司	三级
159	北京德成兴业房地产开发有限公司	三级
160	北京东方瑞平房地产开发有限公司	三级
161	北京东隆房地产开发有限公司	三级
162	北京泛海东风置业有限公司	三级
163	北京复地通达置业有限公司	三级
164	北京复地通盈置业有限公司	三级
165	北京富华房地产开发有限公司	三级
166	北京广恒房地产开发有限责任公司	三级
167	北京合生北方房地产开发有限公司	三级
168	北京合生愉景房地产开发有限公司	三级
169	北京建升房地产开发有限公司	三级
170	北京金隅程远房地产开发有限公司	三级
171	北京京创投资有限公司	三级
172	北京京发房地产开发有限公司	三级
173	北京京投兴业置业有限公司	三级

（续附表 2-7）

序号	企业名称	资质等级
174	北京经开工大投资管理有限公司	三级
175	北京静水园房地产开发有限公司	三级
176	北京军洋鑫业房地产有限公司	三级
177	北京君合百年房地产开发有限公司	三级
178	北京龙冠房地产开发有限责任公司	三级
179	北京绿地京华置业有限公司	三级
180	北京青远房地产开发有限公司	三级
181	北京融创兴业地产有限公司	三级
182	北京盛达兴业房地产开发有限公司	三级
183	北京世纪景房地产开发有限公司	三级
184	北京市东湖房地产有限公司	三级
185	北京市密云区房地产开发有限公司	三级
186	北京市新时特房地产开发有限公司	三级
187	北京首创华业房地产开发有限公司	三级
188	北京首开仁信置业有限公司	三级
189	北京顺鑫佳宇房地产开发有限公司	三级
190	北京顺义新城建设开发有限公司	三级
191	北京天安科创置业有限公司	三级
192	北京天庆房地产开发有限公司	三级
193	北京天正华特房地产开发有限公司	三级
194	北京天资置业集团有限公司	三级
195	北京田家园房地产开发有限公司	三级
196	北京通明湖信息城发展有限公司	三级
197	北京通瑞兴盛置业有限公司	三级
198	北京万方置业有限公司	三级
199	北京万通新发展集团股份有限公司	三级
200	北京未来科学城发展集团有限公司	三级
201	北京武夷房地产开发有限公司	三级
202	北京香江盛富房地产开发有限公司	三级
203	北京香园大道实业有限公司	三级
204	北京新华联伟业房地产有限公司	三级
205	北京新领域房地产开发有限公司	三级
206	北京鑫一德房地产开发有限公司	三级
207	北京星光拓诚文化产业集团有限公司	三级
208	北京亚胜置业有限公司	三级

（续附表 2-7）

序号	企业名称	资质等级
209	北京英才房地产开发有限公司	三级
210	北京雍锦房地产开发有限公司	三级
211	北京玉泉新城房地产开发有限公司	三级
212	北京泽信地产有限公司	三级
213	北京中关村电子城建设有限公司	三级
214	北京中关村科学城建设股份有限公司	三级
215	北京中关村石景山园发展有限公司	三级
216	北京众美房地产开发有限公司	三级
217	北京珠江投资开发有限公司	三级
218	北京住总首开置业有限公司	三级
219	北京住总置地有限公司	三级
220	招商局嘉铭（北京）房地产开发有限公司	三级
221	中交四公局城市建设发展有限公司	三级
222	中铁房地产集团北京金达世纪房地产开发有限公司	三级
223	中铁房地产集团创新产业投资有限公司	三级
224	中铁建公寓管理有限公司	三级

附表 2-8 2020 年度房产测绘备案单位名录

序号	测绘企业名称	资质等级	资质证书编号
1	北京市房地产勘察测绘所	甲级	甲测资字 11002001
2	建设综合勘察研究设计院有限公司	甲级	甲测资字 11002032
3	中兵勘察设计研究院有限公司	甲级	甲测资字 1100410
4	北京时正兴测绘工程技术有限公司	甲级	甲测资字 11001033
5	北京鼎春德正测绘中心	甲级	甲测资字 1101040
6	北京新兴华安智慧科技有限公司	甲级	甲测资字 11001042
7	北京华星勘查新技术有限公司	甲级	甲测资字 1100264
8	航天建筑设计研究院有限公司	甲级	甲测资字 1100453
9	中航勘察设计研究院有限公司	甲级	甲测资字 11001024
10	苍穹数码技术股份有限公司	甲级	甲测资字 11001008
11	北京市地质工程勘察院	甲级	甲测资字 11001022
12	北京金房兴业测绘有限公司	甲级	甲测资字 1101272
13	北京城建勘测设计研究院有限责任公司	甲级	甲测资字 11001019
14	北京市测绘设计研究院	甲级	甲测资字 11001010
15	北京帝测科技股份有限公司	甲级	甲测资字 1100140
16	北京国政恒信测绘技术服务有限公司	甲级	甲测资字 1101158
17	北京道济测绘有限公司	甲级	甲测资字 11002111
18	北京力佳图科技有限公司	甲级	甲测资字 1100237
19	北京勘察技术工程有限公司	甲级	甲测资字 11000660
20	北京海地人资源咨询有限责任公司	甲级	甲测资字 1111030
21	中勘天成（北京）科技有限公司	甲级	甲测资字 1101194
22	九成空间科技有限公司	甲级	甲测资字 1100017
23	北京伟泽测绘股份有限公司	甲级	甲测资字 1101301
24	沐城测绘（北京）有限公司	甲级	甲测资字 1101310
25	北京市通州区住房和城乡建设委员会测绘所	乙级	乙测资字 11012001
26	北京京密鸿图测绘有限公司	乙级	乙测资字 11016001
27	北京中瑞嘉业测绘有限公司	乙级	乙测资字 11005007
28	北京龙泰经纬测绘有限公司	乙级	乙测资字 11005011
29	北京威远图易数字科技有限公司	乙级	乙测资字 11007011
30	北京京昌工程测绘技术有限公司	乙级	乙测资字 11013002
31	北京通图信息科技有限公司	乙级	乙测资字 1110022
32	北京大地宏图勘测科技有限公司	乙级	乙测资字 1111442
33	北京中天路通工程勘测有限公司	乙级	乙测资字 11013005

（续附表 2-8）

序号	测绘企业名称	资质等级	资质证书编号
34	北京中海地理信息测绘有限公司	乙级	乙测资字 1112126
35	北京大地万川测绘有限公司	乙级	乙测资字 1111409
36	北京富地勘察测绘有限公司	乙级	乙测资字 11012004
37	北京地矿工程建设有限责任公司	乙级	乙测资字 11007013
38	同创数字空间（北京）有限公司	甲级	甲测资字 1100708
39	北京三友宇天测绘有限公司	乙级	乙测资字 11009003
40	北京市勘察设计研究院有限公司	乙级	乙测资字 11005045
41	北京市房山区测绘所	乙级	乙测资质 11010002
42	北京新兴环宇信息科技有限公司	甲级	甲测资字 1101400
43	北京国测信息科技有限责任公司	乙级	乙测资字 11005088
44	中兆恒基（北京）工程管理有限公司	乙级	乙测资字 1110281
45	北京亿科瑞土规划设计有限公司	乙级	乙测资字 1110777
46	北京瀚博林遥感测图信息工程研究院	乙级	乙测资字 1111300
47	中测新宇（北京）信息科技有限公司	乙级	乙测资字 1111596
48	北京万兴宏盛建筑勘测技术有限公司	乙级	乙测资字 1110957
49	北京汇达城数科技发展有限公司	乙级	乙测资字 1112315
50	北京意诚远耀勘测设计有限公司	乙级	乙测资字 1110362
51	北京华测测绘有限公司	乙级	乙测资字 1112592
52	北京奥腾岩石科技有限公司	乙级	乙测资字 1112135
53	众信成勘测设计（北京）有限公司	乙级	乙测资字 1112321
54	北京市通州区城乡测绘所	乙级	乙测资字 1112144
55	北京迅联图业科技有限公司	乙级	乙测资字 1112664
56	北京鑫测科技有限公司	乙级	乙测资字 1113001
57	北京万维世创测绘科技有限公司	乙级	乙测资字 1111389
58	北京市朝阳区房屋测绘事务所	乙级	乙测资字 1111706
59	北京天时地利测绘科技有限公司	乙级	乙测资字 1113314
60	北京京建元勘测科技有限公司	乙级	乙级资字 1112862
61	北京国电天瑞工程勘测设计有限公司	乙级	乙测资字 1113348
62	北京中土凯林设计咨询有限公司	乙级	乙测资字 1113456
63	北京市西城区房地产测绘一所	丙级	丙测资字 11002001
64	北京市东城区房屋管理局测绘二所	丙级	丙测资字 11004001
65	北京市丰台区房屋经营管理中心测绘队	丙级	丙测资字 11006001
66	北京海测易达有限公司	丙级	丙测资字 1120136
67	北京市石景山区房地产测绘队	丙级	丙测资字 11008001
68	北京市顺义区住房和城乡建设委员会测绘所	丙级	丙测资字 11014001

（续附表 2-8）

序号	测绘企业名称	资质等级	资质证书编号
69	北京市大兴区房地产测绘所	丙级	丙测资字 11011001
70	北京天地鸿图测绘有限公司	丙级	丙测资字 11010001
71	北京京怀信房产测绘有限公司	丙级	丙测资字 11017001
72	北京华夏经纬测绘技术有限公司	丙级	丙测资字 11005002
73	北京中兴兆业房屋面积测绘有限公司	丙级	丙测资字 11007012
74	北京昌房房地产测绘技术服务有限责任公司	丙级	丙测资字 11013001
75	北京京恒实测绘技术有限公司	丙级	丙测资字 11011002
76	北京首益佳房地产经纪有限公司	丙级	丙测资字 11019005
77	北京赛博时代测绘有限公司	丙级	丙测资字 11010003
78	北京慧智蓝图测绘有限公司	丙级	丙测资字 11017004
79	北京首佳联诚房地产测量有限公司	丙级	丙测资字 11019002
80	北京望唐数码测绘有限公司	丙级	丙测资字 11017003
81	北京华夏合众土地科学技术有限公司	丙级	丙测资字 1120557
82	北京鑫海厦测绘有限公司	丙级	丙测资字 11007007
83	北京浩宇天地测绘科技发展有限公司	丙级	丙测资字 11007028
84	北京智环成测绘有限公司	丙级	丙测资字 11011008
85	中泽嘉汇（北京）测绘中心	丙级	丙测资字 11006004
86	北京檀州经纬测绘有限公司	丙级	丙测资字 1120520
87	北京粤富华地理信息技术有限公司	甲级	甲测资字 1101254
88	北京经纬久度测绘有限公司	丙级	丙测资字 11005034
89	北京泾渭冠宇测绘有限公司	丙级	丙测资字 11009004
90	北京市怀柔测绘所	丙级	丙测资字 11017002
91	北京君仁慧智测绘有限公司	丙级	丙测资字 1120539
92	中材地质工程勘查研究院有限公司	丙级	丙测资字 1120223
93	北京智慧宏图勘察测绘有限公司	丙级	丙测资字 1120505
94	北京宇达同盛勘测技术有限公司	丙级	丙测资字 1120476
95	北京京电文华勘测设计有限公司	丙级	丙测资字 1120604
96	北京科远广宇勘测技术有限责任公司	丙级	丙测资字 1120737
97	北京红坊工程测量有限公司	丙级	丙测资字 1120674
98	北京久城测绘科技有限公司	丙级	丙测资字 1120712
99	北京市东城区房屋管理局测绘一所	丁级	丁测资字 11019004
100	北京市西城区房地产测绘二所	丁级	丁测资字 11003001
101	北京市门头沟区房地产测绘所	丁级	丁测资字 11009001
102	北京市延庆区房地产勘察测绘所	丁级	丁测资字 11018012
103	北京市平谷区房地产测绘队	丁级	丁测资字 11015001

（续附表 2-8）

序号	测绘企业名称	资质等级	资质证书编号
104	北京市房屋面积计量站	丁级	丁测资字 11005004
105	北京赛杰新时代房屋测绘有限公司	丁级	丁测资字 11005005
106	北京源恒天地测绘有限公司	丁级	丁测资字 11006003
107	北京泰达克房地产测绘咨询有限公司	丁级	丁测资字 11013004
108	北京中鼎衡测绘事务所	丁级	丁测资字 11007008
109	海天方圆（北京）科技有限公司	丁级	丁测资字 11007020
110	北京国勘房地产测绘有限公司	丁级	丁测资字 11007025
111	北京中天新图测绘有限公司	丁级	丁测资字 1130027
112	北京阳光华翰测绘有限公司	丁级	丁测资字 11004002
113	北京天天友联测绘有限公司	丁级	丁测资字 11015003
114	北京京海纵横测绘有限公司	丁级	丁测资字 11005016
115	北京荣驰测绘技术有限公司	丁级	丁测资字 11007031
116	北京永佳达测绘有限公司	丁级	丁测资字 11007042
117	北京丰华方圆测绘工程技术有限责任公司	丁级	丁测资字 11005014
118	北京欣通佳信测量有限公司	丁级	丁测资字 11012003
119	北京京建恒信房地产测量技术有限公司	丁级	丁测资字 11007044
120	北京世规测量技术咨询有限公司	丁级	丁测资字 11007047
121	北京创天烨测绘有限公司	丁级	丁测资字 11011013
122	北京百星达测绘工程有限公司	丁级	丁测资字 11010005
123	北京新兴宏图测绘有限公司	丁级	丁测资字 11005026
124	北京米拉测绘有限公司	丁级	丁测资字 11009005
125	北京顺至宏图测绘有限公司	丁级	丁测资字 1130513
126	北京侖伟诚业测绘有限公司	丁级	丁测资字 1130574
127	北京森源宏勘测科技发展有限公司	丁级	丁测资字 1130199
128	北京集美勘察设计有限公司	丁级	丁测资字 1130349
129	北京荣盛伟业测绘技术有限公司	乙级	乙测资字 1113161
130	北京中安经纬工程技术有限公司	乙级	乙测资字 1111049
131	北京市阜汇房地产测绘信息咨询中心	丙级	丙测资字 1120629
132	北京伟晟科技有限公司	乙级	乙测资字 1113735
133	北京腾辉通达房地产测绘有限公司	丙级	丙测资字 1120458
134	北京爱地地质勘察基础工程公司	乙级	乙测资字 1113339
135	北京万德博诺测绘有限公司	丁级	丁测资质 1130628
136	北京新益安工程咨询有限公司	乙级	乙测资字 1113726
137	北京信环诚勘测设计有限公司	乙级	乙测资字 1114000
138	北京首钢国际工程技术有限公司	乙级	乙测资字 1110086

附录三

其他文件

2020年道路及居住区命名与调整（230个）

东城区（17个）：西裱褙胡同、洋溢胡同、鲁班胡同、金鱼池巷、栖凤楼胡同、桃杨路、安乐林中街、琉璃井路、民主北街、问渠路、忠实里中街、青年湖西街、西堂子北巷、西堂子南一巷、西堂子南二巷、甘柏东巷、甘柏西巷

西城区（2个）：百万庄东街、一尺大街

朝阳区（31个）：石佛营东路、周井中路、机场西路、万新路、广智路、康惠东路、慧荣小街、环博路、创瑞街、容创西路、容瑞路、锦轩街、荣轩街、爱棉街、双旭东路、南湖西园中街、榆畔街、榆畔南街、榆畔北街、康松路、旧河湾西路、含翠路、越碧路、南十里居西路、越景路、常通西路、甜水园北小街、汇恒街、东风南路、万子营路、七棵树南街

海淀区（39个）：极乐寺东街、萃泉东路、萃泉西路、萃泉中路、禾瑞南街、禾瑞北街、鸣泉街、正福寺中街、清河站东街、车耳营北路、凤凰岭东二路、星光东路、钓鱼台山庄路、峒于营北路、燕东园北小街、大有庄大街、海淀小关斜街、中关村南三条、阜南小街、五路桥北街、红联村小街、冠城园东街、清河五街、润尚路、宝盛南路、上清桥滨河东路、上清桥滨河西路、旺科中路、旺科东路、软件园中街、软件园南街、软件园北街、云科路、旺科西路、尚悦路、尚禧路、枫叶泉街、枫叶泉西路、厢红旗北路

丰台区（17个）：六里桥南路、瑾英东街、瑾英路、西局前街、玉璞西路、玉璞东路、云滨街、阅湖中街、紫泉北路、山湖西路、泉湖北路、文体西街、于家坟街、二通西路、通仪北路、三顷地街、三顷地南街

石景山区（3个）：景颂街、建兴街、青石西街

通州区（33个）：通铁西路、宝瑞一路、宝瑞二路、同安三街、同祥北街、兴渠西路、宝祥一路、宝祥二路、天庆北街、丽水路、兴渠路、庆祥西路、黄船埠街、北皇木厂南街、北皇木厂北街、贡院街、龙舟路、响闸路、惠济路、惠济东路、盐滩路、观音庵北街、观音庵南街、观音庵街、潞邑一路、召里西路、粮市街、青龙街、上营街、江米店街、东关一街、东关二街、东关三街

顺义区（12个）：北小营大街、上宏中路、上宏东路、上宏西路、礼府街、保联一街、保联二街、保联三街、保联四街、保汇一街、保汇二街、北上坡路

房山区（14个）：苏庄南路、苏锦街、阜华南路、良锦街、胜景路、丁中路、燕泉路、长泽北街、长泽南街、阜华路、长营西街、长营东街、长营路、长政东街

门头沟区（8个）：石园中路、石园北路、石园西街、银盛南路、桃园东巷、葡山西街、冯村路、蓝龙路

昌平区（7个）：芦欣家园、绿海家园、林湖家园、海白路、和玺苑、和润嘉园、兴北路

大兴区（14个）：永兴河北路、义忠路、义安街、智和一巷、智和二巷、智和三巷、新和路、义和庄西路、锦和北路、锦和南路、郑前路、明春东路、雪源巷、海清巷

延庆区（15个）：康宏路、汇通东街、康晨街、晨光路、康园街、榆林街、兴康路、文汇街、汇康路、康隆街、园隆东街、园隆西街、新龙中街、新龙北街、新龙南街

亦庄经济技术开发区（18个）：嘉秀东路、水南路、水南东一路、水南西二路、嘉秀路、嘉秀西路、麦庄四街、庆平路、庆平东路、同平二街、同祥街、普祥路、普安街、庆祥路、东石南街、次渠南里前街、锦渠东路、宝瑞五路

轨道交通车站名称（11个）：玉渊潭东门站、万泉河桥站、万寿寺站、苏州桥站、甘家口站、白盆窑站、东管头南站、花乡东桥站、新首钢站、模式口站、北辛安站

桥梁及隧道名称（12个）：花乡东桥、环球东桥、环球南桥、九周桥、日新桥、运通隧道、清河北隧道、永胜桥、沙子营桥、来广营北路隧道、沈家村桥、青泽桥